「はじまり」を探る

池内 了 [編]

東京大学出版会

Exploring Origins

Satoru IKEUCHI, Editor

University of Tokyo Press, 2014
ISBN 978-4-13-063358-1

はしがき

　総合研究大学院大学（総研大）は 1988 年に発足した研究者養成を目指した大学院のみの国立大学法人で，文系（国立民族学博物館，国立歴史民俗博物館，国際日本文化研究センター，国文学研究資料館）および理系（素粒子原子核研究所，物質構造科学研究所，国立天文台，核融合科学研究所，国立遺伝学研究所，生理学研究所，基礎生物学研究所，分子科学研究所，国立極地研究所，数理解析研究所，国立情報学研究所）双方の大学共同利用機関を基盤とするユニークな大学である．その創設 25 周年を記念して「「はじまり」シンポジウム」を開催した．本書は，そこで話された興味深い報告をまとめたもので，自然および人間に関わる事物・事象に関する「はじまり（起源，origin）」について，その入門的な導入とともに自らの世界第一線の研究成果が展開されている．この問題に関する日本の知性の到達点を示すと言っても過言ではない．

　シンポジウムの趣旨を簡単に述べておこう．「私たちは何処より来て，何処へ行くのか」は，人類が抱き続けてきた永遠の謎であり，常に解き明かしたいと願い挑戦し続けてきた疑問である．人間は現在という時点を生きるにおいて，自分という存在が過去にどのようなルーツを持っているか，自分たちの子孫が遠い未来にどうなっていくのだろうかと，時間の流れを強く意識しているためと考えられる．今の私たちを中間点として，過去を遠く遡って来し方をたどり，未来を遥かに展望して行く末を想像する，それは連綿として続いてきた，また続いていくであろう命への慈しみの想いと言えるかもしれない．

　シンポジウムにおいて取り上げたのは「何処より来て」のパートである．過ぎ去ったある時点において何らかの作用によって生じ，姿は変わりつつも現在まで受け継がれてきた事物・事象への考察である．自然や人間に関わる

すべての事柄には当然ながら「はじまり」があり，それが変形したり進化したりしつつ持続した結果として現在があるのだから，現在をより過去へと投影する作業を通じて一歩一歩事跡をたどれば必ず「はじまり」に到達することができるはずである．その限りにおいては歴史学であり，まず過去の遺物や痕跡の積み上げによって物語を編む作業が積み重ねられねばならない．

そして，特に挑戦したいのは，「はじまり」そのものへの問いかけである．そこには断絶・不連続・飛躍が起こったことは確実で，そこにこそ知的関心が強く喚起されるからだ．「はじまり」が位置するのは「それ以前」と「それ以後」の間であり，そこに何らかの質的に異なった場の創造が起こったのは確実だろう．そこで問題としなければならないことは，「それ以前」がいかなる状態にあったか，そこに大きく変化する要素が何であり，どのような契機で変遷したかである．実際，これまで「はじまり」をもたらした作用として，「対称性の自発的破れ」(対称性の異なった状態の自然的発現) や「揺らぎ (揺動) の自己組織化」(非線形が支配する複雑系における創発現象) などが提案されてきた．端的に言えば物質の相変化を引き起こす発端の機構と言える．文化・社会科学的表現としては，レジームシフト，パラダイム転換，無意識の具現化などがあるかもしれない．新しい哲学や思想の発見と共通する側面である．そのような文理双方から提起されている概念を整理し一般性を追究すれば，そこに「はじまり」の契機についての普遍性が発見できるのではないだろうか，それがシンポジウムを企画した意図であった．そこにこそ文系と理系の知の交流が生かされるだろうと期待してのことである．

さらに言えば，「はじまり」があって現在まで持続したものには，一通りのみの道ではなく何通りもの分かれ道があったであろうし，途中で断絶した道筋も多くあったに違いない．あるいは，まったく異なった場所や時間において独立して似た現象が生じ，それがいつの間にか合流して一つの相貌を呈するようになったこともあっただろう．それらを歴史学の手法で明らかにしつつ，持続できた事例に「はじまり」が有していた共通する構造や仕組みを炙り出すことも目標とした．それは，「はじまり」によって生じた「場から価値への転換」の契機・機構・遷移を探る研究に通じ，すべての学問に共通する要素と言えるのではないだろうか．「はじまり」そのものの追究は，私たちの

知的活動を駆動する情熱の源泉でもあるのである．

　本書は，4部構成となっている．
　はじめの3部では，「天地人」の3つのパートに分けて，それぞれの分野における「はじまり」の研究の現況をまとめて頂いた．「天の部」では，宇宙の創生から始まり，質量を持った物質の登場，そして地球のような生命体の宿る惑星の形成まで，宇宙が生み出した多様性の報告である．宇宙を貫徹する法則は簡明だが豊饒(ほうじょう)なのだ．「地の部」では，地球上での生命誕生に至るまでの化学進化，すべての生命体に共通するゲノムの発現，光合成の開始（この部分は未収録）を論じている．地球という惑星は特殊なのか一般的なのか，生命の発現は唯一なのか多数なのか，偶然なのか必然なのか，その解答に迫りつつある．そして，「人の部」では，動物としてのヒトから人間となるにおいての心の共有，文明の象徴としての宮殿の創設と再造営における人間の精神性の発露，定着生活の出発点である農業の開始の試行錯誤，そして畜産という風土に適した人間の営みがまとめられている．「人の部」では当然のことながら人間に焦点が当たっており，人間の知の活動の共通性が読み取れるかもしれない．3つの部それぞれにおいて，ほぼ時間の歩みに沿って「はじまりの歴史」ともなるよう意図している．
　第4部では，時間軸とは独立に「はじまり」の契機に関わっての特殊な問題を取り上げ，個別論を掘り下げるなかで「はじまり」の多様性と普遍性の両局面がいかに現れるかを考えようとした．複雑系を自然界の物理システムの問題とすると，複雑性は社会と人間に関連するシステムの性質であり，シミュレーション手法によって複雑性が生み出されてくる構造の特徴が述べられている．また，歴史における農耕と稲作の「はじまり」については，さまざまな説が考えられ歴史の組み合わせだけでは解けない謎を秘めており，「はじまり」の追究は歴史の空白への挑戦という意味合いもある一例と言える．また，ヒト（あるいは人間）が言語を獲得する経緯は，人間集団と意志の伝達の欲求と必要性，叫びとか歌との延長としての表現の複雑化，肉体構造の変化など，精神的要素と物質的要素の両側面が結びついたコミュニケーション能力への考察が欠かせないことを物語っている．それぞれ特殊な問題を論じ

ているようだが，一歩下がって望見してみれば普遍性が見えてくるかもしれない．

「「はじまり」シンポジウム」は，2013 年 11 月 25 日，26 日の両日総研大において開催された．大学関係者だけでなく一般市民の人々も含めて 150 名以上もの参加があり，熱気にあふれる議論が行われた．その雰囲気を本書で味わっていただけたら幸いである．

最後にシンポジウムのお世話をしてくださった総研大秘書の小田由紀さんをはじめ職員の方々に深く感謝し，本書の編集に当たってくださった東京大学出版会の小松美加さんと住田朋久さんに厚くお礼を申し上げたい．

2014 年初秋

池内　了

目　次

はしがき

第I部　　天の部

第1章　すべての「はじまり」――ビッグバン……佐藤勝彦　3

はじめに　3　　ガモフのビッグバンモデル　5
インフレーション理論　7　　観測的宇宙論の進展　10
重力波観測によるインフレーションの直接観測　12

第2章　形の世界の「はじまり」――質量の起源……磯　暁　15

はじめに　15　　2012年7月4日　16　　LHC加速器　16
ヒッグス粒子の発見　19　　素粒子の標準模型　21
対称性の自発的破れ　23　　ヒッグス場　24
ヒッグス粒子が突きつけたあらたな謎　26　　さいごに　28

第3章　生命の「はじまり」への条件
　　　　――ハビタブル惑星の誕生……………………田村元秀　31

生命を宇宙に探す天文学とは？　31
生命を育める場としての惑星　34
惑星をどのように探すのか？　35　　系外惑星の多様な世界　38
系外惑星の直接撮像　40　　ハビタブル惑星の開拓　42

第 II 部　　地の部

第 4 章　生命の「はじまり」——化学進化……………小林憲正　*45*

　生命の「はじまり」問題のはじまり　*45*
　実験による生命起源への挑戦の「はじまり」　*46*
　生命の起源の古典的シナリオ　*48*　　古典的シナリオの問題点　*49*
　地球外有機物の発見　*51*　　アミノ酸の非対称性の種は宇宙から？　*53*
　有機物の運び手は何か　*54*　　生命はいつどこで誕生したか　*55*
　新しい生命の起源のシナリオ　*56*　　生命起源の痕跡を宇宙に探る　*58*
　アストロバイオロジー——生命の起源を宇宙の目で探る　*59*

第 5 章　ゲノムの働きと起源と学際的な研究……池村淑道　*61*

　はじめに　*61*　　ゲノム DNA の細胞核内での巧妙で精緻な収納　*63*
　ゲノムの分子レベルでの状態変化——エピジェネティックな変化　*64*
　遺伝子発現の制御機構　*70*　　DNA エレクトロニクス　*74*
　合成生物学　*76*　　科学を正しく恐れる　*79*
　ビッグデータ時代のゲノム情報研究　*80*

第 III 部　　人の部

第 6 章　ヒトの「はじまり」………………………長谷川眞理子　*87*

　ヒトはどういう生物か？　*87*　　ヒトの進化系統樹　*88*
　人類の進化史　*90*　　脳の大型化と社会脳仮説　*92*
　人類の進化環境　*94*　　チンパンジーの社会と競争的知能　*96*
　言語を可能にする心的表象　*99*
　ヒトがヒトになった環境（艱難 汝 を珠にす，とは限らないが）　*101*

第7章　世界の家畜飼養の起源
　　　　──ブタ遊牧からの視点……………………池谷和信　105

　人類はどのようにして家畜を飼いはじめたのか？　105
　ブタの群れを管理する遊牧（デルタ内の群れの移動　自然資源の利用）　110
　群れの管理技術　115
　2つのブタ飼養はどうして生まれたのか？（もう1つのブタ飼養の形　飼養形態と民族移動史）　118
　イノシシの家畜化と「ピッグベルト」の形成　124

第8章　古代アンデスにおける神殿の「はじまり」
　　　　──モノをつくりモノに縛られる人々…………関　雄二　127

　古代文明と神殿　127　　形成期とは　128　　神殿の登場　129
　神殿の出現と社会の関係──唯物史観　132
　発想の転換──神殿更新　133　　神殿更新と社会　134
　神殿更新論のバージョンアップ──実践論的考察　135
　更新を促す力　136　　神殿更新の行き着く先　138

第9章　日本における農耕の起源………………藤尾慎一郎　141

　はじめに　141　　農耕の定義　143
　農耕前史（クリの管理──野生植物と人との関わり　マメのドメスティケーション）　144　　農耕のはじまり──コメ　148
　灌漑式水田稲作のはじまり（水田稲作民の登場　有力者の登場　畑　社会の質的転換──戦いのはじまり）　150　　おわりに　151

第IV部　　「はじまり」を考えるために

第10章　複雑性と科学──考え方・進め方………佐藤哲也　157

　増えつづける社会の複雑性　157　　複雑な系の取り扱い　159
　複雑性の科学とは　161　　西洋パラダイム　162
　あらたなパラダイムへの渇望　164
　新しいパラダイムの「はじまり」　165
　"Socio-Simulatonics"の提案　167　　具体的試行実験例　168
　おわりに　169

第 11 章　人間-自然相互作用の「はじまり」を考える
　………………………………………………………佐藤洋一郎　*171*

　はじめに　*171*　　農耕のはじまりを事例に　*172*
　農耕はなぜはじまったのか　*176*
　栽培植物と家畜のはじまりは単一科学では解けない　*177*
　環境問題に見る因果の連鎖——塞翁(さいおう)が馬　*179*
　「はじまり」のはじまり　*183*　　おわりに代えて　*184*

第 12 章　「言語と感情のはじまり」における
　　　　　コミュニケーションの役割…………岡ノ谷一夫　*187*

　はじめに　*187*　　前適応　*188*　　ゆるやかな定義　*188*
　言語への前適応　*189*　　情動発声　*190*　　情動発声から歌へ　*192*
　歌から言語へ（発声学習　音列分節化　状況分節化　音列と状況の相互分節化　歌から言語へ——まとめ）　*193*　　言語から感情へ　*198*
　おわりに——情動から言語へ，言語から感情へ　*199*

終章　「はじまり」の多様性と普遍性………………池内　了　*205*

　「はじまり」を問題にする理由　*205*
　「はじまり」の多様性（物質条件　環境条件　メカニズム　人間の感情の特性）　*208*
　「はじまり」の普遍性（対称性の破れ　非線形項による自己組織化　試行錯誤　新規性の魅力）　*212*　　「はじまり」への終わりのない旅　*216*

　索引　*219*

第Ⅰ部

天の部

第1章
すべての「はじまり」
ビッグバン

佐藤勝彦

はじめに

われわれの住むこの世界にははじまりがあったのだろうか？ もしはじまりがあったならそれはどのようにはじまったというのだろうか？ はじまりの前はどうなっていたのだろうか？

われわれの住んでいる世界，つまりあらゆる物質的存在をすべて含む宇宙のはじまりについての疑問は，人類の歴史がはじまった頃から，神話や哲学の課題として問われてきたものである．

もっともよく知られているものは，キリスト教の聖書の「創世記」である．「創世記」では1週間で世界は創造されたことになっている．「はじめに神は天と地とを創造された．地は形なく，むなしく，やみが淵のおもてにあり，神の霊が水のおもてをおおっていた．神は「光あれ」と言われた．すると光

●**佐藤勝彦**（さとう・かつひこ） 自然科学研究機構機構長，東京大学名誉教授
京都大学大学院理学研究科物理学専攻博士課程修了．北欧理論物理学研究所客員教授，東京大学大学院理学系研究科物理学専攻教授，ビッグバン宇宙国際研究センター長を経て現職．国際天文学連合宇宙論部会長，日本物理学会会長も務めた．

★**佐藤先生のおもな著作**
『宇宙論入門』（岩波新書，2008 年）
『眠れなくなる宇宙の話』（宝島社，2008 年）
『インフレーション宇宙論』（講談社ブルーバックス，2010 年）
『宇宙は無数にあるのか』（集英社新書，2013 年）
ほか多数．

図 1–1 アイスランドのエッダ（原本：ウプサラ大学所蔵）

があった．……」と神が1日目にされたことを記している．

　私が講演などでしばしば紹介しているのは，アイスランドの神話「エッダ」の一節である．20年ほど前，アイスランド大学に招かれ宇宙論の講義をしたが，その帰りに友人である研究者から，アイスランドの誇る歴史的文献であり，その中に宇宙創世の物語も書かれているので飛行機の中ででも是非読んでほしいと手渡されたものである（図1–1）．「時のはじまったときには，何もなかった．砂も海もまた冷たい波もなかった．地は見当たらず，上に空もなく大きな口を開けた裂け目があったが，どこにも草木はなかった．」いかにも北極圏に近い島国の民族の香りが漂うストーリーである．人口わずか30万余の小さな国の人々も，世界のはじまりについて考えていたのだと，たいへん感動したことを覚えている．

　ヒンドゥー教では，宇宙はブラフマー神によって創世され，ヴィシュヌ神によって維持，発展され，シバ神によって破壊される．私は何年間かインドの大学間連携天文・天体物理学研究所の顧問委員会の委員をしていてしばしばインドを訪問していたので，インドの土産としてよく売っているシバ神の像を買った．シバ神が右足で立ち，左足を上げたダンスで宇宙を創世し，維

持発展させ，最後に破壊する像である．三神一体＝トリムールイという思想により，シバ神が 3 神すべての役割を担っているものである．シバ神は右手に持った小太鼓を奏でて，宇宙を創世するという．この話を聞いたとき，どのように小太鼓を奏でるのか是非聞いてみたいものだと，感激したことを覚えている．

宇宙の創生をはじめとする宇宙全体を科学的に研究できるようになったのは，A. アインシュタインによって時間や空間の物理学，相対性理論が構築されてからである．アインシュタイン以前においては，I. ニュートンが『プリンキピア』で，「時間とはその本質において外界と何ら関係することなく，一様に流れこれを持続と呼ぶことのできるもの」と，また空間を「その本質においていかなる外界とも関係なくつねに均質であり揺らがないもの」と規定している．時間と空間を一体として時空と呼ぶが，時空は物質と無関係に存在しているもので，物理学の入れ物ではあるけれど，決して物理学の対象となるものではなかったのである．

アインシュタインの相対性理論について言うと，1905 年に構築されたのが特殊相対性理論，それをより一般化し 1916 年に時空の物理学として作り上げられたのが一般相対性理論である．一般相対性理論は，物質の存在によって時空が大きく曲がってしまうこと，つまり物質の存在によって時空が規定されることを明らかにした．これによりはじめて，時空と物質を一体として議論することが可能となり，宇宙全体は物理学の対象となったのである．

ガモフのビッグバンモデル

1929 年，アメリカの天文学者 E. ハッブルは，遠方の銀河ほどわれわれから速い速度で遠ざかっているというハッブルの法則，つまり宇宙の膨張を発見した．これらにより，私たちの住んでいる宇宙は大きな極限では銀河が無数に広がった銀河宇宙であり，それが膨張を続けているということがわかったのである．ハッブルの発見はわれわれの住んでいる世界の描像を静的で永遠不変なものから，動的に進化するものへと革命的に変えてしまった．一方

ロシアの A. フリードマンは，1922 年，宇宙膨張の発見の 7 年前に，時空の物理法則，一般相対論の式を解くことによって，宇宙が実際に膨張，収縮することを理論的に示していた．物理学の法則，一般相対論によって宇宙膨張が予言され，それがハッブルによって証明されたことは，宇宙は論理だった単純な原理に従って運動しているという物理学的世界観を揺るぎのないものにした．

1946 年，G. ガモフはこのはじまりに，当時最先端の科学であった「原子核物理学」を応用し，われわれの宇宙は火の玉，ビッグバンとしてはじまったはずだと主張した．ガモフは，私たちの宇宙を構成している元素の 70% 以上がもっとも単純な元素，水素であり，炭素や酸素より重い重元素が 1–2% であることを説明するには，宇宙は熱い火の玉として生まれなければならないと主張したのである．そして 1965 年，この火の玉の名残であるマイクロ波宇宙背景放射（3 K（ケルビン）放射）が A. ペンジャスと R. ウィルソンによって発見され，このビッグバン理論は揺るぎのないものとなったのである．ビッグバン理論は今日大筋において宇宙論的な観測ともよく一致し，科学的な宇宙論の標準となっている．

ガモフによって提唱されたビッグバン理論，原初ビッグバンモデルは，このように 3 K 放射の発見によって標準理論となったが，しかし未解決な問題も残された．

第 1 ははじまりの問題である．宇宙膨張の解，フリードマンの解では宇宙は時空の特異点からはじまる．特異点とは，時空の曲がりを表す曲率などの量が無限大になり，因果の関係を表す曲線がここから出発したり，終わってしまう点である．この特異点がある自然な条件のもとでは避けることができないという「特異点定理」も，S. ホーキングや R. ペンローズによって証明されている．因果の曲線が出発する特異点から宇宙がはじまることは，宇宙のできごとは特異点の彼方からの情報に依存することを意味する．物理学者としては，物理学の中で自己完結的に宇宙の創生から終焉までを記述できるという描像を持ちたい．

このようなアカデミックな問題に加えて奇妙なことは，①宇宙は因果の関係を超えてきわめて一様であること，②宇宙の曲率がきわめてゼロに近いこ

と，つまり観測的に容易にゼロからのずれが測定できないほど平坦であるということ，そして，③宇宙の大きな構造（銀河団，超銀河団など）の種は，因果の関係を超えて仕込まれたように見えること，である．

①は地平線問題と呼ばれている．地平線とは因果の関係を持つことのできる領域の大きさで，宇宙開闢（かいびゃく）の時刻にある地点を出発した光が到達できる距離である．宇宙開闢以来一度も因果関係を持つことのなかったところが，まったく同じ密度状態にあるということは奇妙である．

②は平坦性問題と呼ばれている．宇宙膨張を記述する方程式，重力場の方程式は，時空の曲がりが少しでも正か，または負であるとその方向に急激に成長してしまう性質がある．現在の宇宙の曲率はゼロに近いが，曲率の値が観測的上限値内に収まるためには，宇宙創生の瞬間には120桁の精度で初期密度を設定してやらなければならない．これはきわめて不自然である．

③の密度揺らぎの起源問題は，実際に観測されている宇宙の大構造の種を初期宇宙で作ろうとしても，光速を超えるような速さで物質を運んでやらなければ凸凹を作れないという困難であり，アカデミックな問題を超えて具体的な困難である．

インフレーション理論

これらを解決するため，1981年，佐藤勝彦やA. グースは大統一理論と一般相対論を組み合わせ，インフレーション理論を作り上げた．物理学では，この宇宙，物質世界を動かす基本的力は4種類あることがわかっている．なじみの重力，電磁気力，それに加えて原子核や素粒子の世界で働いている強い力，そして弱い力である（図1-2）．後者の2つはもともと原子核の中で働いている強い方の力と弱い方の力と呼ばれていた力が固有名詞化したものである．

4つの力をすべて統一する理論は未完のままである．電磁力と弱い力を統一する理論は加速器の実験でも検証され完成しており，ワインバーグ・サラム理論と呼ばれる．大統一理論はこの理論をさらに拡張し，強い力も含めて統一する理論である．

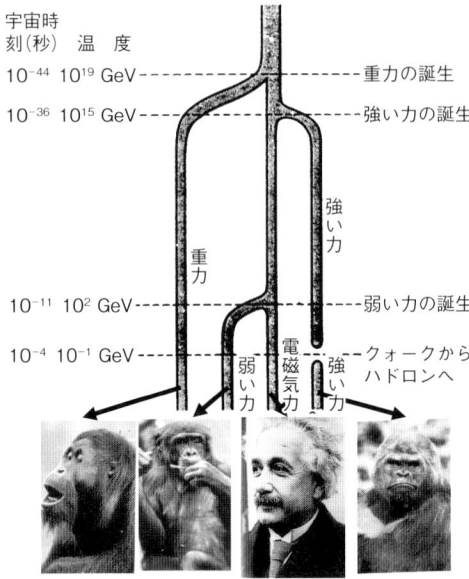

図1-2 自然界の基本力の進化
力の統一理論によるならば生物の進化と同じように，力も枝分かれし進化する．

　宇宙開闢，10^{-36} 秒頃，真空の相転移が起こり，強い力が枝分かれを起こしたことをこの理論は予言している．この理論では，宇宙の初期に真空の状態を表すヒッグス場のエネルギーは高い状態にあり，このエネルギーに働く一般相対論的力が強い斥力となる．これによって宇宙は指数関数的な急激な膨張を引き起こす．ある極微の単位時間ごとに宇宙の大きさは，2倍，4倍，……と倍々ゲームで巨大化していくのである．ヒッグス場のエネルギー密度は宇宙の体積がどれだけ大きくなろうと薄まることはなく，つねに密度は一定である．したがって，このことは宇宙の全内部エネルギーが体積に比例して増えることを意味している．この倍々ゲームはいつまでも続くわけではない．およそ100回程度かそれ以上続いたところで，ヒッグス場はエネルギーの高い状態から一次相転移を起こし低い状態に転落し，急膨張は終了する．このときヒッグス場のエネルギーは熱エネルギーとして解放され，宇宙は火の玉宇宙になる．このシナリオをインフレーション理論と呼んでいる．

　旧来のビッグバンの問題である②は簡単に解決できる．創生直後の宇宙の曲率が大きくても小さくても，小さな風船を急激に膨らませればその曲率は

ゼロに近づくように，宇宙の曲率はゼロに近づくからである．①や③については，現在距離が遠くて因果関係が持てるはずがないと思われるところも，このシナリオではインフレーション前には小さな領域で十分因果関係があったのである．

しかし，このオリジナルなインフレーションはそのままでは天文学的観測と矛盾したり，またその根拠となった大統一理論が統一理論としては実験と矛盾することがわかり，いろいろな改訂版が数多く作られた．新インフレーション，カオティックインフレーション，ハイブリッドインフレーション，拡張インフレーション，ソフトインフレーション，ナチュラルインフレーション，オープンインフレーション，スカラーニュートリノモデルなど，数えることは難しいが 100 程度はある．

今日，インフレーションを引き起こす場は，確定的理論がない状況では，一般にインフラトン場と呼ばれている．モデルが確定していないにもかかわらず，上に記したような問題を解決するような理論は他になく，インフレーション理論は初期宇宙の標準的パラダイムとなっているのである．また，のちに記すように天文学的観測によってインフレーションを裏付けるような観測が多く出ているからである．

しかしながら，インフレーション理論は，宇宙が膨張をはじめたことや，火の玉としてはじまることを示したが，それ自身で完結した宇宙創生の理論とはなっていない．それは，インフレーションを起こす「種」の時空の存在を仮定しているからである．

ウクライナ生まれの A. ビレンケンは，インフレーション理論の成功を受け，1983 年に「無からの宇宙創生論」を唱えた．「時間も空間も物質もない状態」，無の状態を考え，その無の状態から量子論的トンネル効果でミクロな量子宇宙が生まれ，それがインフレーションを起こし宇宙となるモデルである．このような無の状態といえども，量子論に従えばその状態は揺らいでいるはずであり，そこでは極微の時空が生まれては消えているはずである．彼はこの無の状態から，トンネル効果という量子論の効果で，ポッと生まれた時空がインフレーションを起こすのだというモデルを作ったのである．

やや遅れて S. ホーキングも量子論的宇宙のはじまりを展開し，「無境界仮

説」を提唱している．ここで無境界とは，宇宙がはじまるとき特異点という境界はないようにはじまるという意味である．

いずれのモデルも時空の量子論，量子重力理論に基づいており，そこでは宇宙は虚時間ではじまることになり，特異点は存在しない．はじめに記したビッグバン理論の特異点問題は，彼らの理論で解決されていることになる．しかし時空の物理学である一般相対性理論と量子論は相性が悪く，この2つを無矛盾に統一できてはいない．「無からの宇宙創生論」は，本質を捉えたものであると思われるが，この理論は未完の理論であり，超弦理論などの発展を待たなければならない．

観測的宇宙論の進展

宇宙では遠方を観測することは，過去の宇宙を観測することである（図1-3）．光などの電磁波は光速で伝わるが有限の速度であり，地球に到達するのに時間がかかるからである．現在観測可能なもっとも昔は火の玉宇宙の温度が下がり宇宙が透明になった時刻，開闢から38万年の時刻である．

1992年，アメリカの宇宙マイクロ波背景放射観測衛星COBEは，宇宙開

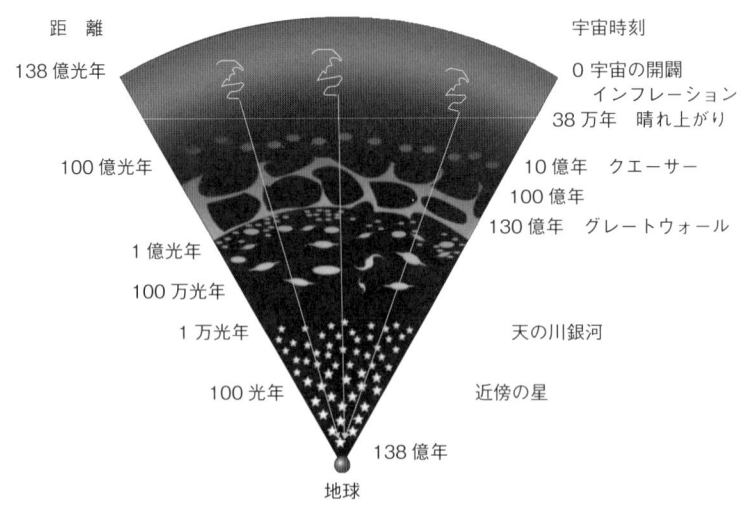

図1-3　宇宙では遠くを観測すれば過去が見える

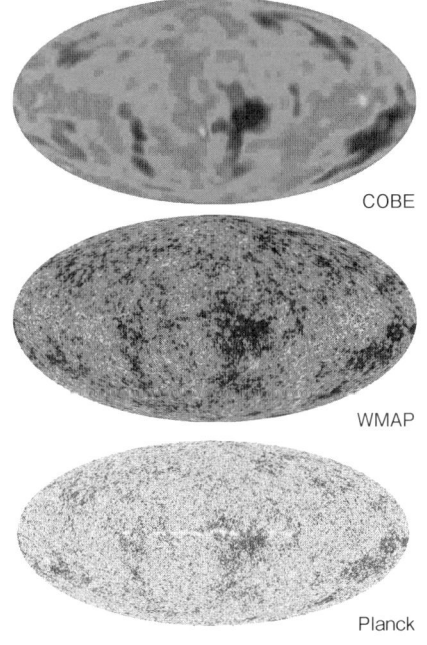

図 1-4 宇宙マイクロ波背景放射のスカイマップ（NSA, ESA ホームページより）
上：COBE 衛星，中：WMAP 衛星，下：Planck 衛星が描き出した宇宙誕生から 38 万年頃の宇宙の姿．

闢から 38 万年しか経っていない頃の宇宙の姿を描き出した（図 1-4 上）．わずか 10 万分の 1 というマイクロ波電波の強弱，揺らぎであるが，描き出された宇宙構造の種は，インフレーション理論の予言する揺らぎの予言と一致したのである．これによってインフレーション理論は観測から大きな支持を受けることになったのである（2006 年ノーベル物理学賞受賞）．

　COBE 衛星の後継機である WMAP 衛星はより細かく観測を行い，マイクロ波電波の揺らぎがインフレーション理論と一致するという COBE の結果を再確認した（図 1-4 中）．この細かなデータの解析から，宇宙の年齢が 137 億年であるという結果も得られている．2013 年，ヨーロッパの宇宙機関である ESA の Planck 衛星はさらに細かな観測を行い，インフレーション理論を裏付けた（図 1-4 下）．そこでは，宇宙の年齢は 1 億年長い 138 億年と求められている．

　WMAP 衛星や Planck 衛星の精密なデータを一般相対性理論など物理学の理論を駆使して解析することによって，宇宙の年齢のみならず，宇宙を構成

する物質エネルギーの種類，割合も求められる．銀河や銀河団の中を満たしている正体不明の物質，暗黒物質（ダークマター）は27%，宇宙全体に一様に広がった正体不明のエネルギー，ダークエネルギーは68%，われわれの体や輝いている星を構成する普通の物質は5%にすぎない．これらの値は，光赤外望遠鏡など他の天文学的手法で求められた値とも誤差範囲でよく一致する．

重力波観測によるインフレーションの直接観測

　宇宙マイクロ波背景放射の観測は，強くインフレーション理論を裏付けるものであるが，この放射は宇宙の誕生から38万年後の宇宙の姿を見たものである．できることならば，インフレーション時代を直接観測できないか？
　時空のさざ波とも呼ばれている重力波を用いると，インフレーションの時代の直接観測が可能である．重力波は一般相対性理論から予言されている波で，時空のひずみが波となって伝わるものである．インフレーションの時代に量子揺らぎによって密度の微小な凸凹，密度揺らぎが生じ，それが宇宙の構造の種になることはすでに述べたが，同時に時空をかき乱すために重力波も生じるのである．重力波は電磁波と同じく光速で伝わる．上の節でも記したように，誕生から38万年以前の超高温の宇宙初期は電磁波（光や電波）に対して不透明なので見えないが，重力波に対してはその前であっても透明なので，インフレーション時代を直接見ることができるのである．
　現在，岐阜県神岡鉱山の地下で，宇宙からやってきている重力波を捉えるため大型冷却重力波望遠鏡KAGRAの建設が進んでいる．直交した長さ3kmのトンネルを2つ掘り，真空のパイプを設置し，その中を走るレーザの光の干渉を観測して重力波がやってきているか調べるのである．これが完成すると，まず最初に2つの中性子星が互いに相手の星の周りを回っている連星から放出される重力波が観測されると期待されている．近接した連星は，重力波を放出しながらエネルギーを失い，最後には合体してブラックホールになると予想されているが，最後の段階で大きなエネルギーの重力波を放出するからである．残念ながら，KAGRAではインフレーションの時代に放出され

る重力波を観測することは難しい．インフレーションの時代に放出される重力波は，宇宙の膨張によって波長がきわめて長く引き延ばされているので，長さ 3 km の KAGRA では検出困難である．

さらに，アメリカの NASA で計画されている LISA は，宇宙に地球と同期して太陽の周りを周回する人工惑星，3 機を打ち上げ，500 万 km 互いに離れた 3 機の間でレーザの光をやりとりし干渉を見る壮大な計画である．これができれば，インフレーション時代を直接見ることができる．しかし，まだ予算は認められていない．

インフレーション起源重力波は，宇宙マイクロ波背景放射の偏光からも観測できる．マイクロ波背景放射に満たされた宇宙空間をインフレーション起源の重力波が伝播するとき，マイクロ波伝播の偏光度分布に，他の物理現象では生成しえない渦状のパターン（B-モードと呼ばれる）を作る．これを観測することができれば，インフレーションが起こった有力な裏付けとなる．さらに精密なこのモードの観測ができれば，宇宙初期で実際にどのような種類のインフレーションが起こったかを決めることができるかもしれない．前の節でも記したように，現在 100 を超えるインフレーションのモデルがあるが，この中から選び出すことができるかもしれないのである．Planck 衛星は，2014 年 10 月には偏光観測のデータをさらに精密に解析した結果を発表すると期待されている．たいへん楽しみである．

狭い領域で全天の観測はできないが，地上の電波望遠鏡でも B-モードの観測が数多く計画されている．2014 年 3 月 17 日，それらの計画の 1 つ，BICEP2 が宇宙マイクロ波背景放射の偏光測定によって，原始重力波による B-モードを発見したと発表した．これが正しいなら大きなインフレーション理論はさらに大きく観測的に裏付けられることになる．しかしわれわれの銀河内空間にただようダストからの放射の影響を過小評価しているのではないかと指摘を受けている．確実となるためには他の複数の計画の結果と一致することが必要である．また日本では，高エネルギー加速器研究機構の羽澄昌史などが中心になって，B モード観測専用人工衛星 LiteBIRD（ライトバード）を打ち上げる計画も提唱しており，その成果を楽しみにしている．

私の大きな夢は，マイクロ波背景放射の観測によって COBE, WMAP や

Planck により宇宙誕生から 38 万年後の宇宙の姿が描き出されたように，インフレーション起源の重力波の観測によって火の玉宇宙創生の頃の宇宙の姿を見ることである．LISA が完成したとしても，その姿を直接描き出すことはできないが，21 世紀末までには，宇宙誕生の瞬間も重力波観測によって描き出されるに違いない．

　宇宙論の研究，とくに観測的宇宙論の研究分野はすばらしい時代を迎えている．観測は物理学の理論を駆使した成果とほぼ見事に一致している．アインシュタインの相対論から約 100 年で，われわれの住む世界，宇宙の基本的な進化・構造を知ることができたと言えるのではないだろうか．地球科学，生物学，人類学との連携によって，宇宙におけるわれわれの位置も描き出されてきた．しかし同時に，暗黒物質，ダークエネルギーの発見など，大きな謎も生まれてきた．科学は謎を解くことで進む．新たな謎が生まれたことはたいへん歓迎すべきことである．これを解くことで，新たな真理の深い階層に達することができるからである．

筆者のオススメ

岡村定矩・池内了・海部宣男・佐藤勝彦・永原裕子編『シリーズ現代の天文学 I 　人類の住む宇宙』日本評論社，2007 年．

佐藤勝彦『インフレーション宇宙論——ビッグバンの前に何が起こったか』講談社ブルーバックス，2010 年．

高エネルギー加速器研究機構ウェブサイト　http://cbr.kek.jp/outreach/

第2章
形の世界の「はじまり」
質量の起源

磯　暁

はじめに

　今から138億年前に宇宙が誕生した．宇宙とは，3次元空間と1つの時間を持つ「時空」であり，「時空」が誕生したことにより，物質が生まれた．これが「形の世界のはじまり」である．古代ギリシャの哲学者デモクリトスは，世界は不変不滅の原子（アトム）からなり，それら原子は「空虚な空間」の中を運動するとした．時空がなければ，物質は存在することすらできない．素粒子物理学とは，宇宙という時空に存在する物質の根源を探る学問である[1]．その物質たちを影で支配しているのが，これから話すヒッグス粒子である．

●磯　暁（いそ・さとし）　高エネルギー加速器研究機構教授
東京大学大学院理学系研究科博士課程修了．東京大学助手，高エネルギー加速器研究機構助教授などを経て現職．場の量子論や重力，超弦理論などを手掛かりにして，個々の素粒子の背後にある「真空」や「時空」の性質を探る研究を進めている．

★磯先生のおもな著作
ナイヤ『現代的な視点からの場の量子論　基礎編，発展編』（共訳，丸善出版，2012年）
ほか論文多数．

---

[1] 重力の量子論では，物質と時空は不可分の関係となり，究極的には同じ起源を持つと考えられる．超弦理論はそのような理論の有力候補である．

2012 年 7 月 4 日

　2012 年 7 月 4 日，スイスのジュネーブ郊外にある欧州原子核研究機構（CERN）は，「ヒッグス粒子らしき新粒子」の発見を報じた．この発見を伝える会見は，世界中で同時中継され，私の所属する高エネルギー加速器研究機構（KEK）でも，150 名を超える研究者が小林ホールに参集してその様子を見守った．

　実験結果についての説明が 1 時間ほど続き，講演の最後に

$$\text{We have observed a new boson with a mass of } 125.3 \pm 0.6 \text{ GeV at } 4.9\sigma \text{ significance.}$$

と書かれたスライドが映し出されると，一斉に拍手がなりひびき，会場は興奮の渦に包み込まれた．私もその場に臨席したが，自分が素粒子物理学の研究者として，この瞬間に立ち会えたことの幸せを噛みしめていた．CERN の講演会場には，この粒子を予言した P. ヒッグスや F. アングレールらも参加して，感動の涙を流していたのが放映された．

　たった 1 つの新粒子にすぎないヒッグス粒子の発見は，なぜそれほどまでに素粒子物理学の研究者たちに感動と興奮を与えたのだろうか．これまでの素粒子物理学の流れと，これからの素粒子物理学のゆくえに焦点を当てて，そのことを見ていきたい．

LHC 加速器

　まずは，ヒッグス粒子発見の舞台となった CERN にある LHC 加速器から見てみよう（図 2-1）．LHC がいかに巨大で，しかも現代科学技術の粋を集めた繊細な装置であるかを理解してもらうために，以下ではあえて細かい数字にこだわった．その数字 1 つ 1 つに驚いてもらいたい．

　LHC とは大型ハドロン衝突型加速器（Large Hadron Collider）の略称である．名前からわかるように，この装置は，ハドロンと呼ばれる粒子を高エネルギーまで加速して衝突させる大型の「粒子加速器」である．加速器はほぼ円形をしており，その全長は 26.659 km と「大型」で，スイスとフランスの

第 2 章　形の世界の「はじまり」

図 2–1　上空から見た LHC の様子（写真提供 CERN）
円の地下約 100 m にトンネルが掘られ，加速器が設置されている．

国境をまたぐ，平均で約 100 m の深さのトンネルに設置されている．地下 100 m を走る山手線を想像してもらえればよい．

　LHC で加速される粒子は，陽子や鉛イオンなどの「ハドロン」である．加速する粒子を換えることで異なる実験を行うことができる．ヒッグス粒子は，もっとも簡単なハドロンである陽子と陽子の衝突により発見された．

　地下のトンネルには，0.0000000000001 気圧という限りなく真空に近い状態まで空気の抜かれたビームパイプが 2 本設置されている．この中を走るハドロンが，空気に邪魔されることなく走り続けられるようにするためである．その体積は 9000 m³，つまり床面積 1000 坪の豪邸の内部がまるまる真空になるまで空気を抜かなくてはならない．

　各ビームパイプの中を反対方向に走る粒子は，9593 台の強力な磁石によって，リングの中を規則正しく運動するように細かく制御される．1232 台の超

伝導電磁石はダイポール磁石と呼ばれ，1つの磁石の大きさは長さ15 m 重さ35 トンにもなり，磁場の強さは 8.3 テスラである．これらの磁石は，超伝導を保つため，零下 271.3 度に冷却されている．

　2つのリングが交差する場所が円周上に4カ所あり，そこで反対方向に走ってきたハドロン同士が「衝突」する．これが，「大型ハドロン衝突型加速器」と命名された理由である．

　ハドロン加速器は，石のたくさん入ったバケツとバケツの衝突にたとえられる．ハドロンは，素粒子単体ではなく多数の素粒子からできている．たとえば，陽子は3つのクォークから構成される．それだけでなく高エネルギーになると，陽子の中で粒子と反粒子が対生成され，さらに多数の素粒子（＝石）からなるバケツ（＝ハドロン）と考えられる．このようなバケツ同士をぶつけると，正面衝突するのは，バケツの中の一部の石だけである．衝突に関与する石は，歴史的経緯でパートン[2]と呼ばれているが，これはクォークやグルーオン（強い力を媒介する粒子）などの総称である．

　陽子と陽子が衝突して生成された莫大な数の粒子を識別して，衝突の詳細を明らかにするのが「検出器」だ．ATLAS と CMS と呼ばれる2つの実験グループの建設した検出器により，ヒッグス粒子は発見された．KEK を含む日本チームは，アトラス実験グループに参加している．

　アトラス検出器は，荷電粒子を曲げるための磁石と，多層構造のセンサーからなる．一番内側には，磁石で曲げられた荷電粒子の飛跡を高精度に検出して，生成された粒子の運動量を測定する半導体検出器が設置さていれる．その外側には，電磁シャワーを生成させて粒子のエネルギーを測定するカロリメータが置かれている．そして一番外側には，カロリメータを透過したミュー粒子を測定するためのミューオンスペクトロメータがある．これらのセンサーと磁石を合わせると，長さ 44 m，縦横それぞれ 24 m の大きさで，総重量は 7500 トンにもなる（図 2–2）．

　この検出器から読み出されるデータ量も莫大である．陽子は塊となって加速されるが，ひとつの塊に入っている陽子の数が 1000 億個．この塊が衝突

---

　2)　部分を意味する "partial" から命名された言葉．

第2章　形の世界の「はじまり」

図2-2　アトラス検出器の断面（写真提供 CERN）

地点では，太さ64 μm，つまり人の髪の毛くらいの幅に圧縮される．このような塊を衝突させても，ほとんどは素通りして1回に起こる陽子の衝突回数は20回弱である．しかし，この塊は25ナノ秒（25×10^{-9}秒）ごとにやってくる．このため，最終的には1秒間に6億回もの衝突が起こる[3]．この衝突から興味ある反応を引き出す作業が，実験物理屋の腕の見せどころとなる．

ヒッグス粒子の発見

LHC加速器でヒッグス粒子は発見された．かくも巨大な加速器が必要なのは，14 TeV[4]という高エネルギーまで陽子を加速するためである．

---

[3] 専門的には，加速器の性能を表すルミノシティLが$L=10^{34}$ cm^{-2}s^{-1}，7 TeVでの陽子と陽子の反応断面積（衝突のしやすさ）が$\sigma=60$ ミリバーン $= 60\times 10^{-3}\times 10^{-24}$ cm^{2}なので，両者をかけると，1秒当たりの衝突回数$L\sigma=6\times 10^8$が得られる．

[4] TeVは，テラ電子ボルト．テラ（Tera）は10^{12}を表す言葉．電子ボルトとは，電子が1Vの電場で1 m走って獲得する運動エネルギーで，1eV＝1.602×10^{-19}ジュール（J）に等しい．

アインシュタインの特殊相対性理論では，エネルギー E と質量 m は

$$E=mc^2$$

で同一視される．c は光速度．このため，素粒子物理学では質量をエネルギーの単位を使って表す．陽子の質量は 1.67×10^{-27} kg だが，エネルギーの単位では 0.938 GeV [5] である．粒子を高エネルギーに加速して衝突させると，あらたに多数の粒子が生成される．加速された粒子のエネルギーが解放されて，生成粒子の質量に転換されるためである．

LHC で加速された陽子の衝突エネルギー[6]は，2011 年には 7 TeV＝7000 GeV，2012 年に 8 TeV に増え，2015 年には 13–14 TeV に達する予定である．陽子の質量が 1 GeV であるから，7 TeV は陽子 7000 個分ものエネルギーに相当する．実際には，その 1 割程度しかパートンの衝突エネルギーには使えないが，それでも，数百 GeV，つまり陽子数百個分のエネルギーである．つまり質量が陽子の数百倍の粒子ならば，LHC で作ることができる．

ヒッグス粒子の存在は予言されていたが，その質量は，誰も知らなかった．はたして，毎秒 6 億回もの衝突の中から，実際にヒッグス粒子が生成され，それが他の粒子に崩壊する様子を捉えることはできるだろうか．これが世界が固唾をのんで見守った実験である．

2012 年 7 月 4 日，ついに実験結果が発表された．アトラスと CMS 実験の両グループは，同時にそして独自にヒッグス粒子らしき新粒子を発見し，その質量は陽子の約 126 倍であることが報告された．その後，実験データは蓄積し，今では，発見された新粒子が長い間探し求められてきたヒッグス粒子であることがほぼ確実となった．

図 2–3 は，ヒッグス粒子の証拠とされる実験結果である．これは，多数の衝突反応の中から，2 つの光子だけが検出された反応を選別したものである．横軸は，2 つの光子の持つエネルギーの総量を表し，縦軸は，その反応の起こった数（イベント数という）をプロットしている．126 GeV 近くに小さな山が見える．これが，衝突でヒッグス粒子が生成されて，2 つの光子へと崩壊

---

[5] GeV はギガ電子ボルトの略で，ギガ（Giga）は 10^9 を表す言葉．
[6] 正確には，衝突の重心系エネルギー．

第 2 章　形の世界の「はじまり」

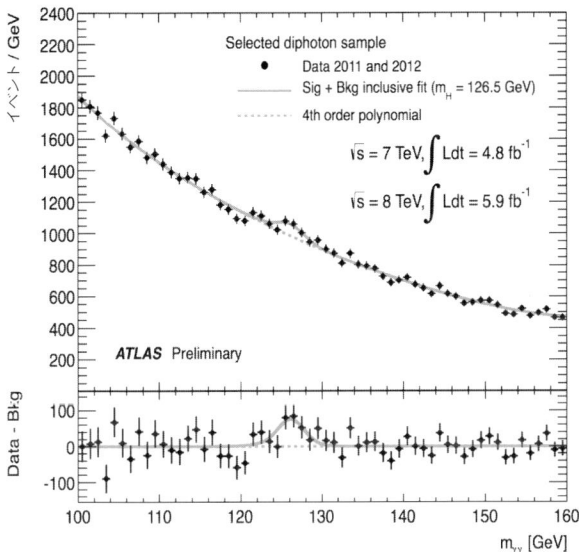

図 2–3　ヒッグス粒子発見の際の実験結果（出典 ATLAS グループ）横軸がエネルギー，縦軸がイベント数．126 GeV あたりの小さな山がヒッグス粒子の証拠．

した証拠である[7]．2つの光子以外への崩壊も発見され，作られたヒッグス粒子の数やその崩壊の仕方から，この粒子が「素粒子の標準模型」で予言されていたヒッグス粒子であることが確認された．

素粒子の標準模型

では「素粒子の標準模型」とは何なのか，その中でもなぜヒッグス粒子は特別な存在なのか．

わたしたちの身の周りには，様々な「物質」がある．その物質を細かく見

---

[7] それ以外の反応は，バックグラウンドと呼ばれ，ヒッグス粒子とは無関係に2つの光子が生成されるイベントである．このバックグラウンドは，素粒子の標準模型により正確に計算することができる．

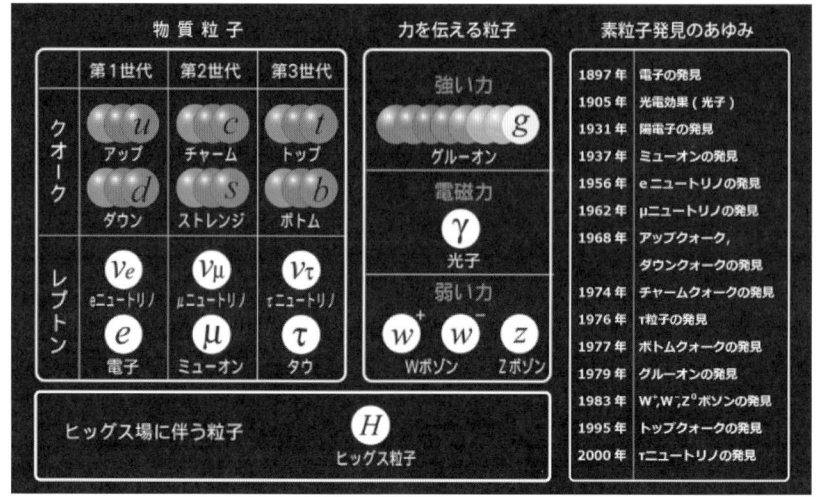

図 2–4 標準模型の素粒子たち
（出典 KEK http://www.kek.jp/ja/NewsRoom/Highlights/20120727150000）

ると，大きさ 10^{-10} m の原子からなり，原子は 5×10^{-15} m の原子核とその周りを回る電子からできている．原子核は，陽子と中性子から構成され，陽子や中性子は，3つのクォークからできている．一方，電子の仲間には，ミュー粒子やタウ粒子，さらにニュートリノと呼ばれる電荷を持たない粒子がある．これらの粒子はレプトンと呼ばれている．これが，1970年代に確立された物質の最小単位の分類である．図2–4に素粒子の一覧をリストした．物質の基本になるクォークとレプトンの中でも，最後に発見されたのがトップクォークで，1995年のことである．

　素粒子の間には，様々な力が働く．力のことを相互作用ともいう．電子や陽子は電荷を持ち，電磁気力が働く．太陽風が地球の磁気圏で曲げられてオーロラを作るのは，この力である．クォークは色電荷と呼ばれる3種類の電荷（赤，青，緑）を持ち，この色電荷の間に「強い力」と呼ばれる力が働く．この力はとても強く，3つのクォークを結び付けて陽子や中性子を作る．3番目の力に「弱い力」がある．弱い力が働く粒子は，アイソスピンと呼ばれる±1/2の弱電荷を持つ．弱い力は，放射性同位元素の崩壊を支配する．4番目の力として重力がよく知られているが，素粒子の間に働く力としては弱すぎる

ため，通常は考えない[8]．

　これらの力は，それぞれの力に付随した「ゲージ粒子」を交換することで，生みだされる．電磁気力は，光子，つまり光がその役割を果たす．強い力は，グルーオンと呼ばれる8つの粒子，そして弱い力は，$W^{\pm}$粒子とZ粒子の3つの粒子が働くことで，生じている．

　重力以外に力は3種類あると述べたが，電磁力と弱い力は，もともと同じ力だったことが知られている．この2つの力を統一する電弱統一理論（ワインバーグ・サラム理論）は1970年代に提唱され，実験的に検証された．その功績で，S. ワインバーグらは1979年のノーベル物理学賞を受賞した．ここで重要な役割を果たすのが，南部陽一郎が提案した「対称性の自発的破れ」という考え方である．

対称性の自発的破れ

　対称性とは，「もの」の形を区別する指標である．たとえば，球とラグビーボールを比べてみよう．球はどちらから見ても形に区別がない．しかしラグビーボールには，高さと縦横に違いがある．このため球の方が対称性が高いという．

　球形をしたサッカーボールを考えよう．新品のときはまん丸で対称性が高い．しかし，しばらく使わないうちに空気が抜けて縮んだならば，高さが縦横よりも小さくなる．これが「対称性の自発的破れ」である．どちらの方向が縮むかは，置きっぱなしにしていたサッカーボールが，どちらを上向きにして置かれていたかによって異なる．つまり偶然に上を向いていた方向が，長さの縮む特別な方向として自発的に選択される．

　素粒子間に働く力は，ゲージ対称性と呼ばれる対称性に関係する．ゲージ対称性が区別する「形」とは，粒子の種類である．電磁気力は，電荷の正負で力が生じる．強い力は，クォークが持つ3つの色電荷を区別している．この3色を勝手に（赤，青，緑）と名付けたが，これらを（青，緑，赤）と呼び

---

[8] 重力は万有引力とも呼ばれるように，あらゆる粒子が力を受ける．このことと等価原理が重力と時空を結び付ける根本である．

かえても，強い力に区別はない．これは，球の（縦，横，高さ）を（横，高さ，縦）と呼びかえても，区別がつかないのと同じである．しかしラグビーボールは違う．そして空気の抜けたサッカーボールも，もはや「高さ」が特別な方向になってしまった．

電弱統一理論の場合，はじめにあったゲージ粒子は，光子，$W^{\pm}$ 粒子，Z 粒子のすべてが対等だった[9]．しかしサッカーボールの空気が抜けるように「対称性が自発的に破れた」のである．この結果，電弱相互作用は，電磁気力と弱い力に分離し，力の働き方を粒子の種類という方向によってまったく変えた．

ヒッグス場

では空気の抜けたサッカーボールの役割を果たしたものは何なのか．これがヒッグス場である．ヒッグス場とは，ヒッグスらによって「仮想的」に導入されたサッカーボールである．場とは何かを，簡単に「海」とのアナロジーで説明しよう．

そもそも粒子とは何なのか．真空にエネルギーを与えると粒子と反粒子が対生成される．デモクリトスが言ったように「アトムは不変不滅」ではない．不滅なものはエネルギーである．ならば粒子とは何なのか．そこに場という概念が登場する．

デモクリトスの考えた「空虚な空間」は，実は空虚ではなく，様々な粒子に付随する場で満たされている．この場を「海」と呼ぼう．たとえば，電子には電子の海（電子場）がある．海は，エネルギーを与えなければ，いたって静かでそこに海があることすら気が付かない．これが真空である．しかし外からわずかなエネルギーを与えると，海にもさざ波が立ち，そこに海があることに気付かされる．この「さざ波」を私たちは素粒子として認識する．つまり，素粒子とは，それぞれの場のさざ波にすぎないのである．海のある場所に小さなさざ波が立った状態が粒子であり，その波の進行が，粒子の移動

---

9) 電荷で言うならば，電磁気力の電荷と弱い力のアイソスピンに区別がなかった．

第 2 章　形の世界の「はじまり」　　25

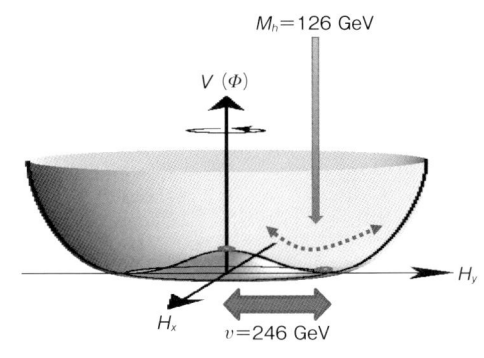

図 2-5　ヒッグス場のポテンシャル　縦軸は，凝縮の値 (H_x, H_y) に対するエネルギーをプロット．ヒッグス粒子の質量 126 GeV が，凝縮の大きさ 246 GeV より小さいことは，このポテンシャルの傾きが緩いことを意味する．

である．波のある海の状態は，各点ごとの海水面の高さで指定される．この海水面の高さの分布図を場という．

　場を導入したことで，もう 1 つ大事な概念が発生する．真空の選び方である．どの高さの海水面を波のない状態とするのか，つまり何をもって粒子のない真空状態と定義するのかを，まず決めなくてはならない．

　ヒッグス場はヒッグス粒子の場，海水面の高さに対応するのが「ヒッグス場の凝縮の値」だ．凝縮の値は，図 2-5 の (H_x, H_y) で指定される 2 次元平面での位置で指定される[10]．縦軸は，凝縮の値 (H_x, H_y) における「場のエネルギー」の大小である．このエネルギーの形状を「ヒッグス場のポテンシャル」（位置エネルギー）と呼ぶ．海水面の高さがどこに落ち着くのか，つまりどの凝縮値 (H_x, H_y) が選ばれるかは，ポテンシャルの形で決められる．

　図 2-5 のポテンシャルは，原点周りの回転で不変だ．この回転が電弱相互作用における「サッカーボールの回転」に対応する．回転対称性がもっとも高いのは原点である．しかし原点は明らかに不安定だ．一方，谷筋の 1 点はどこを選んでも原点よりはエネルギーが低く安定である．その代わり，どこか 1 点を選んでしまうと，それは回転対称性を「自発的に破る」．ヒッグス場が凝縮し，電弱対称性が自発的に破れると，統一されていた電弱相互作用は，電磁気力と弱い力に分裂し，粒子の種類に応じて異なる力を及ぼすようになった．つまりサッカーボールの空気が抜けたのである．

---

10)　実際には，ヒッグス場は 2 成分の複素場で与えられる．ここでは簡単のため実 2 次元場 (H_x, H_y) で代表させた．

この結果，元来は質量を持たなかったクォークや電子，$W^\pm$, Z粒子などが質量を獲得する．これはヒッグス機構と呼ばれ，凝縮の値が $|H|=\sqrt{H_x^2+H_y^2}$ $=246$ GeV であれば実験結果をうまく説明できることが，1970年代には知られていた．つまり仮想的にヒッグス場を導入するだけで，物質や力の性質がすべて説明できてしまう．これが，ヒッグス場が「姿を見られず闇の世界で宇宙を操る影の支配者」と称される理由である．

では，あらたに発見されたヒッグス粒子とは何なのか．ヒッグス場は谷筋の1点に凝縮している．この状態（真空）に外からエネルギーを加えると，谷に沿った動きと，谷筋に垂直方向の運動の2種類が誘起される．前者は，ヒッグス機構でW, Z粒子の一部（縦波成分）になり，これらに質量を与える．一方，垂直方向の運動が，ヒッグス粒子である．今回のヒッグス粒子の発見で，仮想的に導入された，そして多くの人は単なる便宜的なものだと思っていたヒッグス場のポテンシャルの実在性が証明されたのである．

本当にヒッグス場があったのか，これがヒッグス粒子が発見されたときの第1の驚きである．ヒッグス粒子の発見で素粒子の標準模型は完結した．では，これで素粒子物理はすべてわかったのか．答えはNOである．ヒッグス粒子の発見，そして質量が126 GeVという意外な値で発見されたことが，新たな謎を突きつけることになった．

ヒッグス粒子が突きつけたあらたな謎

ヒッグス粒子の発見は，1つの大きな到達点だが，これからの素粒子物理学の方向を決める大事な分岐点でもある．それはヒッグス場のポテンシャルの起源に関係する．

図2-5のポテンシャルは，見るからに不自然だ．なぜヒッグス場は，このようなポテンシャルを持つことになったのか．電弱対称性の破れの起源は何なのか．これらの問いに対して，今回発見されたヒッグス粒子の質量が大きなヒントと，そして疑問を与える．

ヒッグス粒子とは，谷筋の1点で安定化した真空からの，垂直方向への揺らぎである．ヒッグス粒子の質量は，垂直方向へのポテンシャルの傾斜に対

応し，質量が軽いほど傾斜はゆるく，揺らぎを作りやすい．今回見つかったヒッグス粒子の質量は $M_h=126$ GeV で，陽子などに比べると桁違いに重いが，凝縮の値 $H=246$ GeV と比べると意外に小さい．

ヒッグス粒子は意外に軽かった；$M_h < H$

これが，第 1 の問題点である．ポテンシャルは傾斜がゆるく，ちょっとしたことでその形状を変える．これは，ヒッグスポテンシャルの安定性問題と言われている．

素粒子物理学の基礎理論である場の量子論を使うと，ポテンシャルの形状は，エネルギーのスケールを上げるとそれに応じて変わることが知られている．そして，ヒッグス粒子の質量が 126 GeV のとき，エネルギーのスケールを重力の量子的な効果が重要になるプランクスケール $M_{PL} \sim 10^{18}$ GeV まで上げると，ヒッグス場のポテンシャルが完全に平坦になることがわかる[11]．このことは，電弱対称性の破れの起源と，量子重力理論のようなより高いエネルギースケールの物理との深い関係を示唆している．

もう 1 つの問題は階層性問題である．電磁気力と弱い力は，もともと統一された 1 つの力だったが，ヒッグス場が $H=246$ GeV で凝縮することで分裂した．ならば，もう 1 つの強い力ももとは統一されていたのだろうか．これは大統一理論と呼ばれ，1970 年代から精力的に研究されている．

大統一理論の有力な理論的証拠には，
・3 つの力が 10^{15}–10^{16} GeV 近傍で同じ強さになる
・陽子と電子の電荷の絶対値が等しい（電荷の量子化）
・粒子の種類に制限を与え，図 2–4 のリストを自然に説明できる

などがある．このため大統一理論は強く信じられているが，同時にたいへん困った問題を引き起こすことも知られている．大統一のエネルギースケール $M_{GUT} \sim 10^{16}$ GeV は，電弱対称性の破れのスケール $H=246$ GeV と比べはるかに大きい．このような大きなエネルギー差（階層性）がある 2 つの理論を共存させることが，とても困難なのである．これは，

階層性問題（自然さの問題）；なぜ $H \ll M_{GUT}$？

---

11) このエネルギーになると時空そのものが大きく揺らぐ．そこでは物質と時空の区別がつかなくなってそれらが統一的に記述されると考えられている．

と呼ばれている．

　この問題を解決する1つの方法として，素粒子物理屋は，超対称性と呼ばれる魅力的なアイディアを発見した．すべての粒子に超対称粒子（super partner）と呼ばれる相棒を導入することで，エネルギースケールの階層が安定化できるのだ．この考えは，大統一理論とも相性がよく，1980年代から素粒子物理学を支配する中心的な考えになってきた．すなわち，

$$\text{大統一理論} \rightarrow \text{階層性問題} \rightarrow \text{TeV スケール超対称性}$$

である．超対称性は自発的に破れて，超対称粒子は TeV 程度の質量を獲得したと考える[12]．

　LHC が稼働する直前までは，ヒッグス粒子よりも先に超対称粒子たちが次々と見つかるだろうと信じられていた．しかしいまだに超対称粒子は見つかっていない．それどころか，LHC 実験によって，超対称粒子の質量に対する制限が厳しくなり，現在では数 TeV より軽いところにはないと思われている．

　2015年には，LHC は 13–14 TeV にアップグレードされ，超対称粒子の探索はさらに続く．そこで見つかれば，これまでの考え方の正しかったことが証明される．もし見つからなかったならば，大統一理論から TeV スケール超対称性という考え方を見直して，階層性問題や安定性問題に対するまったく新しい解決策を探らなくてはならない．これが，LHC の実験結果が私たちに突きつけているあらたな挑戦状である．

さいごに

　ヒッグス粒子の発見は，1つの大きな到達点でありながら，重要な分岐点である．40年以上かけて探し求められたヒッグス粒子がついに発見された．それと同時に，126 GeV という質量は，新しい謎を突きつけている．

　このような状況で思い出されるのは，15–16世紀までの天文学者たちが，天動説に基づいて公転円軌道に周転円を組み合わせ，惑星の複雑な運動を説

---

12) 超対称粒子を軽くすると実験に矛盾する．重くしすぎると，階層性問題は解けない．そこで TeV というエネルギースケールが最適と考えられている．

明しようとした歴史的経緯である．地動説を知っている今でこそ，こういった取り組みを馬鹿げたものだと考えるが，当時においては数学的な技術を駆使したとても洗練されたやり方であり，ごく一部の許された専門家だけが理解できたのだろう．しかしコペルニクスが地動説という発想の転回をしたことで，なぜ惑星が見かけ上複雑な運動をするのかを，誰もが単純に理解できるようになった．

やはり自然はこのように単純なものではないのだろうか．

筆者のオススメ

南部陽一郎『素粒子論の発展』岩波書店，2009 年．
　　この本は素粒子物理学に絶大な貢献をした南部陽一郎が発表した和文の解説を集めたものである．専門家向けで高度な記事も多いが，科学的のみならず哲学的にも深い思考の跡を辿ることのできる名著である．

朝永振一郎『物理学はいかにつくられたか（上・下）』岩波新書，1979 年．
　　物理学の歴史をわかりやすく解説．上巻で力学の発展，下巻では熱力学の発展を辿っている．上巻では，天上と地上の統一としての力学的世界観，天動説から地動説にいたる歴史が易しい言葉で書かれている．

第3章
生命の「はじまり」への条件
ハビタブル惑星の誕生

田村元秀

生命を宇宙に探す天文学とは？

みなさんも経験があるのではないだろうか？

夜空を見上げて満天の星に囲まれたときに，この広い宇宙（図3-1）にはきっと第2の地球があり，そこには生命がいるのではないか，いや，ひょっとすると知的生命さえいるのではないかという思いに駆られたことが．

2000年以上も前のギリシャ時代の哲学者たちも同じ問いかけをしている．そして，この世界は唯一無二だという世界観と，同じような世界はいくつもあるのだという両極端の考えが昔からあった．しかし，当時はそれを実証する手段はなかった．16世紀の天動説から地動説へのコペルニクス革命を経ても状況は同じで，私たちはずっと第2の地球があるともないとも答えられな

●田村元秀（たむら・もとひで）　東京大学大学院理学系研究科教授，自然科学研究機構国立天文台太陽系外惑星探査プロジェクト室長．http://optik2.mtk.nao.ac.jp/~hide/　1959年奈良県生まれ，1988年京都大学理学部物理学科博士課程修了，1993年国立天文台助手，1998年同助教授を経て2013年より現職．研究分野は系外惑星天文学，赤外線天文学，星・惑星系形成，宇宙磁場，装置開発．

★田村先生のおもな著作
『アストロバイオロジー』（共著，化学同人，2013年）
『地球外生命9の論点』（共著，講談社ブルーバックス，2012年）
『宇宙画像2012』（ニュートン別冊，2012年）
『宇宙は地球であふれている』（共著，技術評論社，2008年）

図 3–1 ハッブルエクストリームディープフィールド
人類が撮影したもっとも深い宇宙画像で，132 億年前の過去から現在までを鳥瞰している．2012 年 9 月にリリースされた（NASA 提供）．多数の銀河，多数の恒星があるのだから，宇宙には文字通り無数の第 2 の地球があると考えるのは自然かもしれない．しかし，それを実証しなければならない．

かった．

　しかし 1995 年を機に，世界が変わった．われわれの太陽以外の恒星の周りに惑星（系外惑星 exoplanet, extrasolar planet）があることが科学的に実証されたのだ．これは第 2 のコペルニクス革命と呼んでも過言ではないだろう．なぜならば，地球以外，太陽系以外の広大な宇宙を対象にして，第 2，第 3 どころか文字通り無数の地球に似た惑星を探し，そこに生命の証拠を科学的に求めることができる時代が到来したことを告げる歴史的発見だからである．宇宙に「新世界」を求めるという，パンドラの箱が開いたとも言えるだろう．

　実際，これを契機に，世界中で系外惑星を狙った多種多様な天文観測が行われるようになった．その発見数だけに着目しても，20 年足らずの短い期間で現在までに確認された系外惑星の数はすでに 1000 個を超えた．また，2009

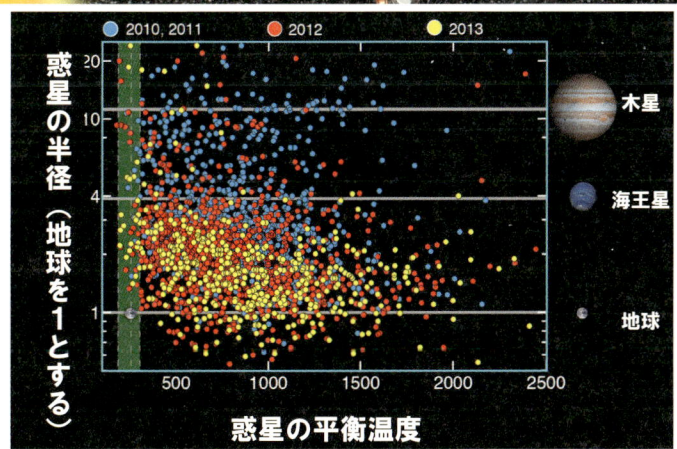

図 3–2 （上）ケプラー衛星の想像図
（下）ケプラー衛星が発見した惑星候補（丸印）とハビタブル惑星候補（破線の枠内）を惑星サイズと平衡温度図上にプロットしたもの
丸印の色分けは発見年を表す．左端の影領域がハビタブルゾーンに対応する．（ともに NASA 提供）

年に NASA が打ち上げたケプラー衛星で発見された有力候補まで入れると，4000 個を超えている（図 3–2）．これまでの観測から類推すると，すべての恒星の周りには何らかの種類の惑星が少なくとも 1 個はあるかもしれない．

生命を育める場としての惑星

　私たちの世界と呼ぶべき「太陽系」は，1つの「恒星」と8つの「惑星」を中心に構成されている．惑星は，その主成分によって，岩石惑星（水星，金星，地球，火星），ガス惑星（木星，土星），氷惑星（天王星，海王星）と分類できる．

　恒星自体は数千度もある高温の世界で，生命のエネルギー源であることに間違いはないが，それ自体は生命を宿す場とはなりえない．

　一方惑星は，恒星の典型例である太陽の100分の1以下の質量しかなく，軽すぎるため水素を安定して燃焼し自ら輝く恒星にはなれない天体である．このような天体が単独で宇宙にあると，重力収縮によるエネルギー源しかないために，時間の経過とともに極低温になり，やはり生命を宿す場とはなりえない．また，木星や土星のような巨大ガス惑星は主成分がガスで，地球のような地表がないため，少なくとも地球上の生命に似た生命を宿すことは難しいと思われる．

　しかし，地球のような岩石惑星が中心の恒星から適度な距離に位置していると，中心星から受け取る放射と惑星から抜けてゆく放射のエネルギーのバランスで決まる惑星表面の温度が，摂氏0度から100度の間の値となる．つまり，惑星表面上で水が蒸発せず，凍らない．このように惑星表面上で水が液体のままで存在しうる領域をハビタブル（Habitable）ゾーンと呼び，その領域に位置する惑星をハビタブル惑星と呼ぶ．

　ハビタブルゾーンは，中心星の明るさ（質量）によって変わる．たとえば，太陽より軽い恒星（赤色矮星）は，宇宙には太陽型恒星の約10倍も数多くあるが，そのハビタブルゾーンは恒星の近くに位置する．重い星の周りでは逆に遠くなる．

　木星のような重いガス惑星は生命の場として難しいと書いたが，ハビタブル惑星の周りに岩石でできた月（衛星）があれば，そこには液体の水があるかもしれない．逆に，ハビタブルゾーンから外れた惑星の周りに衛星があっても，潮汐力の効果で適度な衛星温度が保たれる可能性はある．しかし，衛星の観測は惑星自体の観測よりもさらに難しいと考えられるので，太陽系外で

は当面は惑星が着目されている．

　まとめると，ハビタブルゾーンにある地球サイズの惑星やそれより少し重い惑星（スーパーアース，超地球）は，科学的に宇宙に生命を宿す場として非常に有望なのである．

惑星をどのように探すのか？

　系外惑星を観測することは，じつは容易ではなかった．

　散発的な挑戦は，古くは19世紀末にも行われており，1930年代からは長期的な探査も行われていたが，いずれも発見の報告が後に否定されたり，あるいは未確認のままとなることの繰り返しに終わった．1990年代に入っても，系外惑星探査は天文学においてもそれほど注目されず，少数派だった．

　その理由は，惑星が小さくて暗く検出しにくいだけでなく，そのすぐ近くに明るい恒星があることが一番の問題なのだ．あたかも，遠方の灯台のサーチライトのそばで，仄かに光る蛍を見つけるようなものなのである．これをコントラストの問題と呼ぶ．

　天文学では，遠方の暗いものを見るための感度と遠方の細かいものを見分けるための解像度は昔から追求されてきた．巨大望遠鏡の建設や高感度カメラの発明はまさにこれらの性能を格段に向上させた．しかし，コントラストはこれらとは違う性能なので，恒星や銀河と同じように，惑星を直接に画像に写すというような観測は最近になるまでできなかった．ちなみに，太陽と比べると，木星は約10分の1の半径で，約1000分の1の質量である．地球はさらに小さく，約100分の1の半径で，約30万分の1の質量となる．太陽系を遠くから眺めると，反射で輝く地球の明るさは太陽の明るさの10億分の1しかない．

　そこで，惑星そのものを捉えるのではなく，惑星の存在が主星に及ぼす影響を，主星を観測することで検出する「間接法」による観測が先行した．

　最初に成功したのは，惑星の公転運動による主星の速度のふらつきを検出する「ドップラー法」だった（図3-3）．たとえば，木星の公転運動により，太陽は秒速約12 m でふらつく．人の走る速さで恒星が周期的にふらつくのを，

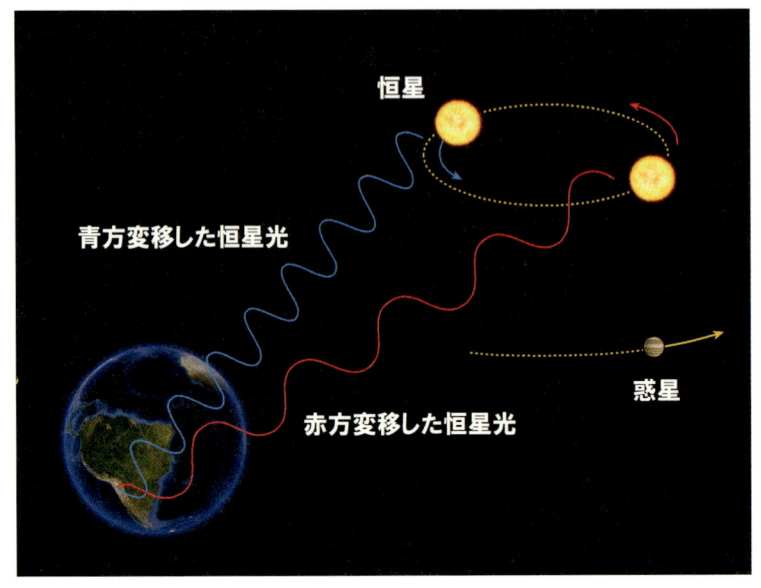

図 3-3 ドップラー法の模式図
惑星の公転運動による恒星光のスペクトルのドップラー変移を捉える．惑星の軌道面が視線にちょうど垂直な場合は，速度変化は起きないことに注意．

分光器を用いて恒星光の波長変化として検出する．現在の技術では，人が歩く速さの恒星運動まで検出できている．

1995年の最初の発見もこの手法によるもので，そのデータから推定される新天体は木星の重さの約半分の巨大惑星だった．その公転周期はわずか約4日で，主星からわずか0.05 auの距離を回っている．ちなみに，1 auは地球・太陽間の平均距離で，約1.5億km（光の速さで8.3分）である．太陽系でもっとも公転周期の短い水星でも，周期は約88日，軌道長半径は0.4 auである．新惑星と質量が似ている太陽系の木星は，周期が約12年で，軌道長半径は約5 au．あまりにも恒星に近いため，新惑星は1000度を超える灼熱の世界であり，太陽系の惑星とはまったく異なる性質を持っているのだ．

ドップラー法に遅れること5年，独立な観測方法である「トランジット法」が成功した．恒星を周回する惑星が，周期的に恒星の前面を通り過ぎることによる明るさの微小変化を検出する手法だ（図3-4）．惑星の軌道面が恒星と

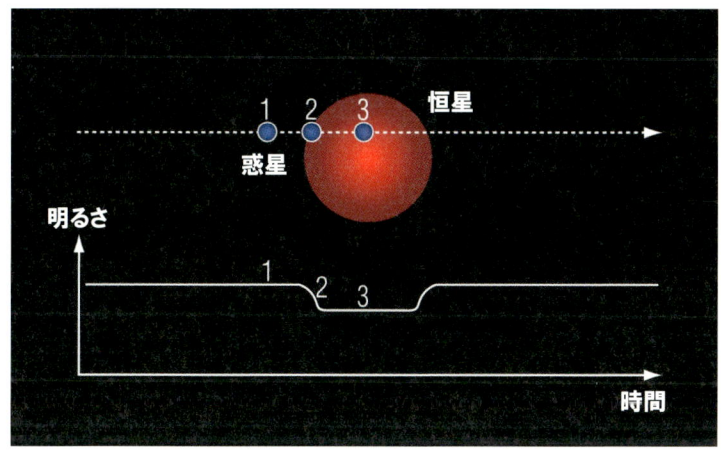

図 3–4 トランジット法の模式図
惑星の公転運動による恒星光全体の明るさの変化を捉える．惑星の公転面がほぼ視線上にないと起こらないため，数多くの恒星を観測する必要がある．

地球を結ぶ視線上にあるときに，いわば惑星のシルエットを捉えるような観測と言える．

　このトランジット法の成功には重大な意味があった．ドップラー法とトランジット法という完全に独立な2つの間接法によって惑星の存在が確認されたことは画期的だった．これにより惑星の存在は疑いえなくなった．さらに，トランジット法とドップラー法の両方のデータを合わせることにより，惑星の半径と質量が求められるため，惑星の密度，すなわち，惑星内部の構造に迫ることが可能になった．おまけに，トランジット法を利用した分光観測で，惑星からの光を取り出すことができる．それをスペクトルに分け，あるいは，赤外線で熱を測ることによって，惑星大気や惑星温度を調べることまでできるようになったのだ．トランジット分光観測（図 3–5）は，今後，超巨大望遠鏡で第2の地球を探すときにも大活躍すると期待されている．

　さらに別の間接法であり，トランジット法と同様に恒星の明るさの変化を利用するマイクロレンズ法が2004年に成功した．この手法は重力による光の屈折（重力レンズ効果）を利用した観測方法で，地球軌道半径の距離にある惑星の検出に高い感度を持つ．

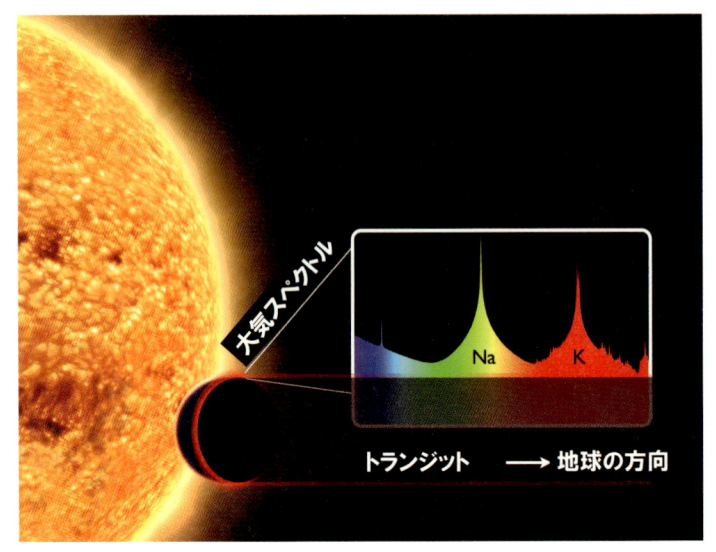

図 3–5 トランジット分光観測の模式図
トランジットを起こす惑星のスペクトルには，惑星大気の情報が含まれている．現在の望遠鏡でも，巨大惑星やスーパーアースの大気中の原子や分子を検出することが可能である．(ESA/David Sing 氏提供)

このように，より多様な手法を用いて，より多様な姿を持つ系外惑星の世界を開拓できるようになったのである．

系外惑星の多様な世界

このようにしてあらたに発見された系外惑星は，宇宙に新世界があることを教えてくれた．実際，太陽系には存在しないまったく新しい種類の惑星が存在するのだ (図 3-6 参照).

中でも，恒星のごく近傍 (水星軌道よりも内側) を周回する高温の惑星の存在は想定外であった．質量に応じて，ホットジュピター，ホットネプチューン，スーパーアースと呼ばれている．とりわけ，スーパーアースは地球より重いが 10 倍以下の惑星の総称で，すでに 80 個程度 (ケプラー衛星からの候補は 800 個以上) 発見されている．ほぼ地球サイズのケプラー衛星によって

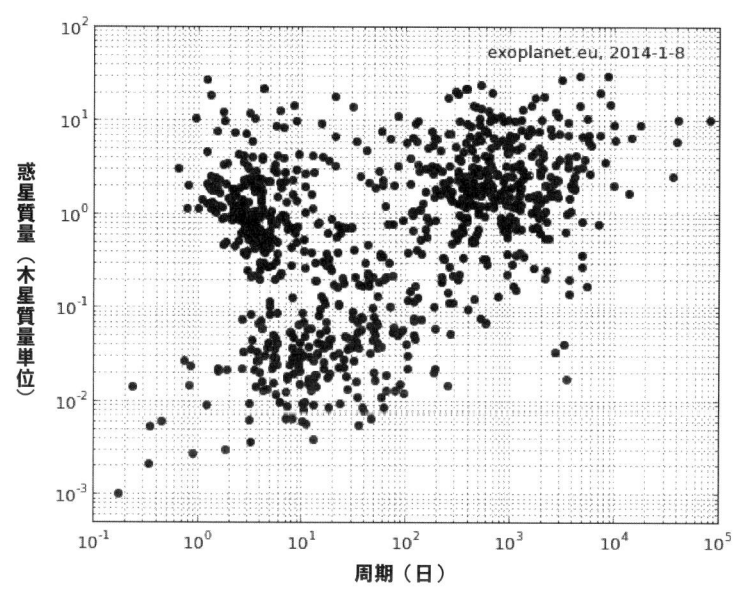

図 3–6 系外惑星の軌道周期と質量の分布図
ケプラー惑星候補は含まれていない．

発見された惑星（ケプラー惑星）候補も 300 個以上報告されている．

発見されたハビタブル惑星はすでに 15 個程度，ケプラー・ハビタブル惑星候補は 30 個程度報告されている．たとえば，ケプラー 62 という太陽質量の 0.7 倍の恒星の周りには，地球半径の約 1.5 倍のハビタブル惑星が 2 個ある．また，映画スターウォーズの舞台となったような，連星を周回するハビタブル惑星も実際に発見されている（ケプラー 47（AB）c）．

しかしながら，これらの系外惑星の存在は，いずれも「間接的」観測方法によって実証されてきたものである．間接観測の成功後も，長らく直接観測は未成功であった．

系外惑星の直接撮像

第 2 の地球を探査する観測は今後 10 年で大きく進展すると考えられている．地球型系外惑星の大気を調べ，水・酸素など地球大気に特徴的なスペク

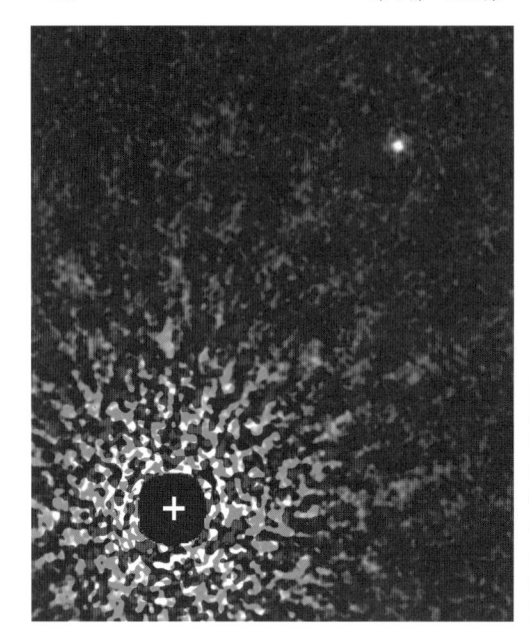

図 3–7　すばる望遠鏡と HiCIAO 系外惑星観測用カメラで直接に撮像された第 2 の木星 GJ504b（右上の点状天体）
中心の明るい主星からの光（左下）の影響は抑制されている．＋は主星の位置で，主星・惑星間の距離は地球・太陽間の距離の約 44 倍．（国立天文台提供）

トルや植物のクロロフィルのスペクトル（バイオマーカー）を観測し，生命存在の証拠を遠距離探査（リモートセンシング）することは，次世代望遠鏡の大きな使命と言える．そのためには，惑星を直接に捉えることが不可欠である．

　そのための高コントラスト観測技術を活かした観測装置は，すでにすばる望遠鏡で実証された．その結果，すばる望遠鏡における系外惑星と星周円盤の観測プロジェクト SEEDS（シーズ）により，2013 年 8 月にはついに「第 2 の木星」と呼べる惑星を直接に撮像することに成功した（図 3–7）．木星質量の 3–5 倍の惑星が太陽に似た恒星から約 44 au のところを周回している姿が鮮明な画像として発見された．太陽系で言えば，ほぼ冥王星の距離に巨大惑星があることになる．このように，中心星から離れたところにある巨大惑星の存在は標準的な惑星形成理論では説明できないため，ホットジュピター同様に，新世界の惑星と呼べる．直接撮像された中ではもっとも軽い惑星で，また，質量推定のためのモデルの不定性が少ないものである．他の直接撮像された惑星と異なり，「青い」カラーを持つことも特徴である．

　上述の SEEDS プロジェクトは，すばる望遠鏡において戦略的に進める観

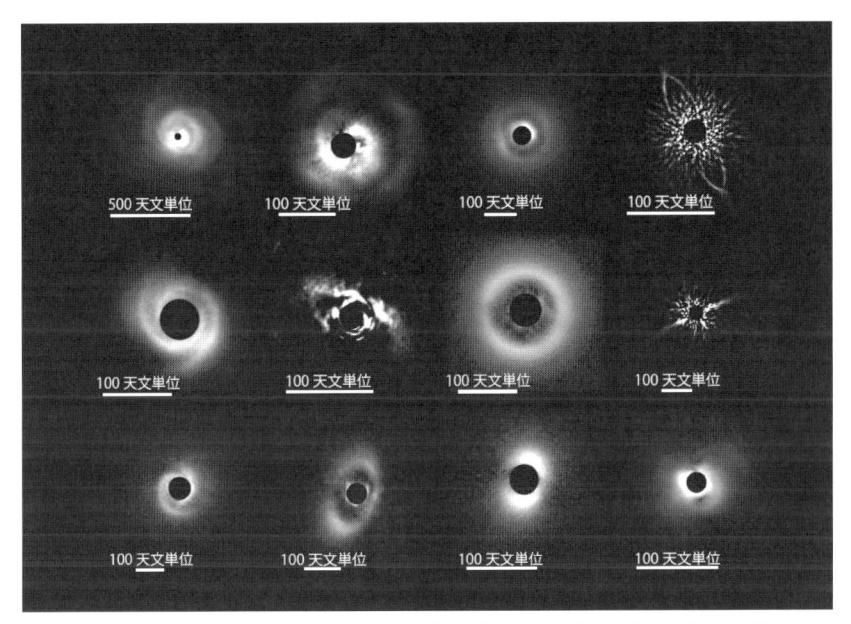

図 3–8 すばる望遠鏡と HiCIAO カメラで直接に撮像された若い恒星の周りの円盤 100 天文単位は太陽系の大きさの目安.（国立天文台提供）

測枠で，国内外の約 120 人の研究者や学生が参加している（プロジェクト代表者：田村元秀）．SEEDS では，新規に開発された高コントラスト観測装置 HiCIAO と補償光学系 AO188 を用いて，太陽系外惑星とその形成現場を直接観測によって研究している．普通の恒星を周回する太陽系サイズの系外惑星の直接撮像例はまだ 10 例にも満たないが，そのうち 3 例が SEEDS プロジェクトによるものである．

このプロジェクトでは，惑星の誕生現場である原始惑星系円盤と残骸円盤の直接観測も同時に進めている．これらの円盤は中心星の反射光で輝いているため，反射光の偏光を利用した高コントラストかつ高解像度の観測を行うこともできる．この手法により，太陽系サイズの微細構造がはじめて解明された（図 3-8）．その結果，多数の円盤において空隙構造や渦巻腕構造を発見した．

これらの構造は，惑星と円盤の相互作用によって生じうるため，惑星存在の兆候と考えることができる．この結果は，系外惑星の多様性をその形成過

程に遡って理解するうえで重要なのだ．このような惑星誕生現場である星周円盤は，2012 年からチリで稼働しはじめた ALMA 電波望遠鏡でも今後さらに詳しく解明されるだろう．

ハビタブル惑星の開拓

　日本でも，今後の系外惑星研究のための次世代望遠鏡と観測装置の検討が進んでいる．今後数年で，すばる望遠鏡のための地球型惑星探査装置 IRD が完成する予定である．ケプラー衛星が発見したハビタブル惑星はいずれも遠すぎて，直接観測には向いていないが，IRD によって，地球近傍の軽い恒星（赤色矮星）を周回する第 2 の地球が探査できるようになる．

　2020 年代の超巨大（口径 30 m）地上望遠鏡 TMT およびスペース赤外線望遠鏡 SPICA で用いる系外惑星研究用の装置検討が行われている．とりわけ，日本が参加する TMT 望遠鏡に載せる系外惑星専用装置 SEIT を開発することによって，軽い恒星を周回するハビタブル惑星に生命の兆候を直接観測することが期待されている．

　このように，ハビタブル惑星の探査とその特徴の解明は系外惑星研究の次の大きな一里塚となる．系外惑星の観測は，生命の起源を宇宙に求めるための基本的な科学データを今後も提供し続けるだろう．

著者のオススメ
渡部潤一・井田茂・佐々木晶編『シリーズ現代の天文学 9　太陽系と惑星』日本評論社，2008 年．
　　系外惑星を含む太陽系内天体を総説した教科書．
山岸明彦編『アストロバイオロジー――宇宙に生命の起源を求めて』化学同人，2013 年．
　　宇宙における生命の研究（アストロバイオロジー）の初の日本語教科書．

第II部
地の部

第4章
生命の「はじまり」
化学進化

小林憲正

生命の「はじまり」問題のはじまり

　生命はどのようにして誕生したのか，これは私たちに遺された最大の謎の1つであろう．しかし，ほんの200年ほど前の人々はそうは考えていなかった．あなたがタイムマシンに乗って，19世紀前半のパリに行ったとする．小説家のバルザックや作曲家のベルリオーズが活躍した時代である．町を行く人々に，「生命がどのようにして誕生したのか，不思議ですね」と問いかけると，多くの人は「なんでそんなことを不思議に思うのですか．生命なんてそ

●小林憲正（こばやし・けんせい）　横浜国立大学大学院工学研究院教授
1954年愛知県岡崎で生まれる．神奈川県立湘南高等学校，東京大学理学部を経て1982年東京大学大学院理学系研究科博士課程修了．理学博士．米国メリーランド大学化学進化研究所研究院等を経て2003年より現職．2013年より自然科学研究機構新領域創生部門客員教授兼任．

★小林先生のおもな著作
『宇宙と生命の起源』（共著，岩波書店，2004年）
『アストロバイオロジー　宇宙が語る生命の起源』（岩波書店，2008年）
『生命の起源をさぐる──宇宙からよみとく生物進化』（共著，東京大学出版会，2010年）
『地球外生命9の論点』（共著，講談社，2012年）
『生命の起源　宇宙・地球における化学進化』（講談社，2013年）
『アストロバイオロジー』（共著，化学同人，2013年）

こここで生えてくるものでしょう」と応えてくるだろう．

　古代ギリシャのアリストテレスは『動物誌』の中で，「生物は勝手に生えてくる」という自然発生説を説いた．ここでの生物は，昆虫やネズミなどの動物を指す．天動説をはじめアリストテレスの著したことは，キリスト教会にとって都合がいいことが多かったため，中世にはアリストテレスの諸説は反駁してはならないとされ，天動説や生命の自然発生説は検証されることなく信じ続けられた．しかし，さすがに17世紀にもなると，昆虫やネズミなどが自然発生するということには疑問の目が向けられるようになる．F.レディは，肉などを入れたフラスコをそのまま放置しておくとウジがわくが，口を紙でふさいでおけばウジは生えてこないことを示した．

　同じ頃，オランダのA.レーウェンフックは手製の顕微鏡により多数の微生物を発見した．ハエやネズミはともかく，微生物ならば自然発生するのではないかと多くの人々は考え続けた．これに対し，フランスの微生物学者L.パストゥールは，いくら微小とはいえ，微生物がきわめて複雑なものであり，自然発生することはありえないと考えた．彼は，特殊なフラスコを用いて，加熱滅菌したスープに空気中のホコリが入らないようにすれば微生物が発生しないこと，つまり生命が自然発生しえないことを実験的に証明し，1860年に発表した．

　ほぼ同時期の1859年，イギリスのC.ダーウィンは『種の起源』を著し，生物は単純なものからより複雑な（高等な）ものへと進化するという生物進化の考えを広めた．これにより現在地上に存在するすべての生物「種」の起源は説明がつくが，進化をさかのぼった先，最初の生命がどのようにして誕生したかという問題は残る．ここに「生命の起源」は科学における重要な問題として顕在化した．

実験による生命起源への挑戦の「はじまり」

　地球上で生命が自然発生しないとしたら，宇宙ではどうか．イギリスのケルビン卿やスウェーデンのS.アレニウスらは，生命の起源を宇宙に求めた．とくにアレニウスは著書『宇宙のはじまり』（1908年）の中で，宇宙空間には

微生物の微小な芽胞（スペルマ）が広く分散しており，これが恒星の光の圧力で宇宙空間を移動して地球に到達し，地球生命として広まったと考え，この説を「パンスペルミア説」と呼んだ．パンスペルミア説は今日に至るまで，「定常宇宙論」で有名な天文学者F.ホイル，DNA二重らせん構造の提唱者F.クリック，全地球凍結説の提唱者J.カーシュヴィンクなどの著名な科学者が支持しているものの，一般には評価は高くない．しかし，生命が本当はどこで誕生したかは特定が難しいため，その可能性はつねに考えておく必要がある．本章では，基本的に生命が地球で誕生した可能性を中心に話を進めていく．

1920年代になって，地球上の生命の起源を本格的に論考した科学者が2人現れた．ロシアのA.オパーリンと，イギリスのJ.ホールデンである．彼らは別々に（オパーリンは英語が，ホールデンはロシア語がほとんどできなかった），生命は原始地球の海に集まった様々な有機物が徐々に，より複雑な分子に進化し，組織化されることにより誕生した，という生命起源の「化学進化説」を説いた．この説は，基本的には今日に至るまで生命の起源を説明する優れたアイディアとして継承されている．しかし，当時，生命が誕生するのに要した長い年月を実験室で再現することなど，不可能と考えられた．

1953年，*Science*誌に掲載されたS.ミラーの論文が多くの科学者に衝撃を与えた．シカゴ大学の大学院生だったミラーは，原始地球大気がきわめて還元的なものだったとの仮定のもと，メタン，アンモニア，水素，水蒸気の混合気体をつめたフラスコ中で火花放電を行った（図4–1）．数日後，生成物を取り出して分析したところ，グリシン，アラニンなどの5種類のアミノ酸を検出した．アミノ酸は地球生物にとってもっとも重要な有機物の1つ，タンパク質の構成分子であり，それがこのように簡単にできてしまうということは誰も予想していなかった．このあと，多くの科学者が生命の起源実験に参入した．

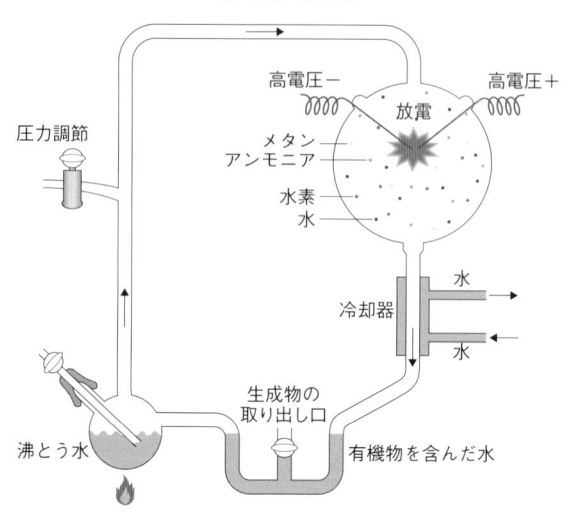

図 4-1　ミラーの放電実験装置

生命の起源の古典的シナリオ

　ミラーはさらに放電実験を続け，その結果をもとにアミノ酸の生成機構を考えた．放電後，シアン化水素やアルデヒド類がすぐに生成するが，これらは放電を続けると減少に転じる．一方，アミノ酸は放電をある程度続けた後に生成する．これらから，アミノ酸は放電により生じたシアン化水素，アルデヒド類，そして原料のアンモニアの3者が反応してアミノニトリルができ，これが加水分解されてできたと結論した．この反応は，有機化学においてストレッカー反応として知られているものである．また，アミノ酸をつないでペプチドを作ろうとする実験も多数行われ，条件によりアミノ酸の重合が可能であることがわかった．

　1953年，J. ワトソンとF. クリックは，デオキシリボ核酸（DNA）が核酸塩基，糖（デオキシリボース），リン酸が規則正しくつながって二重らせん構造をとっており，これが生命の特徴である自己複製を担っていることを見出した．1960年，ヒューストン大学のJ. オローは，シアン化水素をアンモニアとともに温めると，核酸塩基の1つであるアデニンが生成することを見出した．

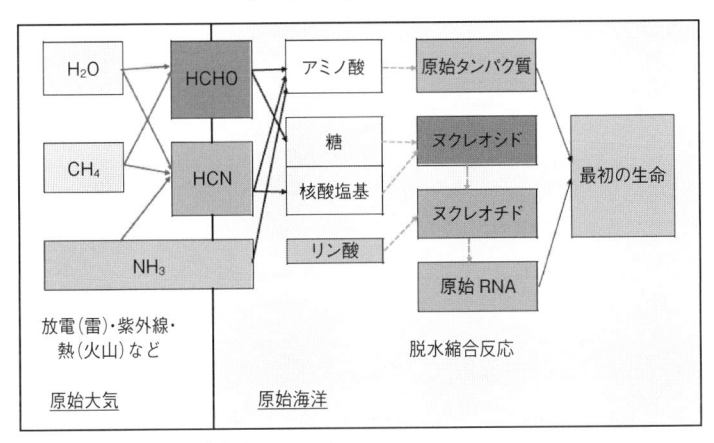

図 4-2 化学進化の古典的シナリオ

アデニンは5個ずつの炭素，水素，窒素からできており，5分子の HCN が集まって生成したと考えられた．一方，糖は一般にホルムアルデヒドが水溶液中で次々と重合することにより生じることが知られていた（ホルモース反応）．カリフォルニアのソーク研究所の L. オーゲルらは，核酸塩基と糖（リボース）からヌクレオシドを，ヌクレオシドとリン酸からヌクレオチドを，さらにヌクレオチドをつないでオリゴヌクレオチドを作る実験成果を次々と発表した．

以上の結果を図 4-2 にまとめる．いずれのステップも化学式できれいに書き表されるため，このような段階を踏んだ化学進化のシナリオ（ここでは古典的シナリオと呼ぶ）は多くの支持を集めた．

古典的シナリオの問題点

図 4-2 に示したそれぞれの反応経路は，実験により起こりうることが示されており，これで生命の誕生に必要なタンパク質と核酸は原始地球上で生成可能であると考えられてきた．しかし，ここにはいくつかの問題がある．まず，各ステップの検証実験では，高濃度の出発材料が用いられている．アデニンの合成には数%の HCN 溶液が用いられており，これより薄い溶液では

アデニンの生成は困難である．また，反応を邪魔するものは徹底的に排除されている．ホルモース反応ではやはり数％以上の濃いホルムアルデヒド溶液が使われるが，ここにアンモニアを加えると，糖の生成は阻害されてしまう．これは，アミノ酸や核酸塩基の生成にアンモニアが必要とされるのと矛盾する．

さらに，生体分子の構造はきわめて精密に決められている．とくに核酸を作るためには，核酸塩基と糖（リボース）とリン酸を正しい位置でかつ正しい向きにつなぐ必要がある．1カ所でも違った向きにつなぐと，正しいタンパク質や核酸にならないのである．しかし，模擬実験では，様々な位置，様々な向きに結合が起きてしまい，正しい結合の割合は限られてしまう．

そして何より困ったことには，地球上で本当にアミノ酸が生成可能だったかどうかが1980年前後には不確かになってきた．惑星探査により，太陽系や地球の成り立ちに関して様々な新知見が得られるようになった．これに基づき新しい太陽系生成モデルが提唱されたが，そこでは原始地球大気は，惑星の材料となった微惑星同士の衝突時に脱ガスしてできたものと考えられるようになった．このような原始大気中にはアミノ酸生成に不可欠と考えられたメタンやアンモニアがあまり含まれておらず，二酸化炭素，一酸化炭素，窒素などを主とする弱還元型のものと推定された．このような原始大気からは，紫外線では窒素分子の解離ができないため，窒素を含む有機物（シアン化水素やアミノ酸）の生成が望めなくなるし，火花放電や火山熱でもアミノ酸などの生成が困難になる．

ただし，このような大気でもまったくアミノ酸ができなくなるわけではない．筆者らはこれまで化学進化における役割が無視されてきた宇宙線（宇宙から降り注ぐ高エネルギーのイオン）の効果を調べるため，二酸化炭素，一酸化炭素，窒素，水蒸気の混合気体に高エネルギーの陽子（水素イオン）線を照射したところ，アミノ酸が効率的に生成することがわかった．しかし，原始地球上でのエネルギーの多くを占める紫外線がまるでアミノ酸生成に役立たないことから，原始地球上での有機物生成はかなり限定的と考えざるを得ない．

地球外有機物の発見

　有機物とは元来，生物が作り出す物質を指していた．ということは生物の見つかっていない宇宙では有機物は存在しないことになる．しかし，宇宙の物質にも様々な有機物が存在することがわかってきた．まずは隕石である．隕石にも様々な種類があるが，その一部に炭素質コンドライトと呼ばれるものがある．炭素質コンドライトは，炭素を多く含むもので，見かけは黒っぽい．種々の有機物が含まれていることが知られており，アミノ酸が含まれているという報告も古くからあった．しかし，人の手の指紋に多くのアミノ酸（とくにセリンやグリシン）が含まれていることが報告されたこともあり，隕石中のアミノ酸が地球上で混入したものか，もともと隕石に含まれていたかについて議論されていた．

　決着をつけたのは，1969年にオーストラリアに落下した隕石「マーチソン隕石」である．この年，アポロ11号が月面着陸し，月の石を持ち帰ったが，その分析のために準備されたクリーンルームにこの隕石はただちに持ち込まれ，分析された．多くのアミノ酸にはタンパク質の合成に用いられるL体に加え，それを鏡に映した構造を持つD体（光学異性体）が存在する（図4-3）．地球上のアミノ酸はほとんどがL体であるのに対し，ミラーの実験で見られるような化学的に合成されたアミノ酸はD体とL体が等量含まれる「ラセミ体」である．マーチソン隕石から抽出されたアミノ酸はラセミ体であり，さらに，タンパク質中では見られないような「非タンパク質アミノ酸」が多数存在したことから，地球上での混入ではないことがはっきりした．

　隕石に加え，彗星もまた有機物の運び屋として注目される．1986年にハレー彗星が地球に接近した折，有機物分析用の質量分析計を搭載したソ連（当時）のヴェガ1号および欧州宇宙機関（ESA）のジオットーが，ハレー彗星中の有機物の直接分析に挑み，分子量100を超す多数の有機物を検出した．一方，NASAは1996年，彗星探査機スターダストを打ち上げた．スターダストは，2004年にヴィルト第2彗星から噴き出した塵を捕集して地球に持ち帰った．この塵の分析から，彗星にアミノ酸を含む多様な有機物が含まれることが確認された．

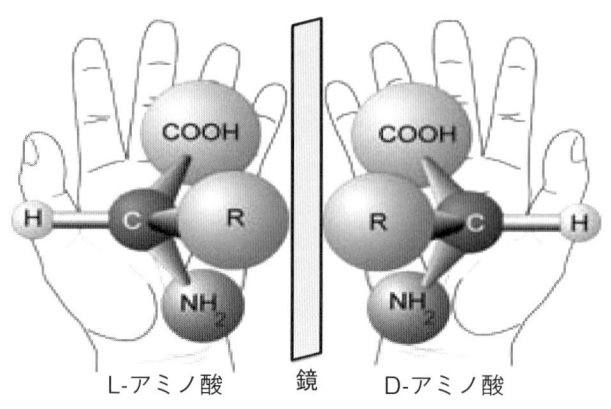

図 4–3　アミノ酸の光学異性体

　隕石や彗星中の有機物，とくにアミノ酸はどこでどのようにして生成したのだろうか．種々の説があるが，有力な説に，太陽系が誕生する前に分子雲（暗黒星雲）中ですでにできていたというものがある．分子雲は，夜空で星の見えない真っ黒な領域であるが，通常の宇宙空間よりも物質や塵が高密度に存在するところである．分子や塵は星の光を遮ってしまうため，分子雲は「暗黒」でかつきわめて低温（10–20 K）である．低温の塵の周りには水，一酸化炭素，メタノール，アンモニアなどが凍りつき，「氷のマント」を作っている．これに宇宙線や紫外線が当たると，様々な有機物が生成することが期待できる（図 4–4）．このことを確かめるため，模擬「氷のマント」に紫外線や放射線を照射する実験が行われてきた．一酸化炭素，メタノール，アンモニア，水などからなる極低温の氷に加速器からの陽子線や重粒子線，あるいは紫外線を照射し，その生成物を加水分解すると多種類のアミノ酸が生成することが報告された．さらに，このアミノ酸のもとになる分子（アミノ酸前駆体）は分子量 1000 を超す複雑な構造を持ったものであることもわかった．このことは分子雲中でアミノ酸のもとになる複雑な分子が生成しうることを強く示唆している．

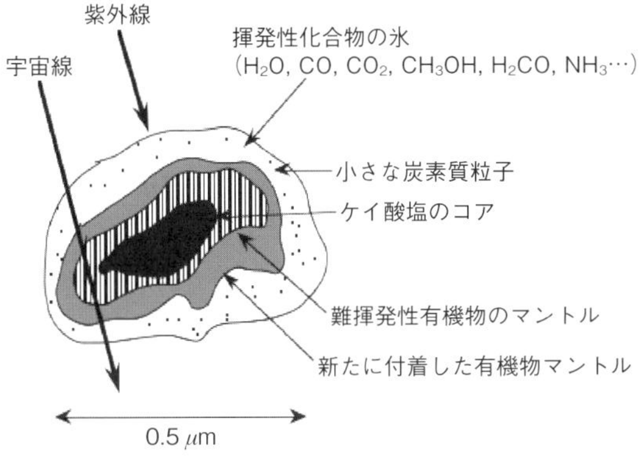
紫外線
宇宙線
揮発性化合物の氷
(H2O, CO, CO2, CH3OH, H2CO, NH3…)
小さな炭素質粒子
ケイ酸塩のコア
難揮発性有機物のマントル
新たに付着した有機物マントル
0.5 μm

図 4.1　星間塵モデル

アミノ酸の非対称性の種は宇宙から？

前に述べたように，アミノ酸には左手型（L 体）と右手型（D 体）が存在するが，私たち地球生物はタンパク質を合成するのに基本的に L 体のみを用いている．しかし，ミラーの実験などにより化学的に合成されたアミノ酸は，両者が等量ずつ混じり合ったラセミ体である．ラセミ体のアミノ酸の中の L 体のみをどのようにより分けて使って生命が誕生したのか．これは生命起源研究上の大きな謎であり，多くの仮説が提唱されてきたが，決定的なものはなかった．

1997 年，アリゾナ州立大学の J. クローニンらは，マーチソン隕石から抽出したアミノ酸を精密に分析したところ，一部のアミノ酸の L 体が D 体よりも多いことを報告した．初期の隕石中のアミノ酸分析では，地球上での混入に由来すると考えられるアミノ酸の L 体過剰が報告されていた．クローニンたちの報告がそれらと異なるのは，隕石から抽出したアミノ酸のうち，地球生物からの混入が考えられるアラニン，アスパラギン酸などには L 体過剰が見られないのに対して，イソバリン（NH_2-C(CH_3)(C_2H_5)-COOH）などの，中心炭素に水素がついていない非タンパク質アミノ酸に限り，L 体の過剰が見られた点である．

では，なぜ宇宙のアミノ酸に L 体過剰が見られるのか．これは宇宙に何ら

かの対称を壊す要因が存在するためと考えられる．その有力な候補として「円偏光紫外線」がある．円偏光には右円偏光と左円偏光があり，また紫外線にはアミノ酸を壊したり作ったりする働きがある．つまり，どちらかの円偏光紫外線が作用することによって一方のアミノ酸が多くなることが期待できるわけである．実際に円偏光が太陽系の数百倍の領域に広がっていることが観測されている．

　筆者らは，まず一酸化炭素，アンモニア，水の混合物に粒子線を照射し，模擬星間有機物を合成した．これは加水分解するとD体，L体を等量含むアミノ酸を生じる．これに左円偏光紫外線を照射した後，加水分解すると，若干ではあるがL体のアミノ酸の方がD体よりも多く生成した．アミノ酸の量は円偏光照射前後で変化しなかった．このことからは，原始太陽系が誕生するときに，分子雲中で生成したアミノ酸前駆体が左円偏光紫外線を浴びて変化を起こし，L体アミノ酸の前駆体をD体のものより多く含むようになった，というシナリオが考えられる．

有機物の運び手は何か

　宇宙起源の有機物は太陽系が誕生したときに隕石のもとになる天体や彗星に取り込まれただろう．地球を作る材料となった小天体は，地球誕生時の加熱により完全に壊されてしまっただろうが，地球が冷えてから，隕石や彗星が有機物を持ち込んで生命を作る材料となった．これが標準的なシナリオである．しかし，問題がある．巨大隕石や彗星が地球に衝突するとき，その衝突の衝撃で含まれている有機物が分解してしまう可能性が高い．

　ここで注目されるのが，宇宙を漂う微小の塵（宇宙塵）である．宇宙塵は，彗星が太陽に温められたときや，隕石同士の衝突により生じたものと考えられており，現在の地球へも，多量に降り注いでいる．その中で1mm程度の大きさのものだと，大気突入時に流星となり，燃え尽きてしまうが，さらに小さいものならば大気中をゆっくりと降下して，現在でも毎年100トンほどが地表に達しているという．原始地球にはこれよりはるかに多くの宇宙塵が降り注ぎ，過去に地球に持ち込まれた有機物の多くは宇宙塵によるものであ

るとも言われている．

しかし，宇宙塵は微小であるので，太陽からの紫外線などを直接浴びて有機物が壊れてしまうおそれがある．また，宇宙塵はこれまで南極の氷中や，高層大気中などで採取されているが，地球由来の有機物が混入してしまうおそれがあった．宇宙塵を宇宙で捕まえられないだろうか．

国際宇宙ステーションの日本実験モジュール「きぼう」には，宇宙飛行士がふだん実験を行っている与圧部に加え，船外に屋根のない「曝露部」がある．山岸明彦（東京薬科大学）を中心とするグループは，宇宙塵をここで採取することを計画している．これは「たんぽぽ計画」と呼ばれ，きわめて低密度（比重0.01）のシリカゲル（エアロゲル）により超高速で飛来する宇宙塵を壊さずに捕集する．2015年からの開始を目指して準備が進められている．

生命はいつどこで誕生したか

生命の材料となった有機物は宇宙から届けられたとして，いつ，どこでそれらを組み立てて最初の生命が誕生したのだろうか．生命活動に液体の水が必要なこと，生体の元素組成が海水組成に類似していること，などから海が生命のふるさとであることが古くから言われてきた．今から38億年前頃まで，隕石が頻繁に衝突していた「後期隕石重爆撃期」があり，その時代は衝突エネルギーで海が干上がったりしたと考えられている．一方，38億年前の岩石中にはすでに生命が存在した痕跡が見つかっている．つまり，生命の誕生は38億年前頃であり，環境が整ってから比較的短い時間で誕生したと推定される．

その海であるが，有機物が多く溶け込んだ「原始スープ」とたとえられる．このスープは温かかったのだろうか，それとも冷たかったのだろうか．1970年代末に原始の海のイメージを一変させる発見があった．海底熱水噴出孔である．

1977年，アメリカの潜水艇アルビン号がガラパゴス諸島周辺の海底を探査していたとき，海底から濁った海水が噴き出しているのを見つけた．その水温はなんと300℃以上．高い水圧のため，300℃でも水は液体のままである．

発見者の J. コーリスらは，これこそ探していた生命誕生の場と感じ取った．のちに，分子生物学的手法によって地球の全生物に共通の祖先（コモノート）が存在することがわかり，なおかつ，それが 100℃ を越える環境でのみ生息する高度好熱菌であることが推定されたことは，コーリスの直感の正しさを裏付けた．

　海底熱水噴出孔では，どんな化学進化が起きたのだろうか．アミノ酸を作る実験，アミノ酸をつないでペプチドを作る実験などが行われた．一般に有機物は熱に弱く，長時間高温で熱し続けると分解してしまう．しかし，海底熱水噴出孔では，海底地下でマグマに熱せられた海水は軽くなり，冷たい通常の海水中に噴き出し急冷される．模擬実験の結果からも，この急冷効果を使えば，化学進化は十分に起こりうることがわかった．宇宙から届けられた有機物や原始大気中で生成した有機物が溶け込んだスープは，海底の圧力鍋でさらに調理されて生命になったのではないか．筆者らは，一酸化炭素，窒素，水混合物に陽子線を照射して作った「模擬原始スープ」を，海底熱水噴出孔をモデルとした反応器（フローリアクター）に通したところ，アミノ酸前駆体を含む有機物のかたまりが生成することを見出した．このようなかたまりからさらに膜に包まれた原始細胞への進化が進んだ可能性が考えられる．

新しい生命の起源のシナリオ

　これまで，生命の起源に向かう化学進化のシナリオとしては図 4–2 のようなもの（古典的シナリオ）が支持されてきた．しかし，有機物から生命への「ギャップ」を乗り越えるシナリオに関しては，問題が多い．とくに，生命を特徴付ける 2 つの機能，「代謝」と「自己複製」のうち，前者がタンパク質，後者が核酸により担われているが，両者とも複雑な分子であるので両者が同時に誕生したとは考えにくい．そこで，どちらが先に誕生したかという論争が生じた．いわゆる「ニワトリとたまご論争」である．

　1980 年代初頭，T. チェックらは，RNA の中で触媒機能を有するものがあることを見出した．このことは，自己複製分子である RNA が代謝をも担う可能性があること，つまり RNA だけでも生命が成り立ちうる可能性を示す

ものである．1984 年，W. ギルバートはこのことをもとに，現在のタンパク質と核酸（DNA, RNA）からなる生命形態が誕生する前に，RNA がタンパク質や DNA の役割まで担っていた時代があったという仮説，「RNA ワールド仮説」を提唱した．これはとくに核酸を主として研究してきた多くの分子生物学者の支持を得，様々な生命起源仮説の中で頭ひとつ抜け出しているようにも見える．しかし，RNA ワールド仮説には，最初の RNA，あるいはその前のヌクレオチドがどのようにして生成したか，とくに糖（リボース）や，ヌクレオシドの前生物的な合成の難しさに大きな問題が残る．

2009 年，M. パウナーらは，リボースと核酸塩基をつなげる形ではなく，それぞれの前駆体から直接ヌクレオシドを合成しうる経路を発見し，RNA ワールド仮説支持者の喝采を浴びた．しかし彼らの説も，前に述べた「古典的化学進化シナリオ」の問題点，つまり高濃度の原料物質を阻害剤がない条件下で順番に反応させていく，という手法を用いており，原始地球で起きたとはとても考えられない．

一方，タンパク質の誕生が先だったとする「タンパク質ワールド説」を採る場合，タンパク質を構成するアミノ酸が宇宙でも生成しやすい分子であることがメリットとなるが，それが正しく 1 列につながったタンパク質となれば，核酸よりは多少ましではあるが，その無生物的生成が難しいことには変わりはない．

ここで「複雑有機物」を介した化学進化を考える．模擬星間環境下で生成したアミノ酸前駆体は分子量 1000 を超す複雑な分子であり，加水分解によりその一部がアミノ酸となるが，残りの部分はアミノ酸とは異なる骨格を持つ．しかし，全体としては，非常に微弱ながら加水分解活性を有することがわかった．このような分子をここでは「がらくた分子」と呼ぶことにする．がらくた分子はタンパク質酵素や RNA 酵素よりも桁違いに低いにせよ，触媒活性などの生化学的機能を有していた．がらくた分子からなる分子集団が膜に包まれたものを「がらくた生命」と呼ぼう．個々のがらくた分子の持つ機能が異なるため，より高い機能を持ち，環境により適したがらくた生命は淘汰により生きのび，進化していくだろう．それらの中から，タンパク質や RNA のもととなる分子を使うようになった分子が現れ，両者を使うような

(地球生命)

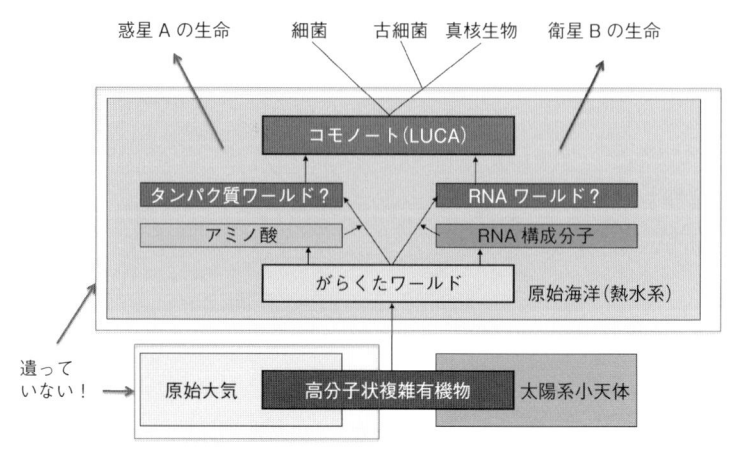

```
惑星Aの生命   細菌   古細菌  真核生物   衛星Bの生命
        ↖    ↑   ↑    ↑    ↗
         コモノート(LUCA)
         ↑              ↑
    タンパク質ワールド?   RNAワールド?
      ↑                  ↑
    アミノ酸           RNA構成分子
       ↖      ↑      ↗
         がらくたワールド        原始海洋(熱水系)

遺って     原始大気  高分子状複雑有機物  太陽系小天体
いない!
```

図 4–5　化学進化の新しいシナリオ

ものが現れ，というように進化が進み，やがてタンパク質，RNA，DNAを用いる，われわれの祖先(コモノート)が現れたという新しいシナリオが提案されている(図 4–5)．

生命起源の痕跡を宇宙に探る

　生命がどのようにして誕生したかを考えるとき，その最大の問題は生命が誕生した頃の原始地球環境や，「最初の生命」，そしてその生命に進化する前の有機物が現在の地球上にまったく遺されていないことである．「最初の生命」の材料は，誕生した生命によって消費されてしまっただろう．いったん，コモノートが誕生したならば，それよりも機能の低い生命形態は駆逐されてしまっただろう．また，生命誕生に使われた有機物は初期生命に食べられたり分解したりして消滅してしまったはずである．

　ここで注目されるのが，地球外に遺る生命誕生に至る化学進化の痕跡や，地球生命とは異なる生命形態の探査である．化学進化の痕跡を探るうえでもっとも注目されるのが，土星最大の衛星，タイタンである．タイタンは太陽系で唯一，濃厚な(約 1.5 気圧)大気を有する衛星である．その大気の主成分は

窒素であり，副成分として数％のメタンを含むことがわかっている．そして窒素とメタンの反応から複雑な有機物が生成し，これが大気中にもやとして漂っていることが確認されている．また，地表はきわめて低温のため液体の水は存在できないが，その代わりに液体エタン・メタンの湖が存在することが確認されており，さらには地下にはアンモニア水の海が存在する可能性が示唆されている．タイタンでは，現在でも無生物的に生成した複雑有機物が生命に向けた緩やかな進化を進めている最中かもしれない．

一方，地球生命と異なる起源の生命を考えるとき，まず思い浮かぶのが火星である．現在，探査においては米国が先行しているが，欧州宇宙機関（ESA）も探査機エクソマーズを打ち上げて生命探査を行うことを計画しており，日本もMELOS計画という名のもと，独自の生命探査を議論している．

従来は，太陽からの距離がちょうどいい，地球軌道周辺領域しか生命の存在は考えられないとされて，この領域はハビタブルゾーンと呼ばれてきた．ハビタブルゾーンは，惑星表面に液体の水が存在しうる領域である．しかし，1979年，ヴォイジャー探査機は木星の衛星エウロパが，表面を覆う氷の下に液体の水を湛えている可能性を報告してきた．今日，エウロパ内部に水の海が存在することは確実視されている．エウロパに加え土星の衛星エンケラドゥスの地下にも，液体の水と有機物が存在することがわかった．さらには木星の衛星ガニメデや，小惑星ケレスにも氷の下に海が存在する可能性が議論されるようになっている．一方，タイタンの場合は，水ではなく液体メタンの中で棲息する生物の可能性も考えられないことではない．

アストロバイオロジー——生命の起源を宇宙の目で探る

20世紀末，NASAは宇宙における生命の研究全般を扱う新たな学問領域を「アストロバイオロジー」と名付けることを提案した．これは，天文学（astronomy）と生物学（biology）をつなぎ合わせた造語であり，その定義としては「宇宙（地球も含む）における生命の起源・進化・分布と未来を扱う学問分野」である．そして，その研究を推進するため，NASAアストロバイオロジー研究所（NAI）が設立された．

日本でも，2009年に「日本アストロバイオロジーネットワーク」ができ，研究者間での情報の共有がはじまった．そして2013年には，自然科学研究機構(国立天文台や基礎生物学研究所などの大学共同利用機関の集合体)の中に「宇宙における生命」研究部門ができた．宇宙生命などというとかつてはSFのみの荒唐無稽なものと考えられがちであったが，現在は天文学，物理学，化学，生物学などの科学の分野の壁を取り払って進めるべき最先端の研究対象というように認識が変わりつつある．アストロバイオロジー研究の中で，探査・観測・理論，そして実験により生命の誕生の謎のベールが取り除かれていくことが期待される．

筆者のオススメ
立花隆・佐藤勝彦ほか『地球外生命9の論点』講談社，2012年．
　　生命の起源と地球外生命の問題は表裏一体である．公開講演をもとに作られた本なのでわかりやすい入門書．
小林憲正『生命の起源　宇宙・地球における化学進化』講談社，2013年．
　　生命の起源についてもっと詳しく知りたい人向け．

第5章

ゲノムの働きと起源と学際的な研究

池村淑道

はじめに

　本書の主たる目標は，起源の研究をターゲットに，分野横断的で学際的な共同研究の創出にある．筆者は異分野交流の重要性をつねづね考えており，生命の起源に関連して，学際的な研究が必要となる課題が生まれつつあると考えているので，その現状や将来を紹介したい．生命の起源を考える際には，生命体の自己複製の設計図となるゲノムの起源が重要となる．最近のゲノム

●池村淑道（いけむら・としみち）　長浜バイオ大学バイオサイエンス学部客員教授・名誉教授
京都大学大学院理学研究科物理学専攻博士課程修了，ウィスコンシン大学研究員，京都大学理学部生物物理学教室助手を経て，国立遺伝学研究所遺伝情報研究センター助教授・教授，総合研究大学院大学葉山高等研究センター教授，長浜バイオ大学バイオサイエンス学部教授・学部長・研究科長を経て，現職．日本遺伝学会木原賞，日本進化学会木村賞を受賞．

★池村先生のおもな著作
Abe, T., Kanaya, S., Kinouchi, M., Ichiba, Y., Kozuki, T. and Ikemura, T., Informatics for unveiling hidden genome signatures. *Genome Res.*, **13**: 693–702, 2003.
Ikemura, T., Codon usage and transfer RNA content in unicellular and multicellular organisms. *Mol. Biol. Evol.*, **2**: 13–34, 1985.
Ikemura, T., Correlation between the abundance of *Escherichia coli* transfer RNAs and the occurrence of the respective codons in its protein genes: a proposal for a synonymous codon choice that is optimal for the *E. coli* translational system. *J. Mol. Biol.*, **151**: 389–409, 1981.

科学の進展は急速であり，とくに次世代シーケンサー（新世代シーケンサーとも呼ばれる）の登場により，ゲノム DNA 配列の解読は飛躍的に高速化し安価になった．ゲノム科学の発展の延長上には，ゲノムの起源に関わる分野横断的な研究が生まれると思える．ゲノムは生命の設計図であると同時にシナリオでもある．設計図である点を強調すると，子供として生まれた段階でその働きの大半を終えたように見えるが，シナリオでもあるので，各細胞で一生のあいだ働き続ける．

　筆者は遺伝学分野の研究者であり，ゲノムは研究の中心課題であるが，ゲノムについて真の驚きを感じたのは，異分野の研究者にゲノムの説明をした際である．約 25 年前の総合研究大学院大学の開学時に，異分野の交流を目的に物理科学分野のメンバーにゲノムの解説をする機会があった．天文学の研究者がおられたこともあり，なにげなしに，1 人のヒトのゲノム DNA の実寸は約 120 兆 m であると説明した．1 個の細胞内の DNA の長さが 2 m であり，1 個人の細胞の総数が約 60 兆個と言われているので，簡単な掛け算をしただけである．その説明をした途端に，国立天文台の教授から「ホー，太陽系の直径を超えますな」との感嘆の声が聞こえ，その感嘆の言葉に筆者自身が驚愕した．自分自身では想像もしていなかった巨大なスケールであったため，その講演会の後に確認してみると，120 兆 m とは地球と冥王星を 10 往復するよりも長い距離であった．異分野の研究者と交流することで，自身の研究分野についてさえ，思いもかけない驚きに出会える例と言える．

　上記の経験以来，ゲノムの説明をする際には，1 人のヒトのゲノム DNA の実寸は地球と冥王星の距離よりはるかに長いと説明してきた．通常よく使われている「1 個のヒト細胞の DNA が 2 m である」との表現よりも上記の表現を用いた真意は，ゲノム DNA のすごさを知ってもらうことにあった．ゲノム DNA の塩基配列が大半の細胞で同一であることを考えれば，学問的にはあまり意味のない表現と，20 年前の頃は自分自身でも感じていた．しかしながら，最近の数年間のゲノム科学分野の展開は，同じ塩基配列を持ちながらも，異なった細胞では異なった状態にあるゲノム DNA（たとえば，後述の塩基の修飾）の実態の解明に，ゲノム研究の中心が移りつつある．とくに医学や医療に関係したゲノム研究の発展は，遺伝学を専門にするわれわれに

も驚きを与える．社会科学や文化科学にとどまらず，一般社会にも影響を与えるような成果が発表されているので，それらのゲノム研究の現状から紹介したい．

ゲノム DNA の細胞核内での巧妙で精緻な収納

その長さが天文学的なスケールとも表現できる 1 個人のゲノム DNA は，各細胞の核内で精緻に折り畳まれた状態で存在しており，シナリオとして機能し複製をすることからも動的な構造をとっている．まず，1 個の細胞の核内に 2 m の DNA がどのように収納されているのかを図 5–1 で説明する．

(a) DNA →染色体の模式図

DNA の 2 本鎖

ヌクレオソーム

30 nm 繊維

30 nm 繊維の折り畳み

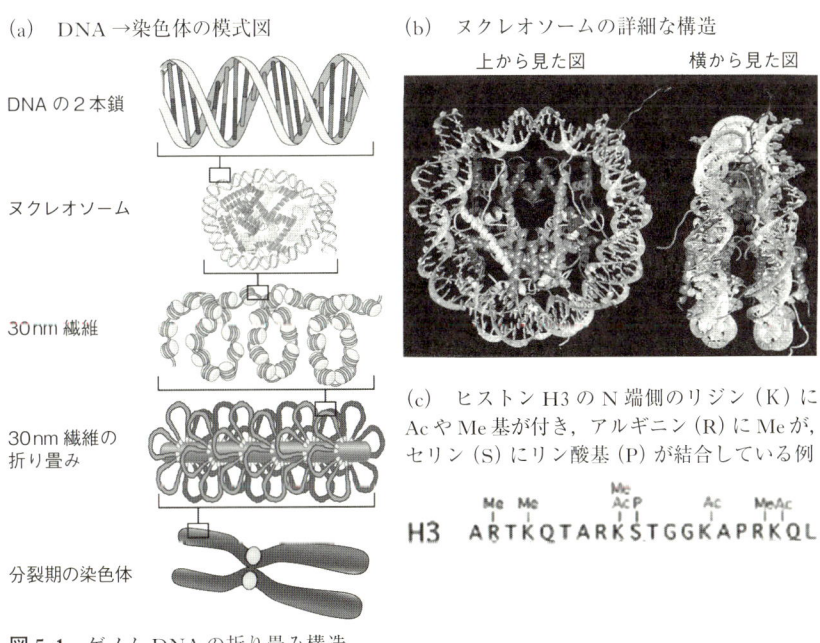

分裂期の染色体

(b) ヌクレオソームの詳細な構造

上から見た図　　横から見た図

(c) ヒストン H3 の N 端側のリジン（K）に Ac や Me 基が付き，アルギニン（R）に Me が，セリン（S）にリン酸基（P）が結合している例

H3 ARTKQTARKSTGGKAPRKQL

図 5–1 ゲノム DNA の折り畳み構造
(b) では，ヒストンの 8 分子を DNA の 2 本鎖が外側から囲んでいる．その DNA 鎖よりもさらに外側まで突き出しているのが，ヒストンの N 端である．((a) OpenStax CNX, "Cell Division". Fig. 3. Download for free at http://cnx.org/contents/4caf480f-6848-4231-9fe3-345bd87cae80@. (b) Reprinted by permission from Macmillan Publishers Ltd: Luger *et al.*, *Nature*, **389**: 251–260, 1997, Fig. 1, copyright 2014.)

二重鎖のゲノム DNA は，8 分子のヒストンに巻き付いたヌクレオソームを形成し，このヌクレオソームが密に集合した 30 nm 繊維と呼ばれる糸状の構造を形成し，その糸状の構造体がさらに折り畳まれてゆくことで，通常よく教科書等で紹介されている最下段に示された染色体となる（図 5–1 (a)）．正確には，この構造は分裂中期の染色体と呼ばれ，細胞の増殖過程において細胞核の分裂が起きる，特定の時間帯に見られる構造である．遺伝子発現（mRNA 合成）を活発に行っている通常の細胞においては，ゲノム DNA は概略としては球形と表現できる細胞核内に詰め込まれており，分裂中期の染色体のような構造はとっていない．ヒトでは 46 本の染色体が存在しており，ある程度は染色体別に核内で配置されているが，その立体配置構造の実態はきわめて複雑であり，かつ精緻に組織化されている．興味深いことに，この複雑な立体配置には，細胞の種類による差異が存在しており，この差異はゲノム DNA が異なった細胞で異なったシナリオとして機能するための機構とも関係している．

ゲノムの分子レベルでの状態変化——エピジェネティックな変化

　ゲノムは生命の設計図でありシナリオであることを最初に指摘した．異なった細胞，たとえば肝臓の細胞と腎臓の細胞では異なったタンパク質等の産物が，各々の細胞のゲノム DNA の指令のもとに作られる．各細胞のゲノムは同じ塩基配列でありながら，異なったシナリオとして機能しているが，シナリオとしての差異を生んでいる分子機構の詳細が明らかになってきた．最近の知見でとくに興味深い点は，細胞の種類による差異だけでなく，ヒトであればその個人が受けてきた，あるいは行ってきた経験によりシナリオが書き換わる例についての分子機構である．文化科学や社会科学にも関係する現象を例に，シナリオの書き換えに関する分子機構を解説する．
　図 5–2 は，『日経サイエンス』2012 年 3 月号で *Scientific American* の日本語訳として紹介された例である．薬物中毒に関してマウスを対象に行われた実験であるが，コカインを連続的に投与すると脳の側坐核を構成する部位の細胞において，多数の遺伝子の発現に変化が起きる．その変化を生む要因と

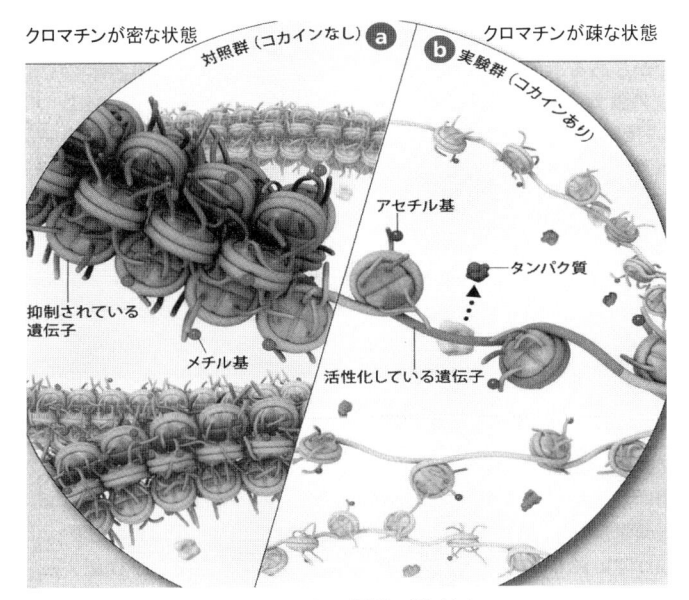

第5章 ゲノムの働きと起源と学際的な研究

図 5-2 マウスへのコカイン投与の影響の模式図（E. J. Nestler, *Scientific American*, **305**: 76–83, 2011, Box. 2. Copyright AXS Biomedical Animation Studio Inc.）

して，快感などに関係する報酬系の遺伝子 DNA に結合しているヒストンにおいて，特定の箇所のアミノ酸にアセチル化が起きてしまうことで，それらの細胞のシナリオが書き換わってしまい，中毒症状が持続することが報告されている．

マウスで起きている現象はヒトにも当てはまると考えられる．図 5-3 ではヒトの脳の側坐核を説明している．側坐核は前脳に存在する神経細胞の集団で，報酬，快感，恐怖などに重要な役割を果たす部位であり，両側の大脳半球に1つずつ存在する．分子レベルでのコカイン中毒を引き起こす機構を以下に解説する．

先に紹介した図 5-1 の (b) では，8分子のヒストンに約 100 塩基対の DNA 鎖が巻き付いているヌクレオソームの構造を示した．注目すべきことに，ヒストンを囲んでいる DNA よりも外側まで，ヒストンの N 端（アミノ末端）と呼ばれる末端がひげのように飛び出している．この飛び出した部分に存在

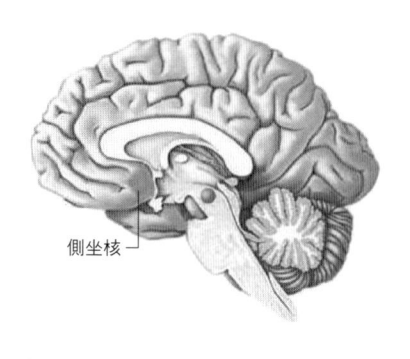

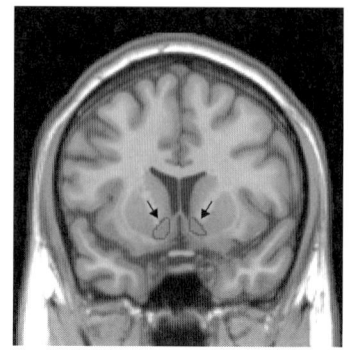

図 5-3 ヒトの側坐核の位置
側坐核は，前脳に存在する神経細胞の集団であり，報酬・快感・恐怖などに重要な役割を果たしている．側坐核は両側の大脳半球に1つずつ存在する (左: ウェブサイト「The Brain from Top to Bottom」マギル大学，右: Genesis12 提供).

するリジン (K) やアルギニン (D) のようなアミノ酸の一部分に，アセチル基 (Ac) やメチル基 (Me) が結合する反応が知られており (図 5-1 (c))，ゲノムのシナリオが書き換わる「エピジェネティックな変化」と呼ばれる分子機構の1つとなっている (フランシス，2011).

　図 5-2 では，ゲノム DNA がヒストンに巻き付いている状態が図示されているが，図の左側はヌクレオソームが相互に密に集合しており，右側ではよりほどけている．左側はクロマチン (DNA とタンパク質類との複合体) 構造が密，右側はクロマチン構造が疎と呼ばれる状態であるが，コカインを連続的に投与すると，左側の状態から右側の状態へ変化が起きる．図 5-1 (b) で説明した，ひげのように突き出しているヒストンの N 端を強調して図示しているが，そこに存在する特定位置のリジンにアセチル基が付加されることでクロマチン構造が疎になり，ヒストン以外のタンパク質類が DNA に結合しやすくなる．すなわち，側坐核の細胞の報酬系に関係している遺伝子類に結合していたヒストンの N 端近傍にアセチル基が付加され，これらの遺伝子から読み出される mRNA の量が増大する状態へと変化してしまう．このように特定部位の細胞のシナリオが書き換えられてしまうことが，麻薬中毒患者の治療の困難さの原因と言える．

　ゲノムのシナリオを書き換える「エピジェネティックな変化」の別の例と

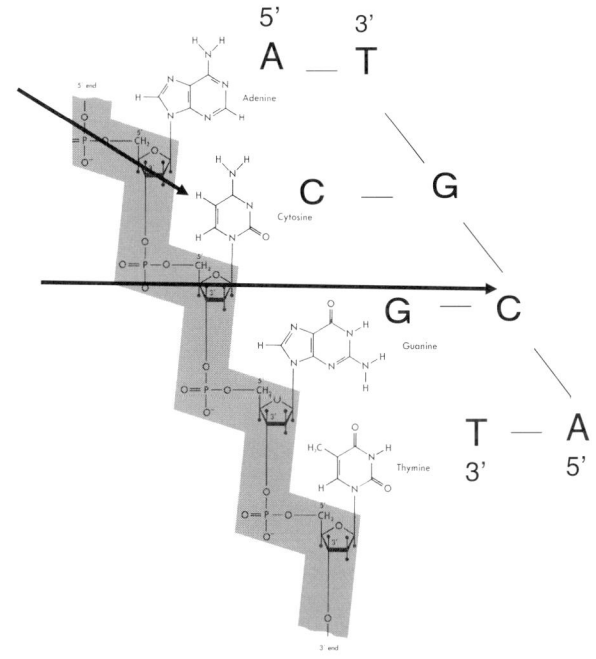

図 5-4　C 塩基のメチル化の位置
脊椎動物のメチル化は CG の C で起こる．一方の鎖の C がメチル化すると他方の鎖の C もメチル化されやすく，複製の際は新生鎖がメチル化される．細胞の種類で，ゲノム上のどの位置の CG がメチル化されるかが異なる．

して，ゲノム DNA の C 塩基のメチル化が有名である．多くの高等動植物のゲノム DNA においては，CG と続く 2 連塩基の C がメチル化することが知られている（図 5-4）．すべての CG の C がメチル化されるのではなく一部にのみ起こるが，このメチル化が起きているゲノム領域に存在する遺伝子の発現が抑制される傾向にある．細胞の種類によって異なった遺伝子類が発現して，異なったタンパク質が生産される分子機構であることは，以前よりよく知られていたが，個人の生活習慣等で変化することが，最近になって多くの例で知られるようになった．ここではまず喫煙がもたらす C のメチル化について紹介する．

　たばこの煙に含まれる多環芳香族炭化水素と呼ばれる有機化合物が DNA

に損傷を与えて肺がん等を引き起こすことが知られている．そのDNAの損傷自体が引き起こす突然変異だけではなく，損傷を受けた塩基を細胞側が検知すると，その近傍の多数のCGのCをメチル化し，損傷を受けた領域の遺伝子の発現を抑制することが明らかになった．塩基が損傷を受けた遺伝子は，間違ったアミノ酸配列のタンパク質を生産する可能性があり，その危険性に対する細胞の防御機構である．塩基の損傷を持つ遺伝子の発現を抑制する機構は生存に有利ではあるが，がん抑制遺伝子の場合を考えると，がんを引き起こすことになり，損傷自体が引き起こす突然変異の直接的な影響よりもさらに深刻な影響をもたらす．喫煙だけでなく，様々なウイルス感染で引き起こされるゲノムDNAへの影響でも，Cのメチル化が起きることが示されており，損傷を受ける遺伝子の種類によって，がんだけでなく多様な病気の原因となっている．これらの病気の発症リスクや治療予後の再発を知る目的で，個人の多様な組織について，ゲノムDNAのCのメチル化を知る検査が行われるようになり，エピゲノム解析と呼ばれている．エピゲノム解析の研究の詳細については，国立がん研究センターのホームページ (http://www.ncc.go.jp/jp/nccri/divisions/14carc/index.html) を参照されるとよい．

　ゲノムDNAのCのメチル化について指摘しておくべき点は，このメチル化が一度起きると，細胞が増殖して新しい細胞ができても，同じCの位置にメチル基を付加する機構が細胞に備わっており（図5-4），影響が細胞の世代を超えて持続することである．Cのメチル化は喫煙のような生活習慣だけでなく，幼児期に受けた育て方等の経験でも異なってしまうとの驚くべき機構も報告されている．幼児期に母親から受けた経験の差異で，ある種の細胞の特定の遺伝子類のDNAにおいて，異なったメチル化状態が引き起こされ，成長してもそのメチル化状態の差異が保持される．

　図5-5で紹介する例は，ラットを使った実験の場合である．生まれた直後の状態では，外界からのストレスへの反応に関わる遺伝子（ストレスを感じるのを抑制する遺伝子等）がかなり活発に発現し，外界への警戒心を持つ状態にあるが，母親が十分に世話をすると，ストレス反応を抑制する遺伝子領域のメチル基が外れて抑制が働き，結果として外界からの刺激を過敏に感じなくなると報告されている．一方で，母親ラットが十分に世話をしない状態

図 5–5　DNA メチル化の差異による遺伝子発現の有無
左図は生まれたばかりの子供での，着目遺伝子領域のクロマチンの状態を示す．図 5–2 で示した左側のクロマチンが密な状態と，右側の疎な状態の中間的な状態であり，低レベルながら遺伝子発現が起きる状態を示す．注意すべき点は，図 5–5 では DNA に小型の球が付いており，メチル基の付加を示している．下図の左側では，面倒見のよい親に育てられてメチル基が外れ，クロマチン構造が疎になり，遺伝子発現が起きやすくなる．一方，右側では，親に世話をされないと，メチル基が増えてクロマチン構造が密になり，遺伝子発現が起きなくなる．(E. J. Nestler, *Scientific American*, **305**: 76–83, 2011, Box. 3. Copyright AXS Biomedical Animation Studio Inc.)

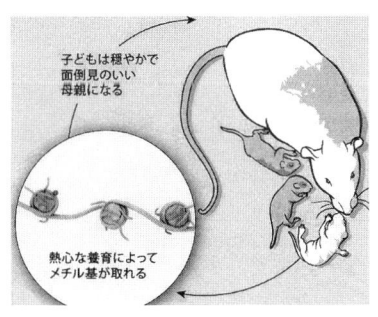

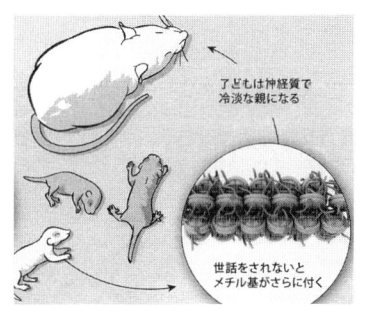

では，ストレス反応の抑制に関わる遺伝子類でのメチル基が外れないだけでなく，むしろメチル基がさらに付加され，外界からのストレス等の刺激にさらに過敏に反応する．この DNA のメチル化の状態は成長しても維持されており，きわめて警戒心が強く，自身が母親になっても子供の世話をしないと報告されている．幼児期に受けた経験により，ゲノムのシナリオが異なってしまうことが示されている．

　遺伝学を専門とする筆者にとってもにわかには信じられないような機構であるが，生物学的に見れば，ラットが備えている分子生物学的な機構は，ヒトにも備わっていると考えられる．重要な点はヒトの場合には，その後の学習等の経験から，ゲノムのシナリオの差異がラットのように，そのまま個人の行動に現れるわけではないということである．ヒトの行動等の表現型をどこまで遺伝子やゲノムが決め，どこまでを教育等の経験や環境が決めるのかは重要な問題であるが，上述した最近の研究成果は，経験や環境もゲノムのシナリオに影響を与えることを示している．

生命科学分野の最近の急速な発展に関して特筆すべき点は，医学・医療と深く関わる社会的重要性から，材料科学や物理測定技術，ナノテクノロジーを含む工学等の先端技術や知識を融合して実現していることである．まさに学際的な融合のもたらした成果と言える．一方で，社会科学や文化科学の立場からは，ヒトはそこまで知る必要があるのかという懸念が存在する．医学や医療の発展を考えた場合には，ヒト自身の設計図やシナリオの実態を十分に知ったうえで，医療や教育を考える必要があるとの立場を，多くの生命科学分野の研究者がとっていると思える．この問題には最後にもう一度触れる．

遺伝子発現の制御機構

次に，ゲノムのシナリオを読んでmRNAを合成する遺伝子発現の機構や，その発現の制御にゲノムのメチル化やヒストンの修飾がどのように関わっているのかを紹介する．

図5-6は，ある遺伝子からmRNAが合成（転写）される際に必要とされている装置やタンパク質類を説明する教科書の図である．1種類のmRNAの合成にも多種類のタンパク質が必要とされるが，その理由は，あるタンパク質を必要としている細胞内で，必要な時期に必要な量だけ，正確に生産するには，多様な制御タンパク質が関与する必要があるからである．重要な点は，このような制御用タンパク質類がゲノムDNAに結合するためには，図5-2の左側のようにヒストンが密にDNAに結合し，クロマチン構造が密な状態は不都合であり，右側のようにクロマチン構造が疎で，他のタンパク質が結合できる状態が必要となる．図5-2の右側のようにヒストンがアセチル化しクロマチン構造が疎の状態では，ヒストン以外のタンパク質類もDNAに結合が可能になり，対応する領域の遺伝子発現が可能な状態となる．喫煙の例で紹介したDNAのメチル化についてはクロマチンを密にする働きがあり，加えてヒストンのアセチル基を除く機構を活性化する働きも持つ．さらには，ヒストンのアセチル基が除かれると，新たにDNAをメチル化する機構を活性化し，クロマチンが密な領域が拡大してゆく．DNAのメチル化とヒストンの修飾は相互に密接に関係しながら，ゲノムのシナリオを書き換えている．

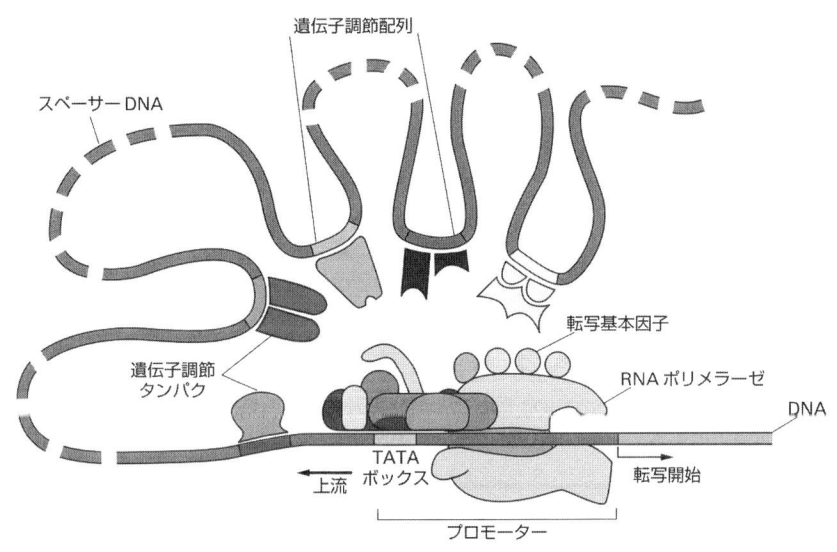

第 5 章　ゲノムの働きと起源と学際的な研究　　71

図 5–6　ゲノムのシナリオの解読機構（©2013 from *Essential Cell Biology*, 4th ed. by Alberts *et al*. Reproduced by permission of Garland Science/Taylor & Francis LLC.）

　図 5–6 を詳細に見ると，1 つの遺伝子を発現するためにも多様なタンパク質が遺伝子 DNA 部位とその近傍に結合することが必要とされ，タンパク質類は相互にかなり離れた DNA の位置に結合をすることが明らかである．興味深いことに，図 5–6 で示された各タンパク質の表面には凹凸が示されており，それらは別のタンパク質の凹凸と，鍵と鍵穴の関係にある形状をしている．鍵と鍵穴で示された相補的な形状は，相互に特異的な結合が可能なことを示しており，ゲノム DNA を曲げることで，これらのタンパク質間の特異的な結合が可能になる．分子間での特異的な結合を起こさせる複数のタンパク質が，RNA 合成開始部位の近くや，やや離れた部位に結合しており，それらが凹凸を使って特異な結合をし，相互の存在を確認することで，その遺伝子の発現が開始できる．言い換えれば，ゲノム上の x の部位に結合したタンパク質 X が，ゲノムの別の部位 y に結合しているタンパク質 Y に対して，自分がすでに DNA 上に結合していることを伝えるには，タンパク質の凹凸同士での特異的な結合が必要であることを示している．事実，このようなタンパク質間の相互作用が知られている例が多い．しかし，このようなタンパク

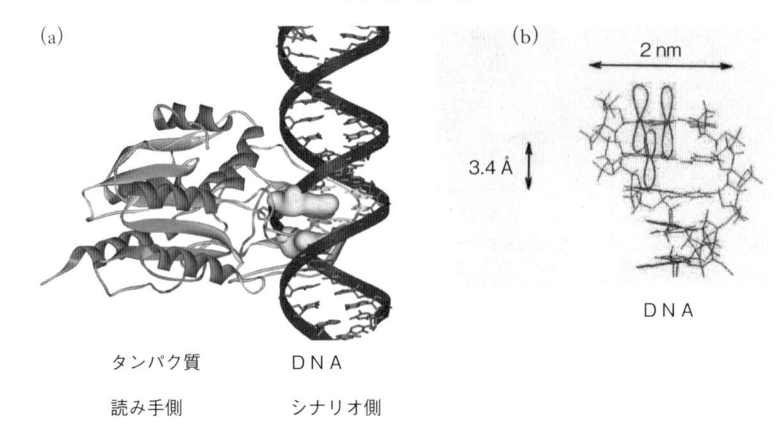

(a) タンパク質　DNA
　　読み手側　　シナリオ側

(b) 2 nm　3.4 Å　DNA

図 5–7　タンパク質と DNA の塩基配列特異的な結合
(a) Wagenknecht *et al.*, *J. Am. Chem. Soc.*, **123**(19): 4400–4407, 2001, Fig. 1. Copyright 2014 American Chemical Society.
(b) 上下の塩基間でのπ電子雲のオーバラップ．1 段目の塩基対の垂直方向に広がっているπ電子雲が，2 段目の塩基のπ電子雲とオーバラップすることを示した模式図．2 段目の塩基対については，片側のπ電子雲のみを表示している．

質間の直接的な相互作用（以下では，背中を擦り合わせると表現する）だけでしか，2 つのタンパク質（たとえば X と Y）は情報を交換できないのだろうかとの疑問が起きる．

　この問題を具体的なシステムとして考察してみると，背中を擦り合わせての情報交換だけでは，現実的でないように思える．図 5–7 (a) は，DNA とタンパク質が結合している状態の例を示しているが，タンパク質と DNA の相対的な大きさは現実を反映している．DNA の二重鎖はラセン階段のように見えるが，タンパク質類が DNA と結合する際には，通常 4 から 8 段程度の DNA 部位と結合する．もしも，タンパク質をヒトのサイズに拡大して考えれば，DNA の各段は線路の枕木レベルと仮定できる．この仮定を採用すると，大腸菌のようなバクテリアのゲノムは東京から九州までの線路のサイズに相当する．大腸菌も約 4000 種類の遺伝子を持っているが，それらの遺伝子から秩序だって必要な量だけ必要な時期にタンパク質を合成するためには，遺伝子発現の制御に関わっているタンパク質類が相互に背中を擦り合わせるだけ（目も見えない，耳も聞こえない状態）で，正しい制御を能率的に行える

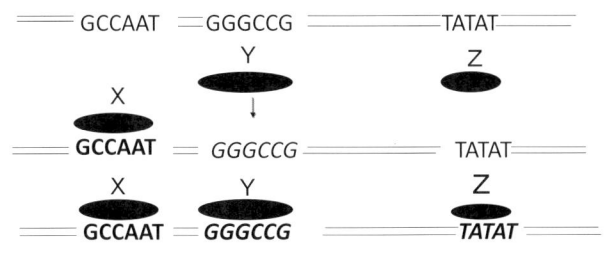

第5章　ゲノムの働きと起源と学際的な研究

```
═══ GCCAAT ═══  ─── GGGCCG ───        ─── TATAT ───
                        Y                    Z
        X              ⬬                    ⬬
       ⬬                ↓
═══ GCCAAT ═══       GGGCCG             ─── TATAT ───
        X               Y                    Z
       ⬬               ⬬                    ⬬
       GCCAAT         GGGCCG                 TATAT
```

図 5-8 タンパク質類の DNA への結合の影響
タンパク質の結合では順番が重要である．

のであろうか？ 鉄道の場合には，数千の列車を秩序だって運行するには，信号や運行指令室からの多様な情報，場合によっては緊急地震速報等に関して，多様な手段を用いた情報交換が必須となる．このようにシステム全体を考えた場合，教科書の図 (図 5-6) に示されたタンパク質類が相互に背中を擦り合わせる機構だけで，情報を伝えているとは考えづらい．しかし，もしも図 5-8 に示すような機構が存在すれば，この問題は解決できる．

　RNA 合成の開始においては，タンパク質類の DNA への結合の順番が重要であるので，図 5-8 の例においては，タンパク質 X が DNA に結合するとはじめて Y も結合できる状態になり，それらが起きたことで，Z が結合できる場合を想定している．分子生物学や生化学の立場では，タンパク質 X が DNA 上の GCCAAT に結合するとタンパク質 X の立体構造等が変化し，図 5-6 で示されるように DNA が折り曲がって，タンパク質 Y と直接に接触して (背中を擦り合わせると表現した) 結合する．そうすると，Y が GGGCCG 上に結合できるようになり，それらが起きると DNA が折り曲がって，タンパク質 Z がタンパク質 Y (あるいはタンパク質 X と Y の複合体) と背中を擦り合わせて立体構造等が変化した後に，TATAT に結合できるようになると考える．

　もちろん，そのような機構が存在することは知られているが，背中を擦り合わせる機構だけではあまりにも不十分であり，ゲノム DNA の量子化学的な性質による以下のような情報交換が行われていると，筆者は推測している．タンパク質 X が GCCAAT に結合すると，それらの塩基 (さらには近接する塩基類) は量子化学的な性質を変え，その変化が DNA 上の伝導性により

GGGCCG に変化を与えてタンパク質 Y が結合できる状態になるとの考えである．ここで考えるタンパク質類は，電子を注入する活性や取り去る活性を持つものであってもよく，あるいは DNA 鎖を曲げたり，相補的な塩基対を部分的に解く等の構造変化を与えて DNA の伝導性に変化を与えてもよい．各塩基やその連なりの多様な量子状態が，情報としての意味を持つとの考え方であり，ある程度（たとえば 100 塩基対程度）離れた塩基配列（この場合は TATAT）へも情報が伝播すると考えている．

筆者が総合研究大学院大学の葉山高等研究センターのメンバーであった時期に，同センターのセンター長をしておられた，理論物理学者の菅原寛孝先生にこのような考え方を聞いていただいた経験がある．その際，菅原先生からは「DNA の塩基が量子ビットのように聞こえるね」とのご指摘をいただいた．量子ビットと断言されたわけでもなく，また上記の考え方を支持していただいたわけでもないが，筆者には強く印象に残っており，DNA の 4 塩基をデジタル信号のように捉える従来型のゲノム情報学に，量子化学的な性質を組み入れた新規な視点での情報学の発展の可能性があるのではとの思いを強くした．この種の分野の発展には学際的な交流が重要になる．

DNA エレクトロニクス

DNA の性質に関して，生命科学とはやや異なった分野で得られた実験結果の蓄積は，タンパク質類が相互に直接に接触する（背中を擦り合わせる）以外にも，DNA の塩基の連なりを介して相互に情報を伝達できる可能性を示している．そのやや異なった分野とは，DNA を素材にしたナノテクノロジーの分野，とくに DNA エレクトロニクスと呼ばれる分野である．

DNA の量子化学的性質を研究する過程で，DNA が天然の二重鎖の構造を保持していれば 100 塩基対程度は電子や電子孔（電子が取り去られた状態）が移動することが明らかになってきた（図 5-9）．二重鎖の上下の塩基間での π 電子の重なりによる伝導性であり（図 5-7 (b)），塩基対が正しく A と T ならびに G と C の間で対合していない箇所があると，電子や電子孔の移動が止まることも判明している．タンパク質が結合することでも，塩基対を解いた

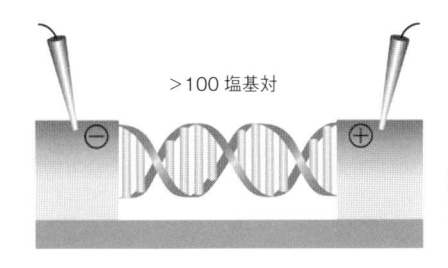

第 5 章　ゲノムの働きと起源と学際的な研究　　　75

図 5–9　DNA の伝導性の測定
DNA と電極を結合する様々な方法が開発されたことで，正確な測定が可能になった．

り DNA を折り曲げる等の効果が生じるので，DNA の伝導性にも影響が及ぶ．タンパク質の種類によっては，DNA へ結合することで，DNA 鎖へ電子を注入したり，引き抜く（電子孔を作る）ことも明らかになった．さらに興味深い点として，伝導性は塩基配列とも密接に関係しており，G やその連なりで電子孔ができやすく，T の連なりで電子が注入されやすく，保持されやすいことも知られている．専門的には HOMO（電子の最高被占軌道）のレベルが G 塩基やその連なりでもっとも高く，LUMO（最低空軌道）レベルは T やその連なりでもっとも低いことと関係している．図 5–8 で示した X や Y タンパク質は，自身が DNA へ結合したとの情報を，相互に背中を擦り合わせなくても，DNA の伝導性を利用して伝えることが可能に思える．

　ここで奇妙に思えるが，DNA の伝導性を研究している研究者らの主流的な見解は，生物は DNA の伝導性を生命活動には利用していないとしている．彼らの主流的な意見は，「DNA エレクトロニクスの研究は生物が予想もしていない DNA の性質を明らかにし，生物が予想もしていない目的に DNA を活用できるようになった」というものである．逆に筆者は，生物はまさにこの伝導性を使っており，この伝導性こそがゲノム DNA の基本的な機能に関わっていると考えている．異分野の研究者間には大きな隔たりがあるとの印象を持つとともに，異分野の交流の大切さを強く感じる．

　より一般的な立場から議論を進めるとした場合，「ゲノム DNA の量子化学的な性質が，ゲノムの機能にとって基本的に重要であるのか？」という重要な問題があり，それはゲノムの起源とも関係している．化学を中心とした材料科学分野においては，量子化学的な性質を抜きにしては，その物質の働きを正しく理解することは難しい．一方で，生物分野においては，たとえばゲ

ノムの機能を考えるうえで，DNAの伝導性のような量子化学的な性質が重要と考える研究者はきわめて少ない．生物物理学が生まれた数十年前には，DNAの量子化学的な性質が生命現象に本質的な意味を持つとの考えがさかんに議論された．けれども当時の量子化学等の研究手法の限界もあり，光が関係する生物現象以外では，大きな進展が見られなかった．しかしながら，多様な研究分野が大きく発展した現在では，「ゲノムDNAの量子化学的な性質がゲノムの機能に本質的な意味を持つのか？」という基本的な問題に，結論を与える実証的な研究が徐々に可能になってきたと思える．ゲノムの起源とも関係しているので，そのような分野の例を以下に紹介する．

合成生物学

　最近のゲノム科学分野の発展は，合成生物学と呼ばれる新しい分野を生んでいる（図5–10）．この分野には様々な研究課題があるが，現時点では微生物をおもな研究対象としており，たとえば，対象微生物のゲノムDNAを細胞から除去した後に，人工合成したゲノムDNAを細胞内へ導入して，生命活動を再開させる試みである．すでにマイコプラズマのような比較的に小型なゲノムを持つ微生物を対象に，本来のゲノムと同一の塩基配列や若干変更を加えたDNAを導入することで，生命活動を再開させている．多様な視点でデザインしたDNAを新たなゲノムとした生命体を作成することから合成生物学と呼ばれている．

　DNAの伝導性に塩基配列や高次構造が影響を与えることや，DNAに結合して伝導性を変えるタンパク質，電子をDNAへ注入する能力や取り去る能力を持つタンパク質が存在することを述べた．さらには，Tが数塩基連なる部位で電子を受け取りやすく，Gが連なる部位が電子を失いやすいこと，二重鎖構造が完全に保たれていれば電子や電子孔は100塩基対程度は移動すること，などが実験的に示されている．これらの性質は塩基の量子化学的な性質で規定されているので，当然のことながら温度等の環境条件に依存している．合成生物における新規なゲノム配列のデザインにおいて，DNAの量子化学的な基準に照らし合わせて適合する配列や結合タンパク質を選択した場

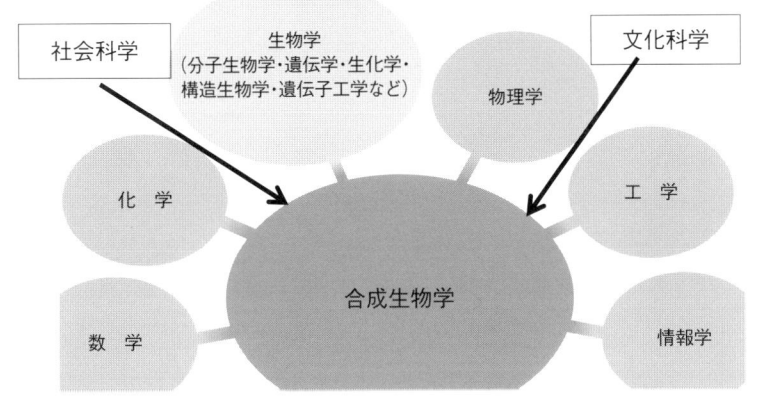

図 5–10　合成生物学の成り立ち
ゲノムを人工的にデザインして，新しい生命体を作成する研究分野である．

合と，適合の度合いの低い配列をデザインした場合を比較し，温度等の特定の環境条件での生育状態を観察できる．量子化学分野や DNA エレクトロニクスの研究者と分子生物学者が共同研究することで，新規性の高い研究領域を創出できる．

　しかしながら，より本質的な進歩については，「XNA を用いた新規生命体の創出」と呼ばれる分野が期待できる．DNA は構造学的ならびに物理化学的あるいは生化学的な考察から，ゲノムを担うのにまさに相応しい分子と考えられている．しかしながら，より相応しい分子が存在することを否定するものではない．XNA とは，DNA の構成要素である糖の部分のデオキシリボースを別の分子に置き換えた分子の総称であり，この新分野は XNA を用いた新たなゲノムをデザインしようとの考え方である．遺伝子工学やゲノム工学が発展した研究領域であり，おもに有用遺伝子産物の生産等の実用的な課題を目指しながら，合わせて新生命体の創出を目標にしている．図 5–11 に示した例はすでに化学的に合成され，ATGC の 4 塩基を用いて二重鎖が作成され，その立体構造が測定された例である．これらの XNA を鋳型として，既存の酵素類で複製が起こるわけではないので，酵素側のアミノ酸配列に変更を加える等で，徐々に進展が見られている状況にもある．

　挑戦的な課題で解決すべき問題が数多く存在していることもあり，実現に

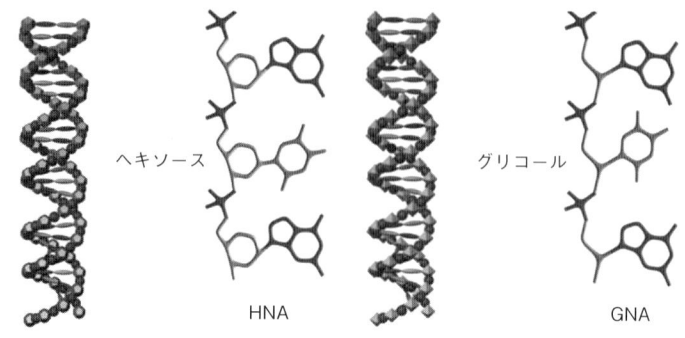

図 5–11 XNA の例——HNA（左）と GNA（右）
DNA 鎖に使われているデオキシリボースをヘキソースやグリコールに変えて作成した XNA．二重鎖が形成されるが，立体構造の詳細は DNA とは異なっているので，上下の塩基対間の π 電子雲間のオーバラップに変化が生じると予想される．

はまだ程遠い現状ではあるが，新生命体の創出は科学の発展の新時代を画する挑戦であり，多様な副次的な成果を生みながら進歩すると考えられる．または，生命の起源の問題を科学的にアプローチする有力な手段であり，重要な基礎知見を提供すると思える．具体的な例として，従来からの DNA の研究結果は，その量子化学的な性質は，現在の生命体が生育する条件下においてはまさに適合していると報告している．たとえば二重鎖の上下間の塩基の π 電子雲の重なりの程度（図 5–7 (b)）は，DNA の伝導性に本質的な意味を持っており，デオキシリボースの大きさが π 電子雲のまさに適切な重なりを実現していると報告されている．糖の部分を変更している XNA は，この量子化学的な性質に変化が起きる可能性が高く，量子化学的な基盤を考慮して XNA を選択する必要があるのかは重要な問題と言える．伝導性を考慮に入れてはじめて機能的なゲノムがデザインできるのか，あるいは伝導性への考慮が不要であるのかは，ゲノム機能の本質を理解するうえで最重要な課題の 1 つと言える．

　生命現象の理解において，量子化学的な性質をあまり重要と考えてこなかった大きな理由の 1 つには，生命を構成する構造が分子レベルとしては巨大な例が多く，その性質は量子化学や量子力学よりも，古典力学的な取扱いで十分との主流的な考え方がある．しかしながら，この種の議論は，生命を構成

第5章 ゲノムの働きと起源と学際的な研究

する分子群が複雑な構造を持っているがゆえに，その量子化学的性質を的確に測定する手段や理論が開発されてこなかったことの言いわけの側面が強いと，筆者は感じている．現在はナノテクノロジーで生命体を理解しようとするナノバイオロジーの発展が目覚ましい．ゲノム DNA についてもこの視点からの理解を含めて，DNA の伝導性を組み入れた遺伝子発現の制御を考える時代に入りつつあると考える．生命の起源をゲノムの起源の面から考えると，当然のことながら，比較的に低分子の状態から高分子へと設計図を大型化したと考えられる．量子化学的な性質は低分子の状態では，高分子の状態よりもより本質的な意味を持つ．その意味では，ゲノムの起源となる物質においても量子化学的な性質が本質的な意味を持っていたと考えるのが，自然と思える．生命の起源やゲノムの起源について分野横断的な研究が開始できる時期が近付いていると感じている．

科学を正しく恐れる

本章で紹介した，個人の経験がゲノムのシナリオを書き換える分子機構の解明や，新規生命の創生への挑戦のような生命科学の現状は，一般社会へ多大な影響を及ぼす可能性が高い．文化科学や社会科学の視点からも無縁な分野とは言えない．医学や医療の進歩，さらにはエネルギー問題や環境浄化等に重要な貢献をすると思えるが，同時に予想外の悪影響を人類社会へもたらすおそれがある．「科学を正しく恐れる」態度が求められる典型例と言える．

生命科学分野では，遺伝子組み換え技術を例として，欧米社会が先導するかたちではあるが，予想される悪影響について，文化科学や社会科学の研究者や一般市民とも多面的に議論を深め，自己規制をしながら研究開発を進めてきた経験を持つ．事実，遺伝子組み換え技術が，社会へ実害を与えた例はほとんど知られていない．遺伝子組み換えにおける経験を基に，合成生物学においても文化科学や社会科学の研究者や一般市民とも議論を深めている．これも欧米が先導するかたちであるが，研究上の指針が議論されており，わが国でも同様な事情にある．詳細については，http://i2ta.org/files/TANote07.pdf を参照されたい．

遺伝子組み換え技術が実害を社会へ与えた例がほとんどないとはいえ，生命科学の進歩を著しく加速した技術は，医学・医療の急速な進展をもたらす．医学・医療の発展は，人類の幸福につながると信じられる面が強いが，この問題にも多面的な議論が必要となっている．生命科学はその意味でも，学際的な研究を必要としている．

ビッグデータ時代のゲノム情報研究

　ゲノムの起源に関する学際的な共同研究を想定しながら，ヒトを中心とする高等生物に関するゲノムの研究の現状をおもに紹介してきた．ゲノムの起源を考える際には，より単純な微生物についての研究の現状を紹介することも重要である．微生物ゲノムの最近の研究には著しい進展があり，とくにメタゲノム解析と呼ばれる興味深い研究手法が登場している．

　環境中で生息する微生物種のうちの99.9％以上が実験室では培養が困難であり，難培養性微生物と呼ばれ，通常の実験的な研究がなされずにきた．言い換えれば，膨大な微生物が未開拓な資源として残されてきた．それらの微生物は培養はできないが，多数の微生物のゲノムDNAの混合物として環境試料から直接に回収し，ゲノム配列を解読し，遺伝子やその部分配列を知ることは可能であり，そのような解析をメタゲノム解析と呼ぶ．ゲノム配列の解読が高速で安価にできるようになって実現した解析である．

　現時点で普及している解読法では，主として1 kb程度以下の断片配列しか得られないが，そのような断片配列が大量に解読され，DNA配列データベースに集積されている．環境問題における微生物類の重要性から，海洋等では世界規模とも言われる大規模なメタゲノム解析が進行している．生命の起源と関係すると思える原始地球の環境に近い高温や無酸素や低酸素状態で生息する微生物群の解析も注目を集めており，多様な環境に関して集積されている断片配列の総量は，ビッグデータと呼ばれる規模にも達している．

　このようなビッグデータが集積しているゲノム科学の分野においては，大量データを俯瞰し，そこから能率的に発見を行う情報解析手法の確立が重要となる．われわれのグループは，約10年前より，ゲノム科学がビッグデータ

時代を迎えることを予測して，その時代に必須となる新規技術の開発を続けてきた．その成果として，「一括学習型自己組織化マップ法 (Batch-Learning Self-Organizing Map; BLSOM)」と呼ぶ方法を確立したが (阿部ほか，2007)，メタゲノム解析にも有用であるので (阿部ほか，2014)，その手法を紹介しながら，微生物ゲノムの特徴を説明する．

　ゲノム塩基配列の解読が困難であった時期には，実験で測定可能な G＋C% (G と C 塩基の含量%の合計) が各微生物種ゲノムを特徴付ける基本的な量として用いられてきた．しかしながら，多くのゲノムが解読された現在では，同じ G＋C% を持つゲノムが多数存在し，G＋C% のみでは各微生物のゲノムの特徴を表現するのには明らかに不十分である．一方，塩基配列を文章のように扱い，単語の出現頻度解析 (Word Count) を行うことで，ゲノム配列に潜む多様な情報を効率的に抽出できる．ここで単語とは，2 連・3 連・4 連塩基のような連続塩基 (オリゴヌクレオチド) を意味する．同一の G＋C% を持つ生物種でも，2 連塩基組成 (16 の変数) の同一な生物種は少なく，連続塩基が 3 連 (64 の変数) や 4 連 (256 の変数) と長くなるにつれ，同一の頻度組成を持つ生物種の可能性は極端に小さくなる．事実，連続塩基組成は genome signature (ゲノムサイン) とも呼ばれ，各微生物を特徴付ける値として知られている．注目すべきことに，kb レベルに断片化しても，各生物種のゲノムサインは検出可能であり，生物系統を反映する可能性も考えられる．そこで多数の変数からなる連続塩基組成に着目した BLSOM (一括学習型自己組織化マップ法) を筆者らは開発し，特許化している (阿部ほか，2007, 2014)．

　BLSOM は教師なしのアルゴリズムである．国際塩基配列データベースに収録された原核生物の全ゲノム配列を kb レベルに断片化した後に，各断片配列の連続塩基組成 (たとえば 4 連塩基組成) の類似度の高いものを近付ける操作を行うことだけで，ゲノム断片配列が生物系統別に分離 (自己組織化) し，生物種に固有な特徴 (ゲノムサイン) を明らかにできる．図 5-12 に示すマップにおいては，ゲノム配列が解読されている約 3200 の原核生物種のゲノム断片の 4 連続組成を解析しており，1 枚のマップ上で，大半の断片配列が生物系統別に分離 (自己組織化) している．このゲノムサインと DNA の連続塩基の量子力学的性質との関係も興味深い．

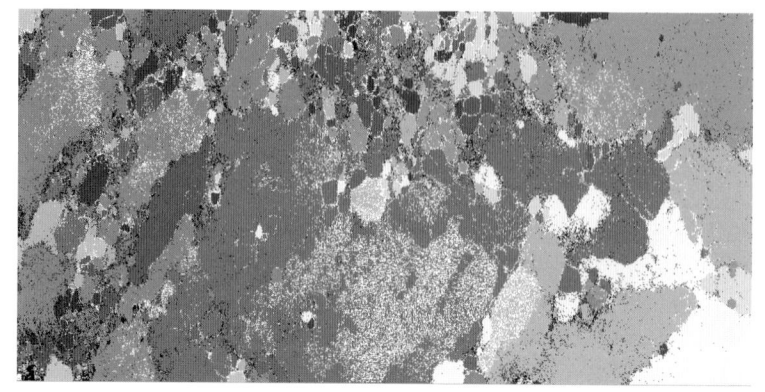

図 5–12 BLSOM による解析結果の例
ゲノム配列が解読された原核生物種（約 3200 種）に由来する 5 kb 断片ゲノム配列を対象にした，4 連塩基組成の BLSOM．地球シミュレータと呼ばれるスーパーコンピュータを用いた大規模解析であり，連続塩基組成を与えただけで，断片配列が生物系統ごとに高精度に分離（自己組織化）している．1 kb の断片配列ではやや分離能は落ちるが，メタゲノム解析で得られる kb レベルの膨大なゲノム断片配列の系統推定を可能にする（阿部ほか，2014）．

　メタゲノム解析で得られている環境試料由来の，生物種未知のメタゲノム断片配列と，現時点でゲノムが解読された既知微生物の断片配列の混合データに関して，4 連塩基組成の BLSOM を行う方法を開発した．環境微生物由来の断片配列類がどの既知生物の断片配列と一緒に分離（自己組織化）するのかで，それらの系統推定が可能になり，既知のどの生物種の配列とも一緒に分離することのない配列は新規性の高い生物種由来と特定できる．このような大量データを俯瞰的に解析する手法を導入することで，原始地球に近い環境で生息する新規性の高い微生物類の多様な特徴を知ることが可能になってきている．現在では，海底の堆積土深くの試料についてもメタゲノム解析が行われているので，「現在知られている生物種が使用しているのとは，大きく異なった遺伝暗号表を使用する生物種は本当に存在しないのか？」といったような，ゲノムの起源に関する基本的な疑問に挑戦する研究も可能になっている．

　しかしながら，より本質的な研究は，従来型の核酸以外の分子をゲノムに用いる生命体の探索であろう．現在のゲノムの解読技術の発展はこの種の研

究をも可能にすると考えられる．現在までに開発されているゲノムの解読技術の大半は，酵素反応を用いており，われわれの知っている核酸以外の分子が存在してもそれらの配列を解読することは不可能である．

　一方で，多様な物理測定技術を導入することで，1分子のDNAを解読する技術の開発が進んでおり，そこでは酵素反応に依存しない方法も開発されている．たとえば，電子顕微鏡のような1分子のDNAを直接的に観察する場合では，酵素反応を用いない方法が開発されており，従来の核酸とは異なった分子が観察できる可能性が考えられる．このような分野のブレークスルーは，先端的な材料科学や物理科学と，生命科学との学際的な共同研究で可能になる．言い換えれば，ゲノムの起源の研究は，まさに分野融合型の学際的な共同研究の課題と言える．

引用文献

リチャード・フランシス／野中香方子訳『エピジェネティクス——操られる遺伝子』ダイアモンド社，2011年．

阿部貴志ほか「SOMの医学・生物学からバイオ産業への応用まで」，徳高平蔵ほか編『自己組織化マップとその応用』シュプリンガー・ジャパン，2007年，pp. 87–98．

阿部貴志ほか「一括学習型自己組織化マップを用いた大量メタゲノム配列解析」，植田充美監修『生命のビッグデータ利用の最前線』CMC books，2014年，pp. 104–113．

第III部
人の部

第6章
ヒトの「はじまり」

長谷川眞理子

ヒトとはどういう生物か？

　私たちヒトは，ホモ・サピエンスという学名を持つ動物である．動物の中では哺乳類に属し，哺乳類の中では，サルの仲間である霊長類に属する．ヒトは，霊長類の中では，からだが大きくて尾がない大型類人猿の仲間に属する．その中で，常習的に直立二足歩行する種を人類と呼ぶ．ここには，絶滅した化石人類も含まれる．

　昔は，大型類人猿と人類とは科のレベルで分けられており，大型類人猿が

●**長谷川眞理子**（はせがわ・まりこ）　総合研究大学院大学理事・副学長・教授
1976 年東京大学理学部生物学科卒業，1980–82 年タンザニア野生動物局勤務，1983 年東京大学大学院理学系研究科人類学専攻博士課程修了，東京大学理学部人類学教室助手，専修大学教授，米エール大学人類学部客員准教授，早稲田大学政経学部教授などを経て現職．専門は行動生態学，進化生物学．野生のチンパンジー，英国のダマジカ，野生ヒツジ，スリランカのクジャクなどの研究を続け，最近は人間の進化と適応の研究に携わる．

★長谷川先生のおもな著作
『進化とは何だろうか』（岩波ジュニア新書，1999 年）
『進化と人間行動』（共著，東京大学出版会，2000 年）
『クジャクの雄はなぜ美しい？ 増補版』（紀伊國屋書店，2005 年）
『ダーウィンの足跡を訪ねて』（集英社，2006 年）
ほか著書・訳書多数．

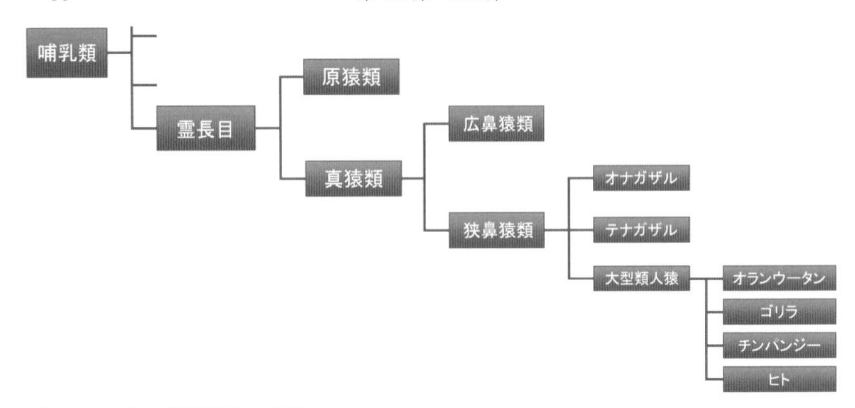

```
哺乳類 ─┬─ 霊長目 ─┬─ 原猿類
        │          └─ 真猿類 ─┬─ 広鼻猿類
        │                      └─ 狭鼻猿類 ─┬─ オナガザル
        │                                   ├─ テナガザル
        │                                   └─ 大型類人猿 ─┬─ オランウータン
        │                                                   ├─ ゴリラ
        │                                                   ├─ チンパンジー
        │                                                   └─ ヒト
```

図 6–1　ヒトの分類学上の位置

ショウジョウ科 (Pongidae), 人類がヒト科 (Hominidae) と分類されていた. しかし, 近年のゲノムレベルでの研究が進むにつれ, 彼らと人類の間の溝はそれほど深くないことがわかってきた. そこで, 最近では, 大型類人猿と人類を合わせてヒト科 (Hominidae) とし, 常習的直立二足歩行する種はヒト族 (Hominini) として, 1つ下の分類群で分ける考え方が主流となっている (図 6–1). 人間は他の生物とはまったく異なるという, 人間中心主義は崩れた.

生物学的に見れば, 私たちヒトを, 特別の科に分けるほどのことはない. しかし, やはり私たちヒトは, 他の動物とは非常に異なると思われる. この地球上でこれほどすみずみにまで分布を拡大し, この体重でこれほどの個体数をほこり, 自然をこれほどの規模で改変している種は他にない. 本章では, ヒトの進化史をたどるとともに, このようなヒトの特殊性が何に基づくものであるのかについて考察していこう. そのような能力の起源が, ヒトの「はじまり」である.

ヒトの進化系統樹

分子進化学は, 様々な生物の間の遺伝子配列の違いなどを計算することにより, それらの生物種が, いつ頃共通祖先から分かれて独自の分類群として進化したかを再構築する. 自然淘汰の対象とはならず, 中立に進化してきた

第6章　ヒトの「はじまり」

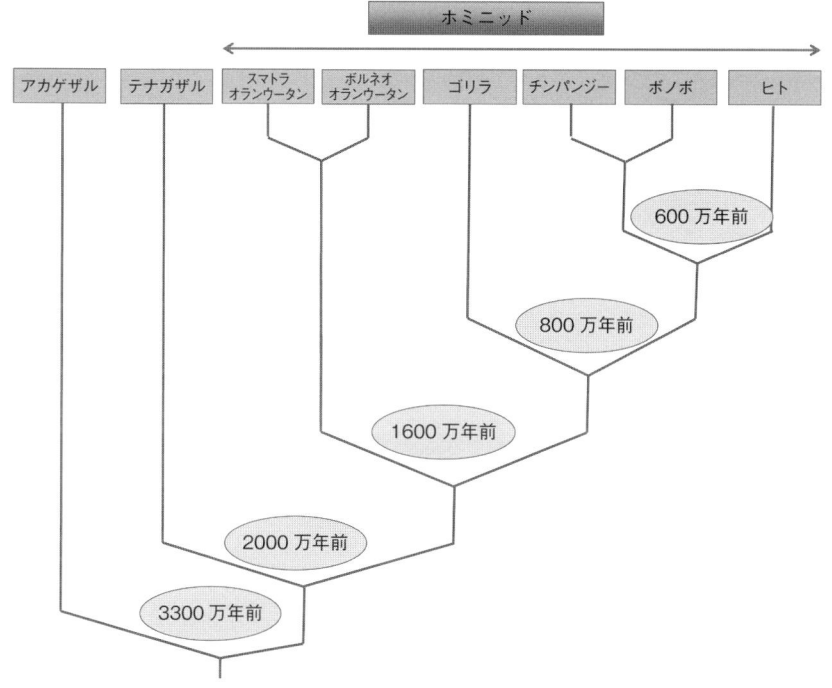

[系統樹の図：ホミニッドの範囲に、スマトラオランウータン、ボルネオオランウータン、ゴリラ、チンパンジー、ボノボ、ヒトが含まれる。分岐年代は、ヒトとチンパンジー・ボノボの共通祖先が600万年前、ゴリラとの分岐が800万年前、オランウータンとの分岐が1600万年前、テナガザルとの分岐が2000万年前、アカゲザル（旧世界ザル）との分岐が3300万年前。]

図 6-2 霊長類の分子系統樹（類人猿とヒトを中心に）

と考えられる遺伝子を使って分子時計を作り，進化速度を計算して生物の系統間の関係を示したのが，分子系統樹である．

図 6-2 は，霊長類の中の大型類人猿とヒトの関係を中心に示した，分子系統樹である．分岐の年代は，中立進化による分子時計を用いて推定したものだが，対象とする遺伝子の種類や手法により，異なる結果が出る場合もある．

いずれにせよ，ヒトにもっとも近縁な類人猿はチンパンジーであり，ヒトとチンパンジーの共通祖先から両者が分かれたのは，およそ 600 万年前であるということは，一応の定説である．最近では，ヒト，チンパンジー，ゴリラの3種の全ゲノムが解読され，詳細な比較研究がはじまっている．遺伝子の中には，ヒトとゴリラの方が，ヒトとチンパンジーよりも近いものもあることがわかったが，ヒトにもっとも近縁な類人猿がチンパンジーであることに変わりはない．

チンパンジーには，ナミチンパンジーとピグミーチンパンジー (ボノボ) の2種が存在する．コンゴの森林のみに生息するボノボは，とくにヒトに近い特徴を備えているのではないかと示唆されたことがあったが，ナミチンパンジーとボノボの共通祖先が分かれたのは，およそ50万年前であり，それよりも先に人類と分岐しているので，ボノボの方がヒトに近いということはない．

チンパンジーとヒトの共通祖先は，アフリカで進化した．もっとも古い，直立二足歩行する人類の化石は，チャドで発見された，サヘラントロプス・チャデンシスと呼ばれる化石である．年代測定では，およそ600万年前のものと推定されている．ケニアで発見された，オロリン・テュゲネンシスという化石は500万年ほど前のものであり，遺伝子解析による推定ばかりでなく，化石の証拠からも，人類の祖先が600万年ほど前までさかのぼるのは確かなようだ．

人類の進化史

常習的に直立二足歩行する類人猿の仲間が人類であり，その化石はおよそ600万年前までさかのぼる．しかし，彼らが直接に私たちヒトに進化したわけではない．チンパンジーはヒトに成り損なった「下等な」種で，下等なままにとどまっているが，人類は進歩してきたという，いわば「はしご型」の進化観が，一般にはまだ見受けられるように思える．しかし，これは間違いだ．

かつて，高校の教科書でも，類人猿の仲間から人類が出現し，最初は猿人，次に原人，そして私たち新人が進化したというような，「はしご型」の進化を思わせる記述がなされていた．しかし，そうではなくて，進化は，様々な種が時間とともに分岐し，それぞれが存続したり絶滅したりしながら現在に至る「樹木型」を呈している (図6-3)．

人類の系統樹は，図6-3に示したように，かなり複雑に枝分かれしており，チンパンジーとの共通祖先から分かれて以来，多くの種が進化してきた．その詳細をここで述べることはできないが，大きく分けて，ホモ属の系統に至るものと，アウストラロピテクス属との2つに分かれる．

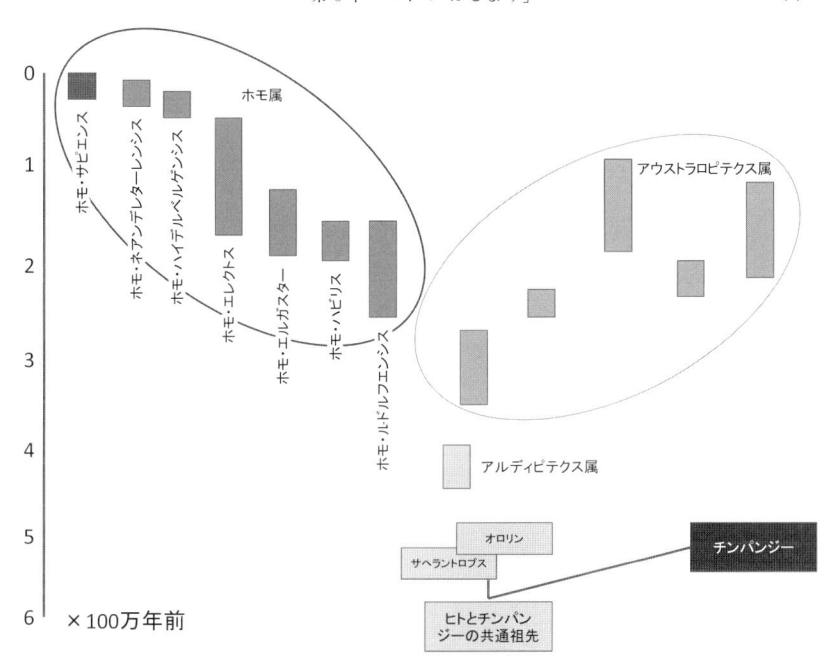

図 6–3　人類の進化系統（化石とその年代）

　アウストラロピテクス属は，これもまた様々な種に分化した．彼らは，常習的な直立二足歩行を採用してはいたが，からだの形態に私たちとは異なるところがいくつかあり，私たちホモ・サピエンスとまったく同じ歩行をしていたわけではない．からだは比較的小さく，脳容量は，およそ 400 cc 前後である．この脳容量は，現在のゴリラやチンパンジーとほぼ同じである．彼らが製作したと思われる石器その他の道具は確認されていない．

　250 万年ほど前に，彼らよりもからだが大きく，かつ，脳容量も大きな種類が出現してきた．それらは，ホモ・ハビリス，ホモ・ルドルフエンシスなどに分類されている．さらに，160 万年前のホモ・エルガスターと呼ばれる全身骨格の化石があり，注目されている．この化石は，この頃までに，からだのプロポーションが現在の私たちとほぼ同じになったことを示している．生息地はサバンナの開けた土地であり，ホモ属は，長距離の歩行や走行に適したからだになった．からだの大きさが大きくなり，相対的に脚が長く，腕

が短くなった．

　脳容量は，900 cc から 1100 cc と，大きく増加した．からだが大きくなったことを計算に入れても，かなりの大型化である．さらに大事なことには，ホモ属はアフリカを出た．180万年前頃の化石が，アフリカ以外のいくつかの地で発掘されるようになる．彼らは，ホモ・エレクトスと分類されており，北京原人やジャワ原人などと呼ばれる有名な化石は，エレクトスに属する．エルガスターもエレクトスに包含させる考えもある．エレクトスは，50万年ほど前までにユーラシア大陸に広がったが，新大陸やオーストラリアには進出しなかった．

　現在の私たちは，ホモ・サピエンスと呼ばれる種である．私たちと同じ形態で同じ脳容量を持つ種は，およそ20万年前から出現したと考えられている．脳容量は，およそ 1200 cc から 1400 cc である．

　ホモ・エレクトスの頃に比べて，さらに脳が大きくなるジャンプがあるが，エレクトスとサピエンスの間には，「古代型ホモ属」と呼ばれる中間的な種がある．その代表は，ホモ・ハイデルベルゲンシスである．そこから，ネアンデルタールの系統と，われわれホモ・サピエンスの系統が分岐したのだろうと考えられている．彼らは，50万年ほど前から出現し，ネアンデルタール人は3万年ほど前まで存在した．その頃，地球は氷河期でどんどん寒冷化していったが，それを乗り切って現在にまで至ったのは，私たちホモ・サピエンスのみである．

　ホモ・サピエンスは，その後，ユーラシア大陸のみならず，南北アメリカ大陸やオーストラリアも含めて全世界に拡散した（以上，人類進化について詳しくは斎藤ほか，2006を参照のこと）．

脳の大型化と社会脳仮説

　ヒトは脳が大きい．脳が大きいと，より多くの情報処理をすることができ，学習能力も高くなるので，どんな場合にも適応的だと考えられるかもしれない．もしも，大きな脳を持つことがどんな生物にとっても有利であるならば，生命誕生以来，38億年もたった現在，もっと多くの生物が大きな脳を持って

いるはずだ．しかし，そうではない．

　まず，植物は脳も神経系も持っていないが，十分に繁栄している．神経系は，自ら動くことのできる動物が，次の一歩をどちらに踏み出すか，次に何をするかを決めるために，情報処理する器官である．神経系が複雑になり，中枢ができて脳となり，神経細胞が増え，シナプス結合が増えると，より複雑な情報処理ができるようになる．しかし，大きな脳は，それを作るにも維持するにもコストがかかる．だから，黙っていれば大きな脳が進化するということはない．

　ヒトの脳は体重のおよそ2％の重さを占めるが，これほど大きな割合の脳を持つ動物は他にいない．また，体重の2％の重さに対して，全代謝の20％が脳のために使われているので，脳はたいへんコスト高な器官である．さらに，このような大きな脳を発達させるには長い時間がかかり，成熟までの期間が非常に長くなる．そのような手間のかかる子どもを育てるために，親による世話のコストも甚大になる．そういうわけで，何か特別な理由がなければ，脳が大きくなるような進化は起こらない．事実，簡単な神経系のみの動物は何十万種と存在し，それぞれみな地球上で繁栄している．

　霊長類は，他の同体重の哺乳類と比べて，体重に対する相対的な脳重が重い．その理由が何であるのか，霊長類において脳の大型化を促した進化的圧力は何だったのかについて，これまでに様々な研究がなされてきたが，現在のところもっとも有力な仮説は，社会的な知能に有利だったからだという考えである．つまり，同種の他個体を識別，記憶し，様々な社会関係を記憶し，文脈に応じて社会的相互作用を行うには，他のどんなことに比べても多くの情報処理を要し，しかも，社会集団のサイズが増すにつれてそれらは複雑になる．

　昼行性霊長類はどれも，大きな社会集団を作り，個体間には順位があり，血縁を中心にした密接な関係を生涯保つので，生存と繁殖のうえで，社会関係の理解と操作が非常に重要であると考えられる．物理的な環境への対応や，採食の困難さなどの指標をとり，霊長類各種の脳の新皮質の容量と比較しても，あまりはっきりした相関は見られない．しかし，集団のサイズと新皮質の量との間には明確な相関が見られる．また，新皮質の相対的な大きさと，

他個体をだましたり，出し抜いたりすることが観察される頻度との間にも相関が見られる．これらの研究から，霊長類の脳を大きくさせた進化的原動力は，複雑な社会関係の操作にあったと結論されている．これを，社会脳仮説と呼ぶ (Dumbar, 1996)．

人類の進化環境

　現代の私たちは，食糧を生産し，原子力などのエネルギー源を持ち，様々な機械に頼る科学技術文明を持って，自然環境を大幅に改変している．このようなことのはじまりは，およそ1万年前の農業と牧畜の開始にあった．その後，都市文明がはじまり，産業革命を経て現在のような文明になったのであるが，このような1万年の変化は，進化的に見ればごく最近のできごとにすぎず，ヒトという生物が進化してきた環境は，これとはまったく異なるものであった．

　人類の脳が大型化したのは，前述のように，そもそも複雑な社会関係をやりくりする大きな「社会脳」を持つ霊長類を出発点としてのことだった．しかし，チンパンジーの系統と分岐して以後，人類の脳は，明らかな2回のジャンプを通して大型化していった．その1回目はホモ・エレクトスの出現の時期であり，900 cc から 1100 cc と，それ以前の2倍以上になった．さらに，およそ50万年前から出現した「古代型ホモ属」では 1200 cc を超えるようになり，その後のサピエンスの出現までに短時間でさらに大きくなっている（図6–4）．

　このような脳の進化を促した人類の進化環境とは，どんなものだったのだろうか？　人類は，狩猟と採集によって食物を手に入れる雑食の大型哺乳類である．農耕と牧畜が発明されたおよそ1万年前まで，人類はずっと狩猟採集生活を続けてきた．この狩猟採集生活こそが，人類，そしてホモ・サピエンスの進化環境である．それがどんなものであったのかは，現在でも狩猟採集生活を続けている，世界のいくつかの集団に関する詳しい研究から推定されている．タンザニアのハッザの人々や南アフリカのサンの人々をはじめとする，現在の狩猟採集民の研究は，人類の進化史における生計活動と同じで

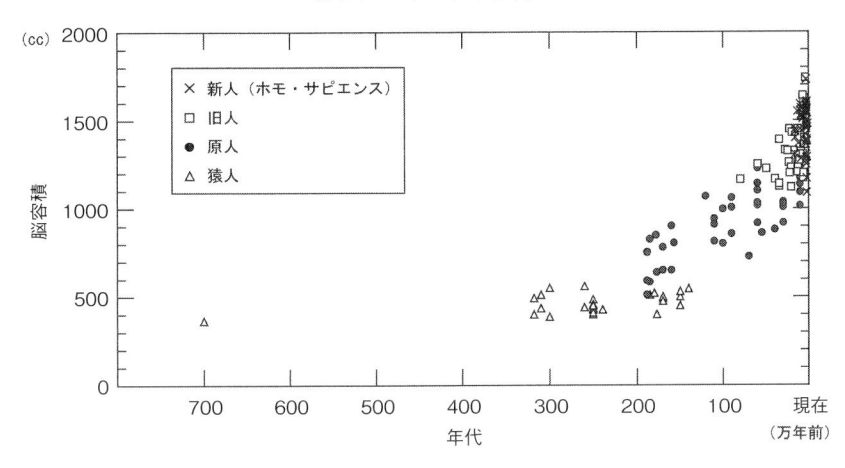

図 6-4　人類における脳サイズ（頭蓋腔容量）の変化（海部，2014 より図 5）

はないが，それを推測するもっとも重要な材料である．

　人類が進化してきた環境は，進化心理学では EEA（Environment for Evolutionary Adaptation）と呼ばれている．これはもともと，発達心理学者の J. ボールビーによって提唱された概念であり，それがどんなものであったのかについて，様々な議論がなされてきた．現在では，それは何か特定の具体的な生態環境ではなく，以下のような特徴を合わせ持つものとして抽象化されている．すなわち，

1) 高栄養，高エネルギーの獲得困難な食物に特化した採食行動
2) 食糧獲得その他の活動における高度な技術（道具）使用への依存
3) 集団内の協力と共同作業による生業活動，社会運営
4) 男女の分業と共同
5) 両親，3 世代，血縁者，非血縁者を含む個体間の協力による子育て
6) 言語による指示を含む知識伝達による蓄積的文化

である．

　ここからわかることは，高度な技術を駆使して，高栄養で高エネルギーの食糧をとることに関わる知能も大いに重要ではあるが，人類進化のどこかの時点で，競争的な知能から協力的な知能へと変わったことが，ヒトの成功を導いた鍵なのではないか，ということだ．脳は大量のエネルギーを必要とす

る臓器であり，高栄養で高エネルギーの食糧源がなければ，大きな脳を維持することはできない．そのような獲得困難な食物を得るには，高度な技術が必要であるが，そのような技術の発明を皆で共有したり，ともに目的を共有して共同作業したりすることができれば，格段に有利になるに違いない．

しかし，そのような共同作業が可能になるには，さらに高度な心的能力が必要であると考えられる．なぜなら，1970年代以来の膨大な量の研究にもかかわらず，動物界で協力行動や利他行動が見られるのは非常に限られた種だけだからだ（小田，2011）．アリやハチなどの真社会性昆虫と呼ばれるグループでは，利他行動が進化したが，それは，ヒトにおけるメカニズムとは異なるものだ．そして，ヒトにもっとも近縁な動物であるチンパンジーにおいても，協力行動は非常に限定的なのである．

先に述べたように，250万年前頃に人類はサバンナに進出し，有蹄類の狩猟や根茎・球根の掘り出しなど，獲得困難な食物を得る生態学的ニッチェに進出した．そこには，本職の肉食獣がたくさんいて，彼らと食物ニッチェを争うのみならず，彼らの餌食にならないように身を守る必要もあった．このような厳しい環境で生き延びるためには，協力的知能が非常に有効であったと考えられる．

サバンナに進出したホモ属は，高栄養・高エネルギーの食糧を利用せざるを得なかったが，それには，高度な食糧獲得技術が必須であった．また，捕食者から身を守るためには，集団を作ることが必須であった．そこで，集団内の個体間の葛藤を超えて，共同作業をすることにより，生態学的な成功に導く道が開かれた．脳が大きくなると，脳の大きな子どもを育てるためにさらに大きな労力が必要となり，子育てにも共同作業が必須となった．人類の進化環境におけるこれらの諸特徴は，それぞれが密接に関連し，互いにフィードバックしながらヒトの進化を進めていったものと考えられる．

チンパンジーの社会と競争的知能

ヒトともっとも近縁な生物であるチンパンジーは，人類の系統と分岐して以来600万年を経ているので，その間に彼ら独自の進化を遂げているはずだ．

したがって，現在の彼らの姿が，ヒトとチンパンジーとの共通祖先の姿そのものではない．しかし，共通祖先から分岐したこの2系統が，その後どのような道をたどったかという点で，大きな違いを際立たせていると言える．

現在のヒトは，個体数が70億以上で地球上にあふれ，自然環境を改変し，科学技術文明を駆使して繁栄している．一方のチンパンジーは，アフリカの熱帯降雨林の中で個体数が減少し，簡単な道具をあやつるだけで絶滅の危機に瀕している．この2つの系統がたどった道の中で，何がこの違いにもっとも大きく貢献したのだろうか？　先にも述べたように，筆者は，人類の系統において起こった，競争的知能から協力的知能への転換がそれであると考えている．

チンパンジーは非常に賢い．英国の人類学者，心理学者のR. バーンとA. ホワイテンは，霊長類の社会において，他者を出し抜くような行動がどれほど観察されたかを集計したが，観察時間当たりのそのような行動の頻度はチンパンジーがもっとも高かった (Byrne and Whiten, 1989)．他者を出し抜くには，他者の心に関する何らかの推測が必要である．

もともとこの問題は，心理学者のD. プレマックらが，1970年代に提起していた．他者の心の状態を類推する「心の理論」と呼ばれる機能は，チンパンジーでどれほど発達しているのだろうか？　プレマック以後，ヒトの乳幼児やチンパンジーをはじめとする霊長類を対象に膨大な研究が行われてきたが，その結論は一様ではなかった．そこに新たな展開をもたらしたのは，B. ヘアらによる研究である．彼らは，チンパンジー社会には厳格な社会的序列があり，劣位の個体は優位の個体の行動を阻止できないことに着目した．そうであれば，利害関係に関して切実なのは劣位の個体である．もしも，劣位の個体が優位の個体の心の状態を推論できるのであれば，それは競争的な場面で現れるに違いない．彼らは，そのような状況を用いて実験を行った．

彼らは，劣位個体からは見えるが，優位個体からは見えないところに餌を置いた．それと同時に，双方から見えるところにも餌を置いた．さて，餌を取りに行くことができるようになったとき，劣位個体は，どちらの餌を取りに行くだろうか？　もしも劣位個体が優位個体の心的状態を推測することができるのならば，優位個体はその個体からは見えない餌の方には行くわけが

なく，見える餌の方に行くに違いないと劣位個体は考えるだろう．それを劣位個体が理解していれば，劣位個体は，彼にしか見えない餌の方に向かうに違いない．実験の結果は，その通りであった (Hare *et al.*, 2001)．チンパンジーは，競争的状況においては，他者の心的状態を推測する「心の理論」を持っているのである．

では，彼らはその心の理論を使って協力的な行動ができるだろうか？ 京都大学霊長類研究所の山本真也らは，そちらの方を試す実験を行った．隣どうしの部屋に入れられたチンパンジーが，異なる状況に面している．一方は，ジュースの缶が手に届かないところにあるが，ジュースを飲むためのストローを持っている．もう一方のチンパンジーは，ジュースの缶はないが，ステッキを持っている．ジュースが手の届かないところにあるチンパンジーは，隣のチンパンジーからステッキをもらえれば，それでジュースの缶を手元に引き寄せて飲むことができる．ステッキを持っている方のチンパンジーにとっては，ジュースの缶とは関係がないので，ステッキはいわば無用の長物だ．

この隣どうしのチンパンジーを隔てる壁は透明なので，互いの状況は手に取るようにわかる．ジュースの缶に手が届かないチンパンジーは，必死になって手を伸ばしている．その一部始終を見ているチンパンジーは，ステッキを持ってはいるが使いようがない．さて，彼らはどうするだろう？

ジュースの缶に手の届かない方のチンパンジーは，隣のチンパンジーがステッキを持っているのを見ると，「ちょうだい」と言うように手を伸ばした．それに対して，75％の場合，隣のチンパンジーはステッキを渡したのである．このチンパンジーにとって，ステッキを渡すことによる見返りは何もないのであるから，これは驚くべき結果である．しかし，私たち人間にとって非常に違和感があるのは，ジュースに手が届かなくて困っているチンパンジーが，隣のチンパンジーに「ちょうだい」というサインを出さない限り，隣のチンパンジーがステッキを自発的に渡すことはなかったということだ．山本らはこれを，「チンパンジーはおせっかいをしない」と表現している (Yamamoto *et al.*, 2009)．

ここに，彼らの知能と私たちの知能の大きな違いが象徴されている．

言語を可能にする心的表象

　ヒトに繁栄をもたらしているのは文化的発展であり，文化は，言語というコミュニケーション手段によって支えられている．言語は，単なる一方的な信号ではない．抽象的なアイデアを表現することができるという特殊性はあるが，それらのアイデアをみなで「共有する」ことを可能にしている．それがあるからこそ，アイデアは多くの人々によって改良，改訂されていく．これが，蓄積的な文化を産み出す土台である．ここで，言語を可能にしている認知・心理的基盤について考えてみたい．筆者は，言語を可能にした認知的・心理的基盤こそ，協力的知能の基盤をなすものだと考えるからだ．

　動物のコミュニケーションのほとんどは，発信者である個体の状態を表す信号であり，受け手がそれに応じて適切な行動をとることで成り立っている．たとえば，繁殖期の雄が発する求愛の信号は，その雄が配偶可能な状態であることを表しており，雌は，その信号を査定して配偶相手を決める．威嚇の信号は，発信者が攻撃的ムードであることを表しており，受け手は，自分の状態に応じて，逃げたり闘ったりする．

　警戒音は，これとは異なり，発信者自身の状態ではなく，「世界について」の情報を表している．「自分たちを脅かす捕食者が近くにいる」という，世界の状態について発信しているのだ．受信者は，発信者の状態ではなく，発信者の指し示す世界の状況に対して適切に対処すればよい．いずれにせよ，信号は，発信者にとっては，その信号によって他者の行動を変化させる手段であり，受信者にとっては，自分の行動を変化させる手段である．双方が，個体にとってもっとも適切な発信と受信をすればよい．

　しかし，ヒトの言語コミュニケーションは，これらのものとは根本的に異なっている．現在のヒトにとっては当然のことであるが，言語コミュニケーションでは，発信者の心的状態であれ，発信者の世界についての認識であれ，信号（情報）そのものだけではなく，信号を発している個体と受信している個体とが，心的表象を共有しようとしているのである．

　赤ちゃんとお母さんが一緒に散歩していて，イヌに出会ったとしよう．赤ちゃんは，イヌを指さして「わんわん」と言う．そしてお母さんの目を見る．

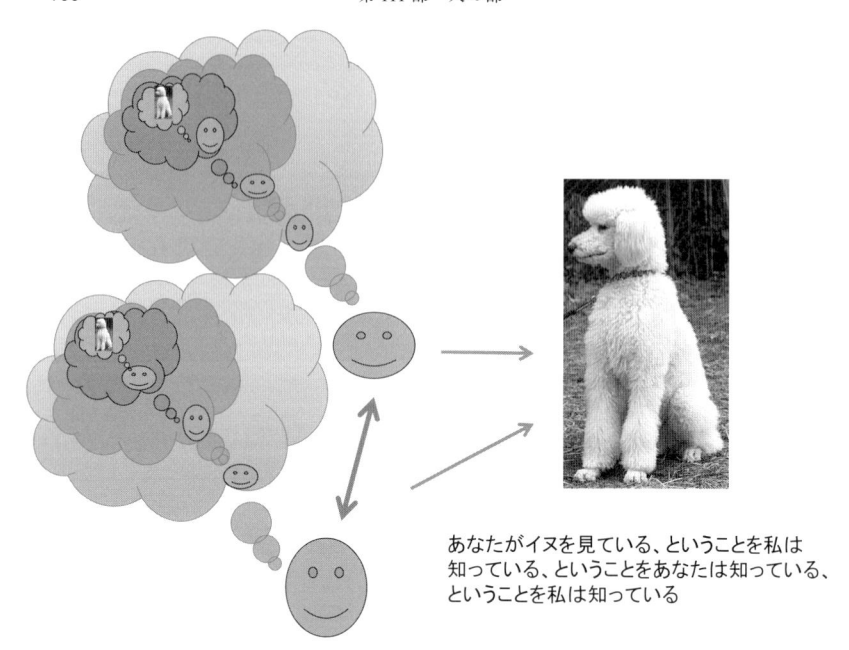

図 6–5　3 項関係の理解と心的表象の共有

あなたがイヌを見ている、ということを私は知っている、ということをあなたは知っている、ということを私は知っている

　お母さんは，赤ちゃんの目を見て，指さしの方向を見て，「そうね，わんわんね」と言う．それに答えて，赤ちゃんがまた「わんわん」と言う．このきわめて単純なコミュニケーションの中には，ヒトの言語コミュニケーションの真髄が凝縮されている．このコミュニケーションが行われるには，赤ちゃんと母親との間に，3 項関係の理解と呼ばれるものが成り立っていなければならない．つまり，「赤ちゃん」が「イヌ」を見る，「お母さん」も「イヌ」を見る，そしてお互いの視線を共有することで，双方が「赤ちゃん」「お母さん」「イヌ」の 3 項の関係を理解しているのである（図 6–5）．

　このコミュニケーションを論理的に書けば，「私は，あなたがイヌを見ていることを知っている，ということをあなたは知っている，ということを私は知っている」となる．心の入れ子構造の理解である．

　もちろん，赤ちゃんも母親も，このような論理的な理解に基づいて会話しているわけではない．しかし，このようなコミュニケーションをして両者がうなずくという行為は，論理的にはこのように書けるものなのである．そし

て，こうして世界に関する認識を共有してうなずくことは，誰にとっても心地よいことであり，ヒトは，赤ん坊の頃からそれを欲するのである．

　チンパンジーに言語を教える実験は，1930年代から連綿と行われてきた．そのすべてをメタ分析した S. ピンカーによると，チンパンジーは，強度な訓練の結果，300語以上の単語を覚えるが，彼らが自分から発する発話のほとんどは要求である．彼らは，「この花はピンク」，「これ固い」，「あ，○○ちゃんだ」といった，世界の描写を発話することはほとんどない (Pinker, 1995)．しかし，先に示した例のように，ヒトの子どもは要求を示すために発話するだけではなく，自分が見た世界を描写し，他者が同じ心象を持っていることを確かめる努力をする．そして，そうやってうなずくことが確かに快なのである．この出発点があるからこそ，その後の複雑な計画や目的の共有へと発展していけるのだ．

　先に記述したヘアらによる実験で示されるように，チンパンジーは，「私はあなたが○○を見ていることを知っている」ということまではできる．しかし，そのあとでさらに入れ子状に深め，「…ということをあなたは知っている，ということを私は知っている」まで行かないと，心の状態の共有ができない．心の状態の共有があれば，意図が共有でき，共通の目的のために共同作業ができるようになる．これは，大いなる進歩である．

　言語は，抽象的な概念や，今目の前にない事柄について伝達する非常に優れたコミュニケーションのシステムである．言語によって可能になった，抽象性，一般性などの表現は重要ではあるが，そんなことのずっと前に，心的表象の共有がなければ，言語はその威力を発揮できないだろう．これが可能になるには，チンパンジーとの共通祖先の脳の状態に，どんなことが付け加わったのだろうか？　自己の認識は，その重要な鍵であろう．このあたりに関する今後の研究に期待したい．

ヒトがヒトになった環境（艱難汝を珠にす，とは限らないが）

　それでは，改めて，人類が進化してきた環境を地球規模で振り返ってみよう．600万年前，アフリカに住んでいた類人猿の中に，直立二足歩行する種

が出現した．その頃，地球は徐々に寒冷化に向かいはじめていた．当時の類人猿はすべて，熱帯降雨林に住んでいたので，最初期の人類である，サヘラントロプスやオロリンといった種類も，熱帯降雨林に住んでいた．しかし，それ以降，アルディピテクス属，アウストラロピテクス属などは，熱帯降雨林を離れて平原をも利用しはじめた．そして，ホモ属は，完全に森林を捨ててサバンナに進出したと考えられる．

その先，振り返れば，ホモ属の歴史は激動の歴史である．およそ250万年前から，気候の変動と寒冷化はどんどん顕著になるが，その頃が，まさにホモ属の出現の時期だ．そして，古代型サピエンスが出現する50万年前頃からは，地球の平均気温がこれまでにないほどの頻度で激変するようになる．いわゆる，氷河期と間氷期のサイクルである．私たちホモ・サピエンスは，そのような中で20万年前にアフリカで出現した．

さらに，7万年前頃から，サピエンスはアフリカを出て全世界に拡散した．ギュンツ，ミンデル，リス，ビュルムの4回の氷期を経験する中で，前人未到の地へと拡散したのだ．このような地球規模での環境激変の時期に，住み慣れたアフリカの地を離れて世界中に拡散していくとは，動物として信じがたいことだ．いつ絶滅してもおかしくなかった状況ではないだろうか？　それが絶滅せずに発展するには，ここで述べたような協力的な知能の獲得が，究極的な鍵の役割を果たしたに違いないと考える．

石器などの道具を製作するうえでの，物理的な因果関係に関する知能や，「今，ここ」を離れてのメタ的な思考も，サピエンスの進化にとって非常に重要な役割を果たしたに違いない．本章では，しかし，心の共有という社会的な知能の側面に焦点を当て，それがヒトの言語コミュニケーションというシステムの根源にあることを強調した．それが，人類の経てきた過酷な環境への適応に非常に大きな役割を果たしたであろう．進化に計画はなく，先を見越して行われたことは何もないので，これは結果論である．この過酷な状況に人類が対処できなければ，今は何も残っていなかっただろう．しかし，何とか対処できた集団がいたからこそ，今の私たちはここにいるのである．

筆者のオススメ

クリス・ストリンガー，ピーター・アンドリュース／馬場悠男・道方しのぶ訳『ビジュアル版　人類進化大全――進化の実像と発掘・分析のすべて』悠書館，2008年．
　豊富な写真資料を集め，古人類学の研究の方法と現場を，迫力をもって伝える名著．著者の二人は世界的に著名な古人類学者で，人類の進化の道筋をていねいに解説している．

ブライアン・フェイガン編著／藤原多伽夫訳『ビジュアル版　氷河時代――地球冷却のシステムと，ヒトと動物の物語』悠書館，2011年．
　これも，非常に豊富な写真資料に基づいて，氷河期とはどんな時代だったのかを多面的に描き出している．氷河期の地質学，地球史と，氷河期を生き延びた人類や動物の進化史の双方の点で大変興味深い．

マイケル・トマセロ／大堀壽夫・中澤恒子・西村義樹・本多啓訳『シリーズ認知と文化4　心とことばの起源を探る』勁草書房，2006年．
　チンパンジーの知能について長らく研究を続けてきた認知心理学者が，ヒトがヒトとなった基盤となる認知能力について考察している，興味深い著書．言語を生み出す基盤になっている能力は何か，そこから言語と文化が生まれ，それがヒトの認知をさらにどのように発展させたかを論じる．

引用文献

海部陽介「フローレス原人 Homo floresiensis の謎」『生物科学』**65**: 205–214，2014 年．
小田亮『利他学』新潮選書，2011 年．
斎藤成也ほか『ヒトの進化』（シリーズ進化学 5）岩波書店，2006 年．
Byrne, R. and A. Whiten, *Machiavellian Intelligence: Social Expertise and the Evolution of Intellect in Monkeys, Apes, and Humans*, Oxford University Press, 1989.（藤田和生・山下博志・友永雅己訳『マキャベリ的知性と心の理論の進化論』ナカニシヤ出版，2004 年）
Dumbar, R. I. M., *Grooming, Gossip, and the Evolution of Language*, Harvard University Press, 1996.（松浦俊輔・服部清美訳『言葉の起源――猿の毛づくろい，人のゴシップ』青土社，1998 年）
Hare, B., J. Call, and M. Tomasello, "Do chimpanzees know what conspecifics know?". *Animal Behavior*, **61**: 139–151, 2001.
Pinker, S., *The Language Instinct: The New Science of Language and Mind*, Penguin, 1995.（椋田直子訳『言語を生み出す本能』NHK ブックス，1995 年）
Yamamoto, S., T. Humle and M. Tanaka, "Chimpanzees help each other upon request". PLoS ONE; doi: 10.1371/journal.Pone.0007416, 2009.

第7章

世界の家畜飼養の起源
ブタ遊牧からの視点

池谷和信

人類はどのようにして家畜を飼いはじめたのか？

　人類は，地球上に生存する多数の野生動物の家畜化に挑戦してきたが，これまでにほんのひとにぎりの動物を家畜化してきたにすぎない（図7-1）．動物によって家畜化の程度には違いが見られるものの，それらには，ウシ，ウマ，ブタ，ニワトリ，ヤギ，ヒツジ，イヌ，トナカイ，ラクダ，リャマ，アルパカ，スイギュウ，ヤク，ロバ，クイ，ミツバチ，カイコなどが挙げられる（加茂，1973）．現在，南米のペッカリーやアフリカのエランドなどは，肉

●池谷和信（いけや・かずのぶ）　総合研究大学院大学文化科学研究科教授・国立民族学博物館民族文化研究部教授
静岡県生まれ．東北大学理学部地球科学系卒業，東北大学大学院理学研究科博士課程単位取得退学．北海道大学文学部附属北方文化研究施設助手，国立民族学博物館助手・助教授を経て，現職．博士（理学）．専門は環境人類学，人文地理学，生き物文化誌学，地球学．熱帯の狩猟採集文化・家畜飼育文化の変容に関する比較研究，地球環境史の構築に関する研究を行っている．

★池谷先生のおもな著作
『山菜採りの社会誌——資源利用とテリトリー』（東北大学出版会，2003年）
『現代の牧畜民——乾燥地域の暮らし』（古今書院，2006年）
『ヒトと動物の関係学4　野生と環境』（共編，岩波書店，2008年）
『地球環境史からの問い——ヒトと自然の共生とは何か』（編著，岩波書店，2009年）
『ネイチャー・アンド・ソサエティ研究2　生き物文化の地理学』（編，海青社，2013年）
など多数．

図 7-1 収穫後の水田での放牧風景(筆者撮影,以下本章中同じ)

や皮の利用があるので家畜化の試みがなされているが,現時点においてそれは成功していない[1].

　人類は,どうして家畜化を行ったのだろうか.この問題についても,これまで数多くの説が見られる.現代の価値からすると,肉や乳や皮や毛の利用のような経済的理由がもっとも説得力を持つ要因であるかもしれない.ただ,家畜化を始めた頃の人々と家畜との関わりは,経済的な側面のみに限らないであろう.何らかの儀礼の際に必要な資源として,たとえばニワトリの場合には,肉の量が少ないこともあって時を告げる鳴き声や闘鶏に注目して家畜化が生じた可能性は十分にある.

　これまで,人類学における家畜の研究では,「牧畜的家畜」と「非牧畜的家畜」とに家畜を 2 分することで牧畜の起源に関する議論がなされてきた(梅棹,1976).前者としては,牧夫の有無は見られるが放牧によって飼養できるヤギ,ヒツジ,ウシなどが挙げられる.後者としては,ブタやニワトリなど

---

1) ペッカリーは,中南米に広く生息するイノシシに似た動物である.クビワとクチジロの 2 つの種類がよく知られている.これらの皮は,ドイツやイタリアに輸出されて,そこでは最高級の手袋として加工・販売されている.またエランドは,ウシ科の動物でレイヨウの中では最も大きな体をしている.

第7章　世界の家畜飼養の起源　　　107

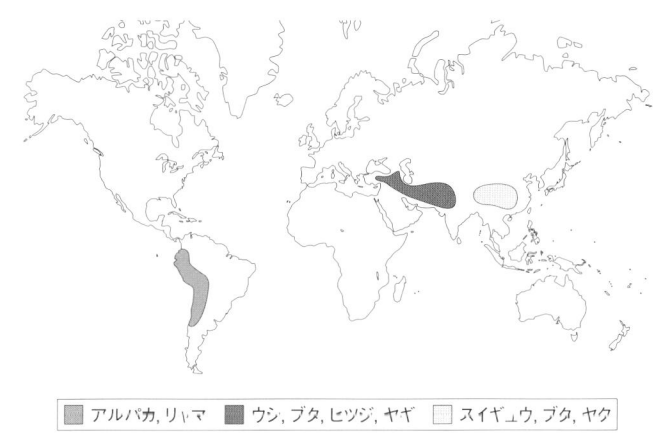

■ アルパカ, リャマ　■ ウシ, ブタ, ヒツジ, ヤギ　□ スイギュウ, ブタ, ヤク

図7-2　世界の家畜化に関わる三大センター（Bruford *et al.*, 2003）
ブタは，西アジアと東南アジアの大陸部の2カ所で家畜化されている．

が知られている．しかしながら，次節で詳述するように，ブタの場合は，梅棹忠夫の分類に当てはまらない部分が見られる．遊牧では，ブタを除く，ヒツジ，ウシ，ウマ，ラクダなど，いずれも群居性の家畜が対象とされる．しかし，ユーラシア大陸においては，居住地を移動しながらブタの群れを放牧する遊牧が認められる．

　さて，人類は，どのようにして野生動物の個体や群れを人に近付け，馴化して生殖を管理するまでに至ったのであろうか．これまで，人類学では，家畜の群れに追随する形で遊牧が生まれたとする考え方がよく知られている（今西，1995，松井，1989）．その一方で考古学では，農耕をはじめた定住集落において，個体の人づけのような過程を経て家畜飼養がはじまったとされる（本郷，2008）．また，家畜化が行われたとされる中心的な場所として，西アジアのイラクからトルコにかけての地域，東南アジアの大陸部，アンデス高地という3カ所のセンターが世界にはあったとされる（図7-2）．

　西アジアは，人類が最初に家畜化を行った場所である．約1万年前にヤギやヒツジ，約9000年前にウシやブタが家畜になったとされる（表7-1）．それらについては，定住化した狩猟採集民が家畜化の担い手であると言われる（本郷，2008）．東南アジア大陸部は，西アジアの年代よりも遅く，約4000年前

表7-1 家畜化の年代，担い手，場所

年代	家畜	担い手	場所
2–3万年前	イヌ	狩猟採集民	ヨーロッパ
1万年前	ヤギ，ヒツジ	狩猟採集農耕民	西アジア
9000年前	ウシ，ブタ	狩猟採集農耕民	西アジア
5–6000年前	ウマ	農耕牧畜民	ウクライナ
4–6000年前	ラクダ (ヒトコブ)	農耕牧畜民	アラビア半島
5000年前	リャマ，アルパカ	農耕民	アンデス高地
4000年前	ブタ，ニワトリ	農耕民	東南アジア大陸部
3000年前	トナカイ	牧畜民	南シベリア

筆者作成．

にブタやニワトリ[2]（表7-1），この他にもスイギュウやヤクなどが家畜化されてきた．中でもニワトリは，家禽化されたあとに世界の隅々に至るまで広まった動物である点で他の家畜とは大きく異なっている（池谷，2014）．アンデス高地では，約5000年前に家畜化が行われたとされる（表7-1）．リャマやアルパカなどのラクダ科動物に加えて，世界で唯一家畜化されたネズミであるクイ（ギニアピッグ）が知られている（稲村，1995）．

　ここでは，家畜とはその生殖が人の管理のもとにある動物であると定義する（野澤・西田，1981）．しかし，コウノトリやトキ，そして動物園のゾウやキリンは，生殖が管理されているがこれには当てはまらない．このため，家畜とは生殖の管理とともに，人間社会のシステムにおいて役割を果たしている動物である点を加える（秋篠宮，2008）．また，家畜化とは，動物が人の管理下に置かれ，この管理がときとともに強化されていく文化的過程と，その結果としての動物側の進化的変遷過程を意味する（野澤・西田，1981）．

　本章では，ユーラシア大陸の東西の2つの地域で家畜化が生じたとされるブタに焦点を当て，ブタ飼養をめぐる2つの形態の記述から，ブタが人の管理下でどのように人と関わるのか，その文化的過程を記述する．筆者は，これまでまったく知られてはいなかった[3]，遊牧ブタと人との相互関係に焦点

---

2) ニワトリの家禽化の年代を8000年前とする論文があるが（West and Zhou, 1988），その内容については疑問が出されている（Yuan, 2010）．中国では，家畜化は約4000年前，インダスで約4500年前というのが妥当であろう．
3) ブタと人との歴史的な研究では，Umberto et al., 2007による学際的な論文集が，英語圏における世界的な研究の到達点の1つを示すが，ここではブタ遊牧の記載がまったく見られない．また，ブタと人との人類学的研究では，大林（1995），Rappaport (1968)，Nakai (2009) などが挙げられる．

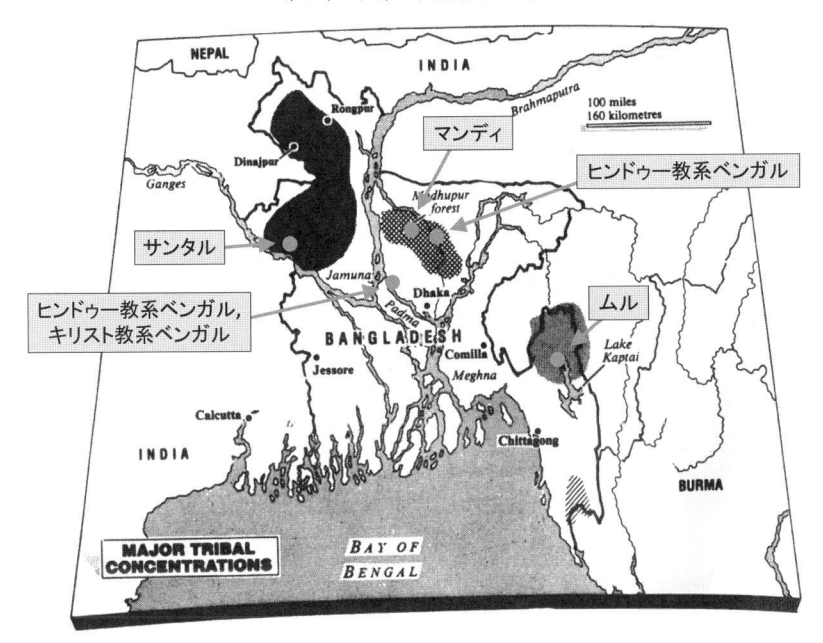

図 7-3 バングラデシュ内の調査地

を当てた現地調査から得られた資料をもとに，民族考古学・生態人類学の視点からブタ飼養のはじまりの過程を考察する．おもな調査地は，バングラデシュの中心部に広がるベンガルデルタである（図7-3）．

ブタは，野生のイノシシが家畜化された動物である．世界のイノシシには，アジアイノシシ（*Sus scrofa*）[4]，イボイノシシ，カワイノシシ，ヒゲイノシシなどが知られる．これまでの遺伝学の研究によって，現在のブタの祖先はアジアイノシシであると言われる．同時に，ブタは，現在においても野生種であるイノシシと家畜種とを同時に見ることのできる数少ない家畜である．また，イノシシとブタとの間に交配がなされ，イノブタが生まれている．なお，ブタ以外の家畜としては，野生と家畜の両種が共存するのは，東南アジアおよび南アジアにおけるニワトリ（赤色野鶏）と，旧大陸の極北におけるトナカイぐらいであろう．これらもまた，野生種と家畜種が交配するものとして知

---

[4] ニホンイノシシは，アジアイノシシの亜種とされる．しかし，ニホンイノシシの幼獣を飼育する試みは見られるが，家畜化には至っていないのが現状である．

られている（秋篠宮，2000，2008）．

ブタの群れを管理する遊牧

　これまで遊牧というと，モンゴル高原やアラビア半島など，旧大陸の中で農耕には適さない乾燥地域に広く見られる生活様式として知られてきた（池谷，2006）．つまり，モンスーンアジアのように，農耕に適する湿潤地域での遊牧は，これまでまったく報告されてはいない．ブタの遊牧が，どうしてバングラデシュのような熱帯アジアの湿潤地域に展開して，しかも人口密度の高いベンガルデルタにおいて見られるのであろうか．この地域には，どのような野生植物などの餌資源が存在するのか，またブタの遊牧はその餌資源の分布と密接に関わるのであろうか．ここでは，ブタ群の移動の形態や群れの管理技術を紹介する．

デルタ内の群れの移動

　ベンガルデルタは，チベット高原やヒマラヤ山脈を源流としてベンガル湾に流れるガンジス川やブラマプトラ川（ジャムナ川）の下流部に位置する．ここでは，これらの河川の自然の氾濫によって，雨季と乾季で水面の広がる地域が大きく異なる．年によってその氾濫の状況は異なるが，雨季には川が氾濫することで陸地は狭くなる．また，その氾濫の時期が地域によって異なる．対象地域は，ブラマプトラ川の支流の大小の川が数多く見られる地域である．

　ベンガルデルタは，大きく見ると平坦地ではあるが，細かく見ると1m単位での段差が存在する．この結果，雨季が終了したあとの水の引き方が微地形に応じて微妙に異なってくる．ブラマプトラ川の流域の場合，自然堤防上に集落が立地して，その背後の低地が氾濫によって水がたまりやすく浮稲などの水田耕作が行われるが，そこよりは標高がわずかに高くなる微高地がブタの放牧地として重要になってくる．さらに，人口密度が高く農業のさかんなベンガルデルタにおいては，ブタが放牧されるための専用の土地はほとんどない．そのため，収穫後の農地や道路沿いの道路と農地との隙間などの未利用地が放牧地としてくまなく利用される．

図7-4 ユーラシアでもっとも原始的な形と言われるブタ（「イノシシ型」）

バングラデシュのブタは，全身が黒色の家畜豚（*Sus scrofa domesticus*）の一種である（図7-4）．形態を見ると，全体がスマートな体型をしていて鼻が前に出ておりイノシシによく似ているほか，頭の上から背中に伸びる長いたてがみが特徴的である．また，年齢に応じて大きさは異なるが，体高は 48.8–52.83 cm を示す（黒澤ほか，1988）．動物遺伝学の専門家によると，このブタは「イノシシ型」と呼ばれ，ユーラシア大陸で現在見られる在来ブタとしてはもっとも原始的なタイプであるとされる（Kurosawa, 1995）．

さて，ブタの遊牧の基本となるブタの群れの移動は，どのようなものであろうか．その移動には，何が要因としてきいているのであろうか．筆者が，直接に参与したある特定のブタ群の移動の状況を示しておこう[5]．それは，2009年4月26日から5月2日までの期間である．その際に，その群れは，35頭の母ブタと182頭の子ブタから構成されていた．しかも，子ブタの年齢はほとんどが 1.5 カ月であった．

毎日，ブタの群れは移動する（図7-5）．1日当たりの距離は，およそ 5 km にも及ぶ．わずか 1.5 カ月の子ブタも，1日当たり 5 km を自力で歩ける．筆

---

[5] ブタ遊牧の担い手には，イスラーム教徒はいない．ベンガル系のヒンドゥー教徒である低カーストの人や，キリスト教徒がほとんどである．一部には，サンタルのようなマイノリティの人々も含まれている．

図 7-5　橋の下での放牧風景

者の観察によると，この5日間において大きな橋の下の河原や幹線道路に近接する場所がキャンプ地・放牧地として選ばれていた．また，イスラーム教徒が大多数を占める都市の中心部の道路を突っ切ることもあったが，脱落した個体はいなかった．その際，道路には大型のトラックやバスが走り，子ブタが道路の中央部に進む際には牧夫がそれを制止していた．しかし，道路沿いにいた人々の中では，ブタの発するにおいのためか布で口をふさぐ人々がいた．

　ブタは，群れの移動と採食のための一時的滞在とを繰り返している．また，イスラーム教徒の人々がブタを追い払うことによって，そういう場所では採食時間が3分間と他と比べて短くなっているのであるが，それ以外は1カ所当たり約8-11分の間採食をしていた (池谷, 2008)．さらに，わずか合計で2時間弱の中に母ブタによる子ブタへの授乳の時間が4回にわたり見られた．この授乳活動は，牧夫がそれぞれの子ブタを誘導するのではなく，子ブタの方が母ブタに積極的に働きかけてブタ群の中で自主的に開始される行動である．

　これらは，ブタ遊牧の一事例ではあるが，ブタの餌になる資源を追い求め

ながら，移動と採食を繰り返す形は一般的なものである．ただ，場所によっては，1カ月近くも本拠地を変えずにブタの放牧がなされることもある．

自然資源の利用
(1) 多様な餌資源

それでは，どのような資源がブタの餌になっているのであろうか．季節に限定されて利用できる餌資源と年中にわたり利用できる餌資源とがある．

「ゲチュ」と「シャリック」と「コステリ（ホテイアオイ）」が季節限定型の野生植物であり，「コチュ」と「バタリ」は1年を通して利用できる．この他には，収穫後の水田に見られる稲の籾のついた米粒が乾季の間に利用される．さらに，ミミズや昆虫が不定期ではあるが餌となっている．

「ゲチュ」は，耕起が終了した畑地に見られる植物である．長さ10cm余りの緑の細長い草に根茎部がついている．これは，その土地の農民にとっては雑草であるとマイナスの評価がされている．ブタは，その根茎部を採食する．同様に「シャリック」も，収穫後の畑地に見られる植物である．地下には，細長い根茎が発達している．これもまた，ブタが土壌表面を掘り起こすことで採食することになる．「コステリ」は，収穫後の水田の中で，しかも水が残っている水生環境において自生する．このため，この植物の場合には利用できる時期がかなり限定されていて，葉の部分を採食するのみである．

餌資源の中でもっとも重要なものは，その分布の広さから「コチュ（野生タロ，サトイモ）」である（図7-6）．これは，ベンガルデルタのあちらこちらに自生する．稲穂の伸びた水田の畦の部分，道路沿いに細長く広がる未利用地，農村集落の中の池の周囲など，その分布の範囲は広い．しかも，この植物の場合，根茎部がとくに重要である．根茎部の他にストロン（匍匐枝）があり，これが地面に平行に，地下で伸びている．ブタは，ストロン以外の大部分を食用にしているが，地上部の葉の部分よりも根茎部を好むと言われる．牧夫に聞くと，水面に広がる「コステリ（ホテイアオイ）」という水草の葉よりは野生タロの根茎部を好むという．なお，このストロンから2，3カ月後に再びタロの根茎部が成長していくのだという．最後の「バタリ」も，根茎部が利用される．これは，野生タロのようにどこにでも生息しているものでは

図7–6 野生のタロを採食するブタ

なく,水田やジュート畑の収穫後の農地に見られる植物である.

　遊牧されるブタの大部分の餌資源が,ベンガルデルタに生息する野生植物である.同時に,これらの植物の分布や密度などの生息状況には農業などの人間活動の影響が存在する可能性が高い.牧夫は,農民が雑草として評価している植物を,ブタを媒介として有効にくまなく利用している.

(2)　多様な放牧地

　調査地には,ブタ飼育者が独自に利用できる放牧地は存在しない.ブタ群は,ほかの農民の私有地や国の所有地を放牧に利用する.

　まず,もっとも広範囲に利用される放牧地は農地である.農地には,水田と畑地の2つが存在するが,両者とも収穫後において放牧地として利用される.ここで,ベンガルデルタの水田には多様な形が存在することにふれてお

こう．まず，アマンのような品種が雨季の間に浮稲として一面に栽培される水田である．また，乾季には灌漑用の水を必要とする水田も存在する．水田で田植えをしている時に，その隣接地域では収穫後の畑地にブタの群れが放牧されている光景に出くわすこともある．

次の放牧地は，国によって所有される未利用地である．これは，乾季の間に干上がった川沿いの土地であったり，高台に作られている道路の端につながる斜面，池の周辺であったりする．筆者は直接確認をしたわけではないが，国によって管理されているサラソウジュ（「ゴザリー」）の樹木からなる森も放牧地として利用されることがあるという．ブタは，森林内の土を掘ることで植物の根の部分を食用にすることができる．

最後は，都市周辺の幹線道路沿いにある大規模なゴミ捨て場である．ここで放牧されるのは販売直前のブタであることが多い．ただし，ときには数カ月にわたり一部のブタ飼育者が利用することがある．ここには，捨てられた野菜や果実など，多くの生ゴミが残されているのみならず，毎日，新たな廃棄物が供給されている．この点から見ると，もっとも安定した資源を供給できる放牧地であると評価できる．しかし，その資源の管理に当たっては地元の行政の働きかけを無視することはできない．筆者が定点観測をしていたゴミ捨て場では，ブタインフルエンザの影響を受けて2009年にゴミ捨てが禁止されたことで，牧夫にとっては放牧地を失う結果がもたらされた．

このように放牧の際には，人々はブタ群が独占できる土地の利用権を持っているわけではない．ブタは，収穫後の水田に落ちた籾殻や畑の野草の地下部などを餌とする．しかし，農地の持ち主の多くはブタを汚れた動物と考えるイスラーム教徒の人々であるので，群れに随伴している牧夫はブタが立ち入らないように細やかに見ている．イスラーム教徒の人々はブタを快く受け入れていないことも多く，近くにいた人々にブタとともにあっちへ行けと言われる場面に出くわすこともあるが，これまで農民との間での放牧地をめぐるトラブルはあまり多くはないようだ．

群れの管理技術

牧夫は，どのような方法でブタの群れを管理しているのであろうか．筆者

図 7–7　牧夫とともに群れの移動

がブタの群れに追随して観察したところでは，ブタの群れの動きに牧夫がついていくのか，牧夫がつねにブタの移動を促しているのか区別が困難である場合が多い．ブタ遊牧の集団は，1つの群れに対して 3–4 人の男性の牧夫から構成されるのが普通である（図 7–7）．この他に，それらの集団の後方に少し遅れて野営用のテントの骨組みを運搬する人が必要である．彼は，炊事用の鍋や皿や食器なども持参していて，その重さは 10 kg を超える．日によって異なるが，彼らは 1 日に少なくとも 5 km は移動する．

　牧夫は，道路沿いの水田の土手でブタを放牧させたり，道路から遠く離れたところでキャンプをしたり，自然の状況や人の状況を考慮してブタとともに移動する．バングラデシュでは，アジアモンスーンの影響を受けて 6 月頃から雨の多い雨季となるのが普通である．雨季はブタ飼育者にとって，もっとも試練の時期である．各地の川が氾濫して水面が広がるので地表面が狭くなり，ブタの餌資源が不足しがちである．

　ブタ飼育者は，河川敷や道路近くの未利用地において，自然の地形を考慮して野営する．家財道具を運ぶ人が，毎日の食事を作ることになる．テントの設営は簡単で，数メートルの長さの竹の棒でテントの軸を作り，それをドーム状に固定してからビニールシートをかぶせるだけのものである．下にもシー

トが置かれる．食事は，1日に朝と夜の2食が基本で，自らが料理したチャパティやライスが中心になるが，近くで購入した野菜や魚の入ったカレーが添えられる．飼育しているブタを屠殺して，その肉を食べることはほとんど見かけない．

ブタの群れをじっくり見ていると，放牧中や授乳中，出産直後などに，ブタと牧夫との間の関わり合いを見ることができる．放牧の際には，牧夫が追随していない場合，個体と個体との距離が大きくなり，一見，ばらばらに個体が広がっているように見える．おのおののブタが餌を求めて拡散するのである．しかし，牧夫がある声を発すると，個体間の距離は小さくなり群れは凝縮していく．この他にも，ブタに対するいくつかの牧夫の掛け声や呼びかけがある．「ヘレヘレ」と牧夫が発するとブタの群れは不思議に進んでいく．「ホーン」は止まれ，「ハイ・フーン」はこっちに来いを意味する．

その一方で，「大規模所有者」の場合，再生産を目的にした繁殖用の群れを除いて，ブタを7–8頭の群れに分けて飼育する．それぞれの群れは，1年中，餌となる野生植物を求めて牧夫とともに各地を分散して移動する．ここで，キャンプ地を拠点として分散飼育されている群れのブタの年齢や性別を見てみると，種オスと妊娠が期待されるメスの含まれる繁殖集団に加えて，雌雄の区別とは関係なく年齢に応じておのおのの群れが分けられているのがわかる．

まず，生後3–4カ月までの子ブタは，毎日，授乳が欠かせないために母ブタとともに放牧される（図7–8）．5カ月になると母ブタは別の群れに移籍させられ，子ブタのみが残される．その後，生後8カ月，10カ月，12カ月，14カ月のブタは，それぞれ別の群れで継続して飼育される．去勢は，一部のブタを除いて生後8–10カ月後に行われる．そして，約18カ月のブタは，上述したように都市近郊のゴミ捨て場での放牧を経て食肉用として販売されることになる．

一方，ブタの再生産を目的とする集団は，1–5歳の雌ブタと10カ月（訓練のため，種雄30頭のうち8頭を占める）から7歳までの種雄ブタから構成される．その構成比は，3：1を示す．また，群れの中で複数のブタが同時に妊娠するわけではないので，約半数が妊娠すると独立して新たな群が作られる．

図7–8　母ブタと子ブタ・授乳風景

ブタの妊娠期間は，約120日であるという．

このようにブタ所有者は，ブタの性別や年齢に応じて群れを分けて牧畜経営に従事しており，牧夫はブタに対する掛け声などを通して群れを管理する技術を持っている．中でも，絶えず移動しながら再生産を目的とした集団の群れが存在することには，家畜化されたばかりのブタの群れの管理ではなく，商業目的によってブタの群れを飼育する人々の経営戦略がよく表れている．

2つのブタ飼養はどうして生まれたのか？

もう1つのブタ飼養の形

これまで，バングラデシュのベンガルデルタにおけるブタ遊牧についてその詳細を記述してきたが，同国内で見た場合には，この飼養形態はどこまで空間的に広がっているのであろうか．筆者のおもな調査地は，国の中央部のタンガイル県，マイメンシン県，ダッカ周辺地域であった．その後，各地のブタ仲買人への聞き取り調査によって，現在，その分布図の作成を終えてはいないが，その広がりはベンガルデルタのほぼ全域に対応していると思われる．

では，ベンガルデルタ以外の地域でブタが飼育されているのであろうか．これまで，その実態の全貌を把握した資料はないものの，各地域の民族誌の

第 7 章　世界の家畜飼養の起源　　　119

図 7–9　マンディ（ガロ）族のブタ飼養

中に村単位でのブタ飼養の記述は見られる．たとえば，インドのアッサム州と国境を接するマイメンシン県には，チベット・ビルマ語系の言葉を話すマンディ（ガロ）の人々が暮らしている．彼らの多くはキリスト教徒であり，インドのアッサム州のメガラヤ地区にも暮らしているが，国境によって彼らの居住地が分断されてきた歴史を持つ．

　この地域において興味深いのは，週に一度，家畜市の 1 つとしてブタの売買に特化した定期市（ブタ市）が開かれている点である．この市場には，ベンガルデルタで飼育された遊牧ブタが供給されており，多くのマンディの人々が子ブタを購入するためにやってくる．これは，彼らが，そのブタを家の軒先にて飼育して，成長後に販売ないし利用する習慣を持つからである．ブタは，結婚式やクリスマスのような儀式に捧げるものとして利用されている．たとえば，ある村では，クリスマスの日に数頭のブタが同時にほふられる．その肉は，村人の間で食用にされる．また，ある村では，1 人の村人が所有するブタを自らほふって，その肉を村人に販売しているのを観察したことがあった．この場合は，ブタ肉が商品になっている例である．

　彼らのブタ飼育は，ブタの群れを単位とする遊牧ではなく個体ごとに管理する飼育形態になる．ある家では，1 頭ごとにブタは紐で樹木につながれて

図 7–10　ヒンドゥー系ベンガル人のブタ飼養

いる（図 7–9）．この方法は，その飼育頭数は 1–5 頭と異なるものの，別のマンディの場合も同様であった．また，ヒンドゥー教徒の村においても，低カースト・ヒンドゥーの女性が 1 頭のブタの世話をしているのを見ることができた（図 7–10）．

　このように，国内には，ブタ遊牧のみならず，屋敷内において個々のブタをつないで飼育するという，もう 1 つの飼育の形が広がっている．

飼養形態と民族移動史

　バングラデシュ国内において，群れ（遊牧）か個体（舎飼）かという 2 つのブタの飼養形態が認められた（図 7–11）．ベンガルデルタは遊牧地域であるが，北部のマンディ（ガロ）の地域のみならず南東部のチッタゴン丘陵に暮らすチャクマやムルなどの居住地域もまた個体でブタを飼養している．

　それでは，どうして，2 つの飼養形態が生まれたのであろうか．それには，各地域でのブタと人との関わりの歴史が関与していると思われる．筆者は，中でも民族移動の歴史を重視している（図 7–11）．まず，マンディやチャクマなどのチベット・ビルマ系の人々が，中国文化の影響を受けてブタ飼育に熱

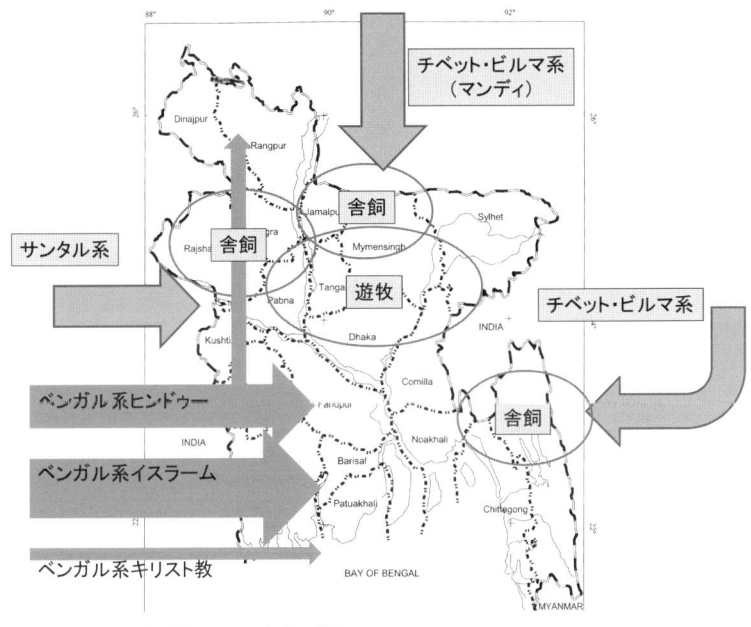

図 7-11 民族移動とブタの飼養形態（著者作成）

心であるということが共通して見られる．彼らは，チベット高原や中国南部の雲南省からインドのアッサム州やミャンマーを通過して，現在の地にやってきたという人々である．同様に，ベンガル系のヒンドゥーの人々は，イスラームが移動してくる以前の古い時代に，国の西側より移動してきたという．

以上の事実から，筆者はバングラデシュ国内の飼育形態の地域性は，以下のような民族移動の歴史と密接に関係していると考えている．ブタ遊牧の起源を求めると，4つの時代に分けて考えることができる．

まずは，この地域において仏教が拡散する時代である．これは，紀元前1000年のマンディの拡散などとも関係している．この時代には，どのようなブタが見られたのかはよくわからない．次に，約2500年前のヒンドゥーが拡散する時代である．この時代の遺物をランバイ県において見ることができた．それによると，石で作られた，鼻の突出したタイプのブタの頭部を見ることができる（図7-12参照）．当時，ブタは蔑視されていたのではなくて，崇

図 7–12　ヒンドゥーの拡散（約 2500 年前）以降に作られた彫像

拝されていた可能性が高い．しかし，このときのブタが個体単位か群れで飼育されていたのかの証拠は見られない[6]．

　次は，約 1000 年前のイスラーム教徒の拡散の時代である．この時代の特徴は，対象地域の人々がすべてモスレムになったのではなく，ヒンドゥー教徒が数多く残存した地域も見られた点である．これらの人々は現在でも存在するが，現在ではブタを個体で飼育している．これからすると，もともとは個体の飼い馴らしが存在して，そこから群れの飼い馴らしが生まれたと見なすことも可能である．最後は，16 世紀以降のキリスト教徒の拡散の時代である．彼らは，ブタ肉を食用にするので，地域におけるブタ肉の需要は高まったと推察される．

　このように，バングラデシュのベンガルデルタにおいて多様な民族の移動が認められる中，いつの時代にブタの群れが生まれたのか，それとも外部から導入されたのかはいまのところ明らかではない．しかし，イスラーム教徒の拡散の時代の以前からブタが飼育されていたということは言ってよいであ

---

6) ブタ遊牧の歴史を考える際に，ブタの群れの数の増大や 1 つの群れの中の頭数の増加には，近年における国内でのブタ肉需要の増大が関与していると推察される．しかし，小規模であっても，群れで飼育する伝統は古いものであると考えている．

ろう．同時に，イスラーム教徒の拡散によって外から新たな種が入ることが難しくなり，在来種のブタが温存されてきた可能性は高い．

イノシシの家畜化と「ピッグベルト」の形成

　本章は，イノシシからブタへの家畜化を考える際の，いくつかのヒントを提示している．イノシシの家畜化は，イノシシを対象にする狩猟（池谷・川野・秋道，2008），イノシシの飼い馴らし，そしてブタ飼育の順に変遷していく．この中で，ブタ飼育では，個々のブタの管理が基礎となり，ある段階からブタの遊牧が成立したと推察される．

　このブタ遊牧が成立するためには，3つの条件が必要とされる．まず，「群れの管理技術の開発」である．それには，ブタの群れを放牧する技術，雄ブタの去勢の技術，そして再生産のシステムの3つが確立される必要がある．

　第2に，「餌資源の開発」である．これには，1年中にわたって利用できる餌，および季節に応じて利用できる餌が必要とされる．中でも，先述したように，1年間当たりの餌では，野生のタロイモがもっとも重要であった．第3は，「放牧地システムの確立」である．ブタの群れのサイズによって異なるのであるが，雨季と乾季で異なるキャンプ地・放牧地は，ブタ群にとってどのように確保されるのかという問題を指摘できる．

　冒頭でも述べたように，他の家畜とは異なりブタの場合のみ，ユーラシア大陸の東西における2つのセンターにおいて家畜化が進行したと言われる．この場合，2つのセンターでの家畜化の過程は異なっていたであろうか．まず，東南アジアの大陸部では，個体の飼い馴らしからはじまったのではないかと推定される．これは，人づけでもある．現在，日本の宮崎県椎葉村，フィリピン，タイなどでイノシシの個体の飼い馴らしを見ることができる．しかし，この過程では捕獲された幼獣が生育の途上で死亡する場合も少なくないという問題点を挙げることができる．

　その一方で，西アジアにおける家畜化は，イノシシを群れごと管理するようになったという道筋の可能性はあるが，本来は個体の飼育が基本であったという可能性を否定することはできない．ただ，ブタ以外のウシ，ヤギ，ヒ

ツジは群れで飼育されるようになったことを考えると、ブタもまた当初から群れの形で放牧された可能性は高いのではないだろうか。現在、沖縄の本島において、リュウキュウイノシシの群れが果樹園に集まるようになったことが知られている（黒澤，2013）。この場合、個体ごとの飼い馴らしではなく、餌づけによって群れが同一の行動をするようになった。ここでは、今後、この群れにさらに人が介入することで、イノシシの生殖を管理するまでに至るのか否かに注目している。

また、ブタの場合、他の家畜と異なり、人々の廃棄物を利用してくれる点も見逃せないであろう。つまり、人の居住域と彼らの生息域がお互いに重なり合うことは自然である。その結果、他の家畜の祖先になる野生動物以上に、お互いが出会う機会は多かったと推測される。

最後に、西アジアのイラクからトルコの地域で家畜化されたブタは、どのように広がっていったのであろうか。あくまでも仮説の域を出るものではないが、家畜化されたブタのつくる道を「ピッグベルト」と筆者は仮定する。そして、筆者は、時期的に異なる4つの段階を設定する。

第1は、ブタも他の家畜同様に家畜化された時代である。第2は、イスラーム化による、西アジアにおけるブタと人との関係の消滅の時代である。第3は、イスラームの周辺部への拡大が進むが、ブタの飼養が残存した時代である。この時期に、バングラデシュでは、ヒンドゥー文化を維持している人も多く、イスラーム化によって外部から新たな外来種が導入されることなく、伝統的なブタ飼養が現在まで存続したことになる。最後は、肉の商品経済化の時代である。この時代には、ブタ肉の需要が伸びたことに伴い、ブタの群れの大きさを拡大していき、その群れの数をも増やす大規模所有者が誕生したことになる。

筆者は、バングラデシュ国内は、遊牧と舎飼という歴史の異なる2つの形態がモザイク状に分布する地域であることから、東西のブタの飼養の伝統が出会った場所として注目している。また、ブタ遊牧については、歴史的な形成に関して十分な証拠を見出すことは難しいが、西アジアの家畜化センターで群れとして飼育されたブタ飼育の伝統が、イスラームの拡大したあとにおいてもバングラデシュでは維持されてきたと考えている。今後、イスラーム

誕生以前のブタ・人関係の歴史を探るうえでも，この遊牧の事例は何らかの手がかりを与えてくれるものであろう．

著者のオススメ

在来家畜研究会編『アジアの在来家畜――家畜の起源と系統史』名古屋大学出版会，2009 年．

引用文献

秋篠宮文仁「鶏――家禽化のプロセス」秋篠宮文仁編『鶏と人』小学館，2000 年．
秋篠宮文仁「鶏の家禽化」秋篠宮文仁・西野嘉章編『鳥学大全』東京大学総合研究博物館，2008 年．
池谷和信『現代の牧畜民――乾燥地域の暮らし』古今書院，2006 年．
池谷和信「バングラデシュにおけるブタの遊牧について」『国立民族学博物館研究報告』36(4)：493–529，2008 年．
池谷和信「野鶏をいかに飼いならすか？――2012 年 8 月ベトナム農村調査」『家畜資源研究会』13：8–11，2014 年．
池谷和信・川野和昭・秋道智彌「多様な狩猟技術と変わりゆく狩猟文化」河野泰之編『モンスーンアジアの生態史 第 1 巻 生業の生態史』弘文堂，2008 年，125–143 頁．
稲村哲也『リャマとアルパカ――アンデスの先住民社会と牧畜文化』花伝社，1995 年．
今西錦司『遊牧論そのほか』平凡社，1995 年．
梅棹忠夫『狩猟と遊牧の世界――自然社会の進化』講談社，1976 年．
大林太良「東南アジアに於ける豚飼養の文化史的地位」『東洋文化研究所紀要』7：37–146，1955 年．
加茂儀一『家畜文化誌』法政大学出版局，1973 年．
黒澤弥悦「リュウキュウイノシシ（*Sus scrofa riukiuanus*）の飼育について――特に狩猟活動から飼育をとおして見た家畜化に関する考察」『在来家畜研究会報告』26：177–194，2013 年．
黒澤弥悦ほか「バングラデシュにおける在来豚の形態」『在来家畜研究会報告』12：135–145，1988 年．
野澤謙・西田隆雄『家畜と人間』出光書店，1981 年．
本郷一美「ドメスティケーションの考古学」『総研大ジャーナル』13：30–35，2008 年．
松井健『セミドメスティケーション――農耕と遊牧の起源再考』海鳴社，1989 年．
Bruford, M. W., D. G. Bradley, G. Luikart, "DNA markers reveal the complexity of livestock domestication". *Nature Reviews Genetics*, **4**(11): 900–910, 2003.
Bal, E., Y. Takami, J. Sangren, *Manderangni Jagring: Images of the Garos in Bangladesh*, Dhaka: UPL, 1999.
Kurosawa, Y., "The Phylogenetic Relationship and Differentiation of Wild and Domesticated pigs in Asia". *Animal Genetic Resources: Efficient Conservation and Effective Use*. Tsukuba, Japan: Ministry of Agriculture, Forestry and Fisheries, pp. 111–120, 1995.
Nakai, S., "Analysis of Pig Consumption by Smallholders in a Hillside Swidden Agriculture Society of Northern Thailand". *Human Ecology*, **37**(4): 501–511, 2009.

Rappaport, R. D., *Pigs for the Ancestors: Ritual in the Ecology of a New Guinea People*. New Haven: Yale University Press, 1968.

Umberto, A. *et al.*, *Pigs and Humans: 10,000 Years of Interaction*. Oxford and New York: Oxford University Press, 2007.

West, B. and B.-X. Zhou, "Did Chickens Go North? New Evidence for Domestication". *Journal of Archaeological Science*, **15**: 515–533, 1988.

Yuan, J. "Zooarchaeological study on the domestic animals in ancient China". *Quaternary Sci.*, **30**: 298–306, 2010.

第8章
古代アンデスにおける神殿の「はじまり」
モノをつくりモノに縛られる人々

関　雄二

古代文明と神殿

　今日のペルーとボリビアの一部の地域は，中央アンデス地帯と呼ばれ，インカに先立つこと数千年にわたる古代文化の興亡の舞台となってきた．南北約4000 kmもの範囲を影響下に収め，16世紀にスペインによって滅ぼされたインカ帝国を含む古代文化の総体を指してアンデス文明と呼ぶ．

　世界の他の古代文明と比較してアンデス文明に顕著な特徴として，文字が存在しなかったことがよく挙げられるが，一方で共通性も認められる．巨大

●関　雄二（せき・ゆうじ）　総合研究大学院大学文化科学研究科教授・国立民族学博物館研究戦略センター教授
1956年東京都生まれ．東京大学大学院社会学研究科博士課程中退，東京大学教養学部助手，東京大学総合研究資料館助手，天理大学国際文化学部助教授，国立民族学博物館研究戦略センター助教授を経て，2005年より現職．専門はアンデス考古学，文化人類学．南米ペルーにおいて神殿の発掘調査を行い，アンデス文明の成立と変容の解明に取り組むかたわら，文化遺産の保存と活用についての文化人類学的研究，ならびに地域住民と協働で実践的活動にも従事．

★関先生のおもな著作
『古代アンデス——権力の考古学』（京都大学学術出版会，2006年）
『アンデスの考古学』（改訂版，同成社，2010年）
『古代アンデス——神殿から始まる文明』（共著，朝日新聞出版，2010年）
『アンデスの文化遺産を活かす——考古学者と盗掘者の対話』（臨川書店，2014年）

なモニュメントの存在である．モニュメントには大型の住居や公共建造物，そして特別な目的を持った建造物が含まれ，とくに実用的機能をしのぐ規模と洗練さを特徴とする (Trigger, 1990)．古今東西の研究者は，この巨大建造物の調査を通して，古代文明の形成や特徴の解明に取り組む傾向が強く，古代アンデス文明にもこれは当てはまる．

本章では，古代アンデス文明の中でも初期にあたり，かつ巨大なモニュメントがはじめて出現する形成期 (前 3000–前 50 年頃) と呼ばれる社会を取り上げ，モニュメントとそれを造りあげた社会の形成過程を考古学的証拠に基づきながら考えていきたい．なお形成期のモニュメントはそのほとんどが祭祀的要素を持っているため，神殿と呼ばれることが多い．本章でも以下，神殿と呼ぶことにする．では形成期とはどういう時代なのだろうか．

形成期とは

中央アンデス地帯は，南北方向に延びるアンデス山脈によって特徴付けられ，その山脈をはさんで西側の太平洋沿岸部には乾燥した砂漠が広がり，東側にはアマゾン源流部にあたる広大な熱帯雨林が広がる．このうち，アンデス文明の諸文化は，主として山岳地帯と海岸地帯で展開した．

およそ 1 万年前頃に，人類は中央アンデス地帯に足を踏み入れ，採集狩猟の生活を送りはじめた．やがて植物栽培と動物飼育の長い実験段階を経て，紀元前 5000 年頃より海岸地帯で漁労に依存した定住化が起こる．さらに紀元前 3000 年頃には山岳地帯でも定住化が確立し，中央アンデス各地で大規模な神殿の造営がはじまる．この時代をアンデス考古学では文明が形成されはじめたという意味で形成期と呼ぶ．いわば神殿の建設やそこでの祭祀活動によって社会の統合が図られていた時代と言える．そのため研究者は，おもに神殿の出現のメカニズムや変貌の過程を追いながら，文明初期の社会の様相を解明してきた．今から 55 年前に発足した日本の調査団も例外ではない．

さて形成期の終焉は紀元前 50 年頃と考えられ，およそ 3000 年にも及ぶ長い時期であるため，細分されることが多い．ここでは日本調査団が近年提唱している編年を紹介しておく．

- 形成期早期（前 3000–前 1800 年）
- 形成期前期（前 1800–前 1200 年）
- 形成期中期（前 1200–前 800 年）
- 形成期後期（前 800–前 250 年）
- 形成期末期（前 250–前 50 年）

神殿の登場

　まずは形成期早期の神殿を見ておこう（図8-1）．山岳地域では，山間盆地に集落ばかりでなく，公共建造物が建設されはじめる．日本調査団がコトシュ遺跡で発見した「交差した手の神殿」がその代表例であり，その後に発見されるアンカシュ県のラ・ガルガーダ，ワリコト遺跡でも同様の建造物が築かれた（Izumi and Terada, 1972）．いずれも入念な造りの部屋が設けられている

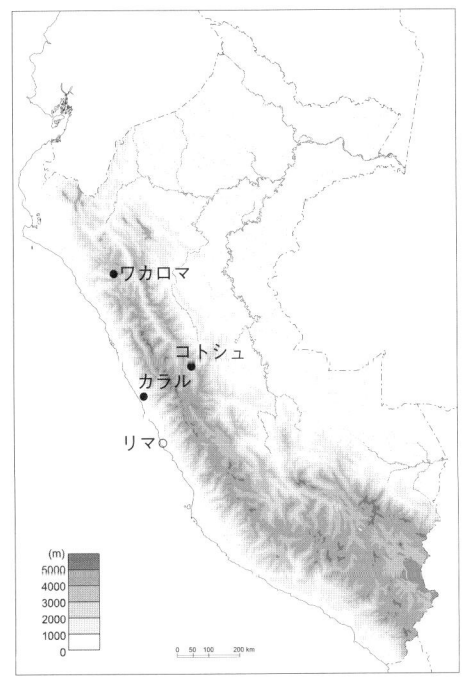

図8-1　文中に登場するアンデス形成期早期の遺跡

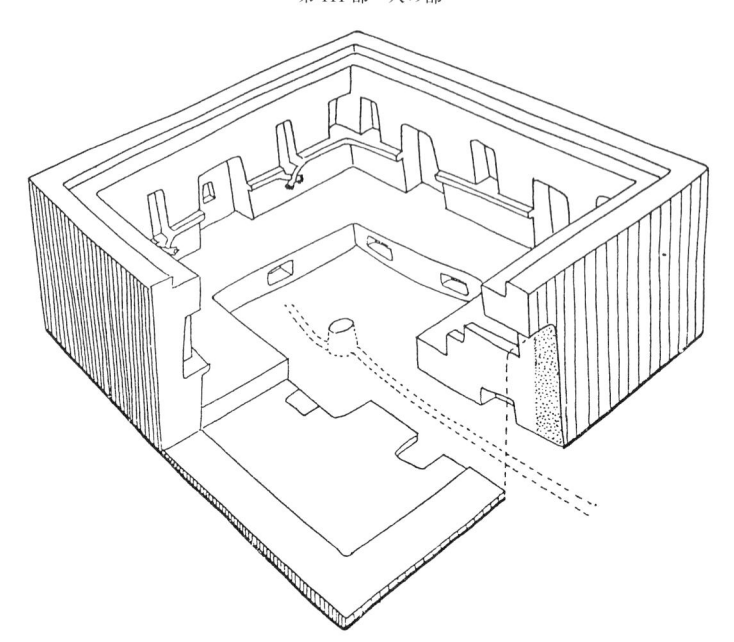

図 8–2 コトシュ遺跡の「交差した手の神殿」の構造（Izumi and Terada, 1972, Fig. 97 を一部改変）

点で共通性が認められる．その部屋は，大小の壁がん，段違いの床，部屋の中央に設けられた炉，地下式排気溝など，住居とは異なる特殊な特徴を備えており，この点から祭祀活動が行われた場所と特定された（図8–2）．その背後には類似した宗教観が存在したことは間違いなく，これをコトシュ宗教伝統の名でまとめた研究者もいる（Burger and Salazar, 1980）．なお，これらの遺跡からは，栽培植物や飼育化された食用モルモット（テンジクネズミ）が出土し，農耕と動物飼育がある程度確立していたことがわかる．

　山岳地帯でコトシュ宗教伝統が成立した頃，あるいはその少し前に，海岸でも大きな社会変化が起きた．植物学者の研究に従えば，アンデス原産の作物の多くはアマゾン源流部や山岳地帯起源であり，海岸への伝播とそこでの受容は遅れる．そのため海岸における形成期早期の社会変化の要因は，単純に農耕の成立だけに帰することはできない．逆に言えば，海岸が変化の舞台を提供した理由には，山岳地帯にはない要素が関連していたことになる．そ

第 8 章　古代アンデスにおける神殿の「はじまり」　　*131*

図 8-3　ペルー中央海岸カラル遺跡

れは海産物である．

　海産物については，これまで多くの考古学者が関心を寄せてきた．とくに 1970 年代後半には，海岸で認められる定住村落，そして神殿の成立年代が前 2000 年をさかのぼること，そして，その成立基盤に安定した海産物の利用があるという考え方が脚光を浴びるようになった (Moseley, 1975)．その後，しばらくの間は，形成期早期の神殿に対する関心は薄れるが，近年この時期の神殿に再度注目が集まりつつある．これはカラル遺跡の衝撃的な発見が報告されたからである．

　2009 年にユネスコの世界文化遺産に登録されたカラル遺跡は，ペルー中央海岸に位置する (Shady and Leyva, 2003)．海岸といっても，海岸線からは内陸に 25 km ほど入った海抜 350 m の河川沿いに位置する．全体で 66 ha の範囲に，30 以上の神殿が立ち並び，周囲に多数の住居も築かれた (図 8-3)．遺跡の南西側には，カラル最大の円形広場複合 (円形劇場) が見られ，ペリカンやコンドルの骨に彫刻を施した 22 本の笛が出土している．儀礼空間と見て間違いない．また北東側にある中央神殿は，自然の丘を利用し，高さは 20 m にも達する．その基部には直径 36.5 m の円形半地下式広場が隣接する．こうした建物は，イグサで編まれた目の粗い網袋に石を詰めたいわば土嚢のような

ものを積み上げて築かれた．

　カラルからはヒョウタン，インゲンマメ，ワタ，サツマイモ，トウガラシ，マメ科のパカエ，食用カンナ，果実のルクマなどが出土しているので，農業に従事していたことは確かだが，大量の魚貝類も出土するので，海産物への依存の方が大きかったのであろう．さらにはアマゾンやエクアドル地域からの移入品も発見され，長距離交易が行われていた可能性もある．この遺跡には前3000年から前2000年頃の年代が当てられている．

神殿の出現と社会の関係——唯物史観

　さてこうした神殿の出現はどのような社会を前提にしていたのだろうか．コトシュで「交差した手の神殿」が発見されたとき，その年代については調査団員の中でも議論が戦わされたという．1960年代は唯物史観がまだ強く，農耕定住，余剰生産物の発生などを経て神殿が築かれると考えられていた．土器も製作されていない時代に神殿など築かれるわけがないという風潮が強かったのである．公共建造物，いわゆる神殿は巨大であるから，投入されたエネルギーは大きかったに違いない，だからその前提には必ずや余剰生産物の増加があるという考えが当たり前であった (Abrams, 1989)．

　じつは現在でもこうした唯物史観は根強い人気がある．たとえば，先に挙げたカラル遺跡の調査責任者であるR. シャディは，大型建造物の計画的配置とそれに必要な労働力，神殿周辺に見られる住居の造りに差異が認められることを重視し，階層化が進んだ都市国家の存在を想定している．これだけ規模の大きな建築を残しているのだから，階層性が存在したとしてもおかしくないと考えているのである．そして遺跡から貝や魚が出土することから，社会を支えていた経済基盤を海産物に求めたのである．

　こうして山であろうが海岸であろうが，巨大な神殿は豊かな経済基盤があって可能になったと語られてきたのである．これに対して批判を加えたのは日本調査団であった．その理由を簡単に言えば，唯物史観では説明できないデータが次々と出てきたという点に尽きる．

発想の転換——神殿更新

　コトシュの神殿の発掘から40年経った1998年，日本調査団はそれまでの研究の成果を検証したうえで，神殿更新説という新たなモデルを提示した（加藤・関編，1998）．それまでの欧米の発掘調査は，日本の調査に比べて質が粗く，とくに建築についての情報がおざなりにされているところがあった．神殿の巨大さを論じる前に，その神殿がどのようにして巨大化したのかというプロセスに注目すべきであるというのが日本調査団の立場であった．

　たとえば，コトシュ遺跡の場合，神殿の古さもさることながら，それが改築，更新されるプロセスを見るとじつに興味深い．丁寧な造りの部屋は，大量の礫や土で一気に埋められ，その上にほぼ同じ造りの部屋が築かれているのである．日本調査団は1960年当時もこの現象には気づいており，神殿埋葬という表現で説明しようとした．しかし重要なのは葬り去るのではなく，それを土台にして同じ空間を造る更新過程にある．このことに気づいたのは，別の遺跡を掘ってからである．

　1979年より5期10年をかけて発掘したのがワカロマ遺跡である．この遺跡は，海抜2750m，ペルー北部高地のカハマルカ県，カハマルカ盆地底部に位置する．長期にわたっての利用が認められるが，巨大な神殿が築かれたのは後期ワカロマ期（前1000–前550年，形成期中期～後期）と呼ばれる時代である．この時期に130m×115mの巨大な基壇が登場し，幾何学文様やジャガー，ヘビ，猛禽類など動物の図像を伴う壁画が描かれ，土器が製作された．

　ところが，この大基壇はあくまで最終形であって，内部には，これより一回り小さい基壇構造が隠れていたのである．神殿更新があったことになり，この更新は少なくとも2回あったと考えている（図8-4）．しかも興味深いことには，内部の基壇に伴って出土する土器や壁画は，最終形の基壇に伴うものとまったく同じであったのだ．つまり，この神殿更新は，同じような建物を造り続けようという意図を掲げ，そして同じ世界観を保持した集団によって経験的に行われていたことがわかる．

　さらに日本調査団が注目したのが経済基盤であった．コトシュ遺跡でもそうだったが，まず倉庫のような余剰生産物を備蓄する遺構が出てこず，また

図 8-4 ワカロマ遺跡における神殿更新
右下より左上に走る石壁が最初の神殿．それを覆うように後代の神殿の壁が画面左に見える．（東京大学アンデス調査団提供）

出土する植物遺存体にもトウモロコシのようなのちに重要になる穀物は含まれていなかった．せいぜいマメ類が見つかる程度である．もちろん，アンデスは各種の根菜類が栽培化された場所であり，これらが湿潤な環境下では腐敗しやすいことを考えれば，遺存体の有無で栽培植物の重要性を語ることは危険である．とはいえ，アメリカ大陸の古代文明の生業基盤はトウモロコシ農耕と言われ続けてきたことを考えれば，この考古学的事実の意味は大きい．さらに食糧あるいは道具・装身具製作に利用された動物は野生動物ばかりであり，荷駄運搬，獣毛，食糧源として重要なラクダ科動物の飼育種が登場するのは，これより後の時期である．コトシュ遺跡よりも1000年も後に現れるワカロマでも状況は似たり寄ったりである．ここから得られる結論はただ1つ，神殿は余剰食糧を蓄えることなく築かれ続けたのである．

神殿更新と社会

ではどのように神殿は築かれたのであろうか．ここで見ておきたいのが墓である．たとえばワカロマ遺跡で発見される墓はすべて単純な土坑墓であり，

副葬品には差が認められない．このことから判断すれば，比較的均質な社会であって，強力なリーダーは出現していなかったと考えた方が理解しやすい．ならば，そうした社会でどのようにして大型の公共建造物を建設し，更新し続けることができたかが問題となる．

　日本調査団は，建築活動の基本に協同労働を見る．また建築と更新は，強力なリーダーシップの下で，短期間に実施されたと考えるよりも，社会の構成員の自主的活動として長期にわたってゆっくりとしたペースで行われたと考えた．規模の巨大さに目を奪われ，巨大なエネルギーの投下を想定するから，強力なリーダーシップの存在を前提にした議論となってしまう．そのような権力の存在が考古学的に証明できないのならば，脆弱なリーダーシップでも可能なことを考えるしかあるまい．第一，巨大と言われてきた建築そのものが少しずつ大きくなっていった可能性もある．こうして生まれたのが神殿更新説なのである．

　神殿更新説の考え方は，社会変化についても別の見方を促した．神殿が維持されるためには労働力を確保せねばならず，更新の度にこれが行われれば社会統合の契機となろうし，作業に携わる労働のコントロールを通じて，権力や階層化など社会の複雑化につながる．また協同労働の必要性は，食糧増産を後押ししたことも想定できる．すなわち，すべては従来の食糧増産に重きを置き，社会変化を解釈しようとする唯物史観とは逆の見方なのである．

神殿更新論のバージョンアップ——実践論的考察

　神殿更新論は，いわば目から鱗の文明史観であった．このモデルを提示してからすでに16年もたったが，私は今でもこのモデルの有効性は失われていないと考えている．しかしながら，この説を提示して以来，つねに気にかかってきたことがあった．それは，なぜ更新をしなければならなかったのかという点である．更新は立証できたとしてもその理由が理解できなかったのである．ようやく最近になって，ある理論でこのことが説明できることに気づいた．実践論である．

　ここで言う実践とは，社会の中で慣習的に行われている行為や活動を指す．

しかも実践は社会関係のネットワークで形成されてきた慣習によって強く支配され，その社会関係には権力が作用していることも前提となる．フランスの社会学者 P. ブルデューは，こうしたある特有な知覚と価値評価の傾向性がシステムとして形成されたものをハビトゥスと呼んでいる (ブルデュー, 1988)．ハビトゥスは，集団の中で，持続的，反復的かつ臨機応変に人々の実践と表象を生み出していく原理として捉えることができる．しかしハビトゥスにおける人間の営みは，決して受動的，機械的ではなく，状況に対応して新しい戦略をも生み出すとされた．

ブルデューと同様に，イギリスの社会学者 A. ギデンズも，人間の実践は，所与の構造に条件付けられ，反復的に現れるが，再帰的，自省的でもあると説いている (ギデンズ, 1986)．構造と行為は，どちらかがどちらかに一方的に作用するのではなく，相互依存的と考える立場である．考古学にこうした実践論，社会構造化論を持ち込めば，そうした実践と表象の原理ハビトゥスがどのようなものであるのかといった点を遺構や出土遺物の分析を通じて探り，それと社会変化との関係を分析することになる．では，この見方をどのように神殿更新説につなぐことができるのであろうか．

更新を促す力

コトシュやワカロマの事例は，更新それ自体が反復的な行為であり，神殿という性格からすれば儀礼的性格を帯びていた．ちょうど日本における伊勢神宮の遷宮のようなものである．定期的な更新を繰り返すことで，聖なるものを活性化させ，関係者の結束とアイデンティティを強化していく．残念ながら，イデオロギーの内容までは，文字のないアンデスでは知るよしもない．しかし，更新の反復的行為が世界観の確認と継続をもたらしたことは，先に述べた同一の構造と遺物が出土することで考古学的にも説明できる．

さらに筆者が注目する反復的行為は，モノの投げ捨てである．ワカロマの場合，最初の基壇建造物の完成後少なくとも 2 度にわたる更新が行われたことは先に述べた．じつは，その更新の度に，前の時期の神殿は破壊され，大量の土や礫，壁画，土器，骨器，獣骨，人骨が神殿の前面に投げ捨てられ，

第 8 章 古代アンデスにおける神殿の「はじまり」

それを土台に次の神殿が建設されているのである．その際，裏込め，すなわち土台部分に雑な造りの仕切壁が数本検出されている点がとくに注目される．壁によって区切られた空間には，質の異なる土や遺物が投げ込まれていた．以前の神殿更新論では，この作業に当たって，労働の割り当てのようなものが存在していた可能性を指摘し，肥大化する労働をコントロールする集団が出現しはじめた証拠としたが (関，2006)，本章のような実践論の立場に立つならば，別の説明が可能となる．

すなわち儀礼的な廃棄の「正しい」あり方を示す証拠と読み替えるのである．一見，無造作な投げ込みのように見える行為も，公共建造物の核となる壁画で彩られた部屋を破壊し，うち捨てていること，この行為が次なる祭祀空間を築く行為につながることなどから判断すると，廃棄自体に儀礼性を認めた方が納得しやすい．その意味で，裏込めに設けられた仕切り壁は，労働分業の証拠である点は否定できないが，その労働の意味は儀礼の脈絡で捉える必要があろう．

すなわち，聖なるモノは聖なる場所に捨てていかなくてはならないのである．神殿における儀礼空間を構成していた壁や床，そこに置かれ，持ち込まれていた儀礼用具は，どこに捨ててもよいようなものではなかったであろう．あるいは神殿を支えてきた人々の住居にあった聖なるモノが持ち込まれたのかもしれない．いずれにせよ，後期ワカロマの人々は，完成した公共建造物における儀礼を通じて社会を構築しているのみならず，廃棄という行為を通じても聖なるモノの見方，すなわち世界観やイデオロギーを更新し続けていたのである．私たちが神社仏閣で購入したお守りを家のゴミ箱に捨てることに抵抗を覚え，捨て場所を求めて神社仏閣へと戻り，新たなお守りを購入していく行為に近い．

神殿更新で更新されたのはイデオロギーだけではなかった．それに関連する技術も同様であった．たとえば，廃棄過程で，後期ワカロマ期の人々が知りえたものの1つに地上や地下の建築構造がある．いったん完成してしまった建築は，その内部構造を視認することはできないが，破壊することでそれは可能となる．壁を破壊すれば石積みから上塗りの技法までも確認することができる．破壊する建造物の建築に参加した人々がいるのであるならば，そ

の記憶が破壊と廃棄という行為で想起される．

　いずれにせよ，破壊と廃棄は，物質の性質や，それら物質を組み合わせてできあがる人造物に対する認知にもつながり，建造物の更新やそこでの儀礼など反復的な実践の基礎を提供することになったと考える．構成員が協同で規則的，形式的に正しい方法で破壊し，廃棄することが後期ワカロマ期の人々の社会を築き，変化させることにつながったのである．事実，後期ワカロマ期の建造物内部，あるいは地下に張り巡らされた排水路の石組みは精巧であり，当時，同種の灌漑水路が建設されていなかった点を考えれば，公共建造物における建設と更新こそが，水利などにおけるのちの技術革新につながったと考えてもおかしくはない．

神殿更新の行き着く先

　こうした反復的儀礼行為が神殿更新ならば，その先にはどのような事態が待ち受けているのであろうか．コトシュの場合は，同じ場所で神殿を埋めてはその上に同じ神殿を築いていることからすれば，当然建物は高くなっていく．ワカロマの場合は，壁の外側にさらに大きな壁を築いていくため，全体の容量は増し，水平方向に儀礼面積は拡大していく．ギデンズやブルデューが言う，反復性の中に起きる変化とはこのような事態を指すのであろう．同じことを繰り返しているつもりでも，その行為者の意図とは別にできあがった産物，物質が変化し，それが行為者の行為や世界観に変化をもたらすのである．

　同じようなことは米国の研究者も指摘している．中米ホンジュラスのマヤ文明の遺跡の発掘データを基にしたR. ジョイスの研究を最後に見ておこう（Joyce, 2004）．マヤのいわゆるピラミッド型神殿は，アンデス同様に一度に築かれたものではなく，何回かの改築や増築を重ねていることは，これまで多くの研究者が指摘してきた．ジョイスは，建築の重層関係，変貌を以下のように記述し，解釈した．

　前1100年頃，最初に築かれた基壇は，世帯を超えた規模の集会などに使用するために築かれ，使用された建築材は，住居に使用していたのと同じよ

うな土だけであった．こうした単純な造りからすれば，建設者は永続性や視認性を意図していたとは思えない．しかしひとたびこうした基壇が建設されると，集落内部において基壇へのアクセスや基壇の構造や活動に関わる知識の差を生み出し，また高さと容量の点で他の建築より目立つという視覚的効果を生み出した．

　社会的意味を持ちはじめた基壇は，それまでの一時的な存在から，恒常的，恒久的な存在へと変貌しはじめる．実際，ジョイスが調査したプエルト・エスコンディード遺跡では，前900年頃になると，石材や上塗りが施され耐久性が意識された基壇が登場する．その際，前の時代の土盛りの基壇を破壊しながら，埋め土に用いている．まさに神殿更新である．こうしてより高い，あるいはより表面積が広い基壇が生まれた．と同時にジョイスが指摘するのが，基壇における埋葬と土器や翡翠の埋納穴の存在である．それまでの共同性に重きを置いた一時的な儀礼空間が，個人や集団の記憶を体現する場として変貌を遂げたことが読み取れるという．

　公共建造物を集団が共有する観念の反映と捉えるのではなく，観念を生み出す場，人間と物質の相互作用が生じる空間として捉え，さらにその空間を造り上げたがゆえに，人間社会の再編成を促すことになるという論理は，神殿更新論と相通じる．しかし，ジョイスの論に見られる独自性は，現象として，更新の結果，祖先崇拝にも通じる集団的記憶をとどめる空間へと変貌していった過程をつかんだことにあるのかもしれない．

　いずれにせよ，実践論の立場に立てば，神殿の巨大化，あるいは出現さえも反復的行為の結果であり，強力な権力者の手による大規模土木工事の産物ではないことがわかる．そして儀礼的反復行為は，神殿をより高く，大きくし，やがては神殿の中で活動する一部の集団と，外から眺めるだけの集団とに人々を分化させたのである．極端に言えば，神殿のはじまりは偶然であり，巨大化は意図せざる結果と言えるのではないだろうか．

筆者のオススメ

大貫良夫・加藤泰建・関雄二編『古代アンデス──神殿から始まる文明』朝日新聞出版，2010年．

日本調査団発足 50 周年記念シンポジウムの成果を盛り込み，アンデス文明における神殿更新論をわかりやすく説明するとともに，社会集団における差異や権力が発生するメカニズムについて考察している．

田辺繁治『生き方の人類学——実践とは何か』講談社現代新書，2003 年．
ブルデューの実践論を紹介するとともに，ブルデュー自身が答えていないハビトゥスの変化について，その過程を理論的に説明している．実践論を知るための入門書として最適．

参考文献

加藤泰建・関雄二編『文明の創造力——古代アンデスの神殿と社会』角川書店，1998 年．
アンソニー・ギデンズ／宮島喬ほか訳『社会理論の現代像』みすず書房，1986 年．
関雄二『古代アンデス——権力の考古学』京都大学学術出版会，2006 年．
ピエール・ブルデュー／今村仁司・港道隆訳『実戦感覚（上）』みすず書房，1988 年．
Abrams, E. M., "Architecture and Energy: An Evolutionary Perspective". In M. B. Schiffer (ed.), *Archaeological Method and Theory*, Tucson: University of Arizona Press, 1989, pp. 47–87.
Burger, R. L. and L. C. Salazar, "Ritual and Religion at Huaricoto". *Archaeology*, **33**(6): 26–32, 1980.
Izumi, S. and K. Terada, *Andes 4: Excavation at Kotosh, Peru, 1963 and 1966*. Tokyo: University of Tokyo Press, 1972.
Joyce, R. A., "Unintended Consequences? Monumentality as a Novel Experience in Formative Mesoamerica". *Journal of Archaeological Method and Theory*, **11**(1): 5–29, 2004.
Moseley, M. E., *The Maritime Foundations of Andean Civilization*. Menlo Park: Cummings Publishing Company, 1975.
Shady, R. and C. Leyva, *La ciudad sagrada de Caral-Supe: Los orígenes de la civilización andina y la formación del estado prístino en el antiguo Perú*. Lima: Instituto Nacional de Cultura, Proyecto Especial Arqueológico Caral-Supe, 2003.
Trigger, B. G. "Monumental Architecture: A Thermodynamic Explanation of Symbolic Behaviour". *World Archaeology*, **22**: 119–132, 1990.

第9章
日本における農耕の起源

藤尾慎一郎

はじめに

　日本列島で農耕がはじまったのはいつ頃なのであろうか？　日本に近代考古学が導入された明治初期からすでに研究者の関心を集めていたこの問題は，これまで140年余りの研究の歴史があるものの，明治時代の研究者が石器時代（今の時代名称では縄文時代）に農耕が行われていたと考えていたことはあまり知られていない．

　彼らがそう考えた根拠は，縄文時代の中部高地に大型集落が数多く分布し，縄文土器や打製石斧が大量に出土するという事実であった．これらの事実はかなりの数の縄文人が暮らしていた可能性を示していたので，農耕を行っていなければそれだけ多くの縄文人の暮らしを支えることはできないと考えた

●藤尾慎一郎（ふじお・しんいちろう）　総合研究大学院大学文化科学研究科教授・国立歴史民俗博物館副館長
福岡県に生まれる．九州大学大学院博士課程単位取得退学．博士（文学）．

★藤尾先生のおもな著作
『縄文論争』（講談社メチエ，2002年）
『弥生変革期の考古学』（同成社，2003年）
『弥生時代の考古学1　弥生文化の輪郭』（共編著，同成社，2009年）
『新弥生時代』（吉川弘文館歴史文化ライブラリー，2011年）
『弥生文化像の新構築』（吉川弘文館，2013年）

からである．つまり明治時代の研究者が，採集・狩猟生活では多くの人口を養うことはできないと考えていたことがわかる．

　しかし1930年代からはじまった唯物史観による日本歴史の再構築の中で，縄文時代は採集経済，弥生時代から生産経済，という考え方が主流になるにつれ，明治以来の縄文農耕説は次第に後退していった．

　再び，縄文時代の農耕が注目されるようになったのは，1950年代以降に弥生時代の水田稲作の具体的な姿が明らかになってきたからである．弥生時代の当初から完成していた水田稲作の実態を目の前にした研究者たちは，前段階の縄文後・晩期に原始的な農耕が存在してその経験があったからこそ，弥生人は当初から完成された水田稲作を行うことができたと考えたのである．進化論に基づく発展段階論である．1960年代はこうした考え方に基づいた縄文後・晩期農耕論が大きく花開いた．

　しかし1970年代になると，農耕をしていなくても縄文人は豊かな暮らしを営んでいたという考え方が主流になってくる．この時期に急速に進んだ低湿地遺跡の調査によって，出土量が増加した植物遺体の研究が，豊かな植物質食料をもとにした縄文人の食生活を明らかにしたのである．この結果，農耕を行わなくても多くの人口を支えることは可能であると考えられるようになったのである．

　再び状況を一変させたのは，またもや弥生側の発見であった．福岡市板付遺跡における，いわゆる縄文水田の発見である．1978年，それまで縄文晩期最終末と考えられていた土器の時期の水田跡が見つかったのである．整備された灌漑施設を持つ水田，定型化した農工具や木製農具は，弥生文化の所産としてもまったく問題のない内容であった．この結果，水田が伴う縄文晩期最終末は弥生時代に組み込まれ，弥生早期として設定されることになる．

　弥生早期の設定は，1970年代に否定された縄文後・晩期農耕論を再び活発化させ，研究者は発展段階論に基づき，さらに古い段階の農耕の痕跡を求めて2つの動きをはじめる．その1つが，土器の表面に残された穀物のスタンプ痕を探す動きである．これはコメ，アワ，キビ，マメなどの栽培植物がどこまでさかのぼるのかを探究するのに有用な方法である．もう1つは1990年代，青森県三内丸山遺跡の調査を契機にはじまった，クリなどの野生堅果類

の管理を追究する動きである.

　縄文時代の農耕に関する明治以来の研究を見てきたが，肯定的な段階もあれば否定的な段階もあったことがわかる.

　本章ではスタンプ痕と，野生植物と縄文人との関係を探る，という近年の2つの研究動向を中心に，日本列島における農耕のはじまりについて考える.まず農耕の定義からはじめることにしよう.

農耕の定義

　本章は縄文時代と弥生時代を対象とするが，その年代は炭素14年代に基づく較正年代をベースとしているため，縄文時代は前1万4000年にはじまり，弥生時代は前10世紀後半にはじまる．従来は前5世紀に弥生時代がはじまると考えられてきたので500年ほどさかのぼることになり，弥生時代の存続幅も従来の約700年から約1200年へと大幅に長くなる．そのため前10世紀に弥生時代がはじまったと考える年代観を「弥生長期編年」と呼んでいる.

　次に，先ほどから農耕という用語を簡単に使っているが，農耕をどういう意味で使うのかを最初にはっきりしておかないと議論が混乱するので，明確にしておこう.

　農耕とは栽培型の植物を栽培することであり，栽培が全生業に占める割合は問わないと規定する．したがって野生植物であるクリやドングリなどの利用は農耕とは呼ばないので，本章ではクリ・ドングリの利用を農耕の前史として扱う.

　この定義に従えばイネやアワ，キビは言うまでもなく，ダイズ・アズキなどの栽培型マメ類，ヒョウタン，エゴマなどの蔬菜類を栽培していれば，どの程度栽培していたのかという問題とは無関係に農耕として扱うことになる．したがってヒョウタンやエゴマは約7000年前の縄文前期には存在が確認されているので，定義上，日本列島では約7000年前には農耕がはじまっていたことになる.

　しかし読者の方々にとってはヒョウタン栽培が農耕のはじまりと言われてもピンとこないであろうから，ここではアワ・ヒエの栽培以降を農耕のはじ

まりと位置づけて，話を進めることにしよう．

農耕前史

クリの管理——野生植物と人との関わり

　縄文時代の村として有名な青森県三内丸山遺跡では，大がかりなクリの利用や縄文ヒエの話題が注目を集めた．クリは野生植物であるから今回の定義上，農耕には当たらないので，クリの管理と呼んでおこう．

　今から約6000年前には縄文人がクリを人工的に管理していたと考えられているが，その証拠は出現率が80%を越えるクリ花粉である．

　東京大学の辻誠一郎によれば，縄文人はまず落葉樹林の原生林を伐採し，火入れをしたあと，クリを育てたことがわかっている (藤尾, 2002)．クリの花粉は大きさが20数ミクロンと大型で，遠方から風に乗ってやってくることはないため，クリ花粉が見つかったところに，現在のクリ園並みの密度でクリ林があった可能性がある．しかも草本類の花粉の出現率が低いことから，下草刈りが行き届いていたとも考えられている．このようにして作り出されたクリ林を，辻は縄文の「里山」と呼んでいる．

　クリの木は線路の枕木にも使われることからもわかるように，耐久性のある木材で，建築材に向いている．実際，三内丸山でもクリの木が建築材として多用されているが，縄文人の大切な食糧源でもあるだけに，一見，矛盾する行為に思われる．

　しかし，縄文人は大きくて美味しい実がならないクリの木をどんどん伐採して建築材として用いたのであろう．何千年にもわたるこうした縄文人の行為が，いつしか，大きくて美味しい実をつけるクリの木を選択することにつながったのであろう．これは管理・植栽であり，照葉樹林文化論を唱えたことで有名な中尾佐助は半栽培と呼んでいる (中尾, 1977)．

マメのドメスティケーション

　縄文人のマメというとリョクトウが有名だが，現在ではササゲ属の野生種の誤同定である可能性が出てきたことから取り上げられることも少なくなっ

た．現在，縄文時代のマメと言えばダイズとアズキである．

　ダイズもアズキも栽培型植物であるが，それぞれの野生種はツルマメとヤブツルアズキと言われている．日本列島では野生種より大きなマメが約1万年前から見つかっているので，中国や朝鮮半島でこれより古いものが見つからなければ，アジアでもっとも早くダイズやアズキの栽培化を進めたのは縄文人ということになる．

　根拠は土器に遺されたマメのスタンプ痕である．土器を作る際，まだ粘土が軟らかい段階でマメや穀物が表面にくっつくことがある．その後土器が焼かれると，くっついていたマメや穀物は焼けてなくなってしまうが，スタンプ痕だけは遺るという寸法である．くっつくのは植物にとどまらず，多くの昆虫も見つかっている．

　考古学者は土器の表面に遺された様々なスタンプ痕の中から，植物や昆虫のスタンプ痕の可能性が高いものを選び出し，スタンプの中に樹脂を流し込みスタンプの型をとる．これをレプリカ法という．ちょうどわれわれが歯医者さんで型をとるのと同じ方法である．

　型の表面に写し取られたシワや模様を電子顕微鏡で観察すると，その特徴から植物の種類や昆虫の種類を同定することができる．マメ以外にもコメ，アワ，キビ，ゴボウ，シソ，エゴマ，コクゾウムシなどが確認されており，付いていた土器の型式学的特徴から種子や昆虫の時期を知ることができるというわけである．

　マメの同定は他の植物に比べると難しいが，よく用いられるのがヘソと呼ばれる器官である．枝豆を食べるときに一度は目にしたことのある器官で，圧痕にヘソが遺っていればアズキ，リョクトウ，インゲン豆，ダイズのどれに当たるのかを区別できるという．

　図9-1は野生のツルマメと縄文ダイズ，現生ダイズを比較したもので，上から下にいくにつれて大きくなっていることがわかる．つまり縄文ダイズは形態やサイズから見る限り，ツルマメよりは確実に大型で現生ダイズよりも小さいこと，形は現生ダイズにきわめて近いこと，などから，野生と現生とをつなぐ中間的な大きさと形態をしているのである．

　縄文ダイズが西関東と北陸を結ぶ線より西の22遺跡で見つかっているのに

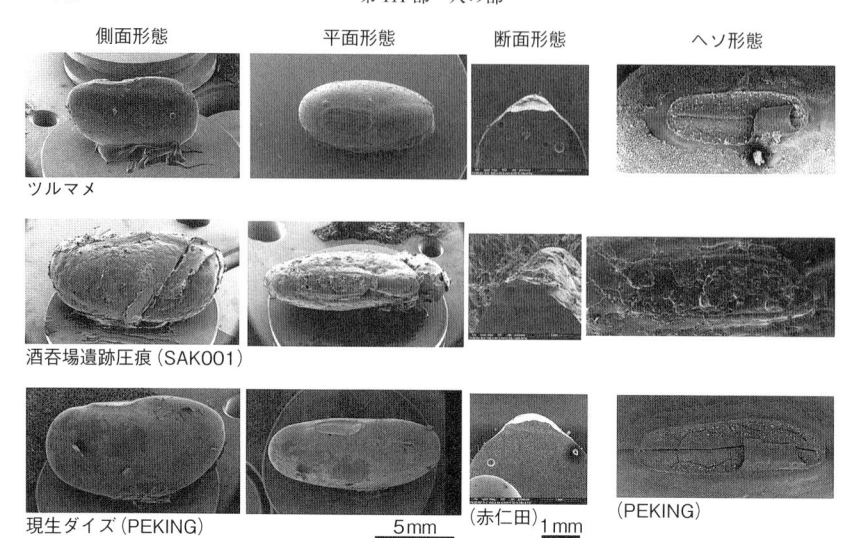

図9-1 ツルマメ，縄文ダイズ，現生ダイズの比較（小畑，2011）
現生マメの側面・平面・断面形態は6時間水浸後の状態．ヘソ形態は乾燥状態を示す．また，断面形態のみ「赤仁田」，その他は「PEKING」を用いた．

対し，縄文アズキは青森以南で見つかっており，縄文ダイズに比べると分布が広い．

　山梨県立博物館の中山誠二は，縄文人とダイズとの関わりを次のように考えている（中山，2010）．今から6000年ほど前，中部高地でツルマメの利用がはじまり，5000年ほど前には栽培化初期の大きさや形に達していた．4000年ほど前には九州まで広がってさらに大型化するが，中部高地の縄文ダイズと九州の縄文ダイズが同一系統のものかどうかはまだわかっていないようである．

　一方，熊本大学の小畑弘己は中山よりもマメ栽培を積極的に評価している（小畑，2011）．約1万年前，縄文人たちのツルマメ利用がはじまる．採集されたツルマメは村に運ばれ，そこで土器にくっ付いたのであろう．こうした状態は3000年余り続いたと推測される．当初は土器の表面に付くのはツルマメの圧痕だけだったのが，次第に縄文ダイズの圧痕が付く比率が高まってくることに注目した小畑は，約5000年前の縄文中期に縄文ダイズ上に遺伝的な変化が現れるようになったと考えている．

第 9 章　日本における農耕の起源

　たとえば遺伝的な変化としては，種子の大型化や種子が密集した穂軸になるといった目に見える変化から，登熟期の均一性，つまり同じ時期に熟す，などといった，人間が採取しやすく食料としては優れた特徴を持つようになる変化まで，いろいろなものがある．

　こうした栽培化の兆候は，イネ科やマメ類などの 1 年生植物に現れやすいことが知られているが，マメ類の場合，栽培化の兆候は種子の大型化に限られている．つまり縄文人が 1 万年前にツルマメの採集をはじめてから，栽培化の兆候が見られるようになるまで約 5000 年かかったことがわかるのである．これこそまさに，5000 年かけたドメスティケーションが縄文時代に存在したことを意味する．

　昆虫圧痕の 1 つにコクゾウムシがある．図 9–2 は，年配の方ならよくご存じ，米櫃（こめびつ）の中を這い回っていたコクゾウムシである．ご飯と一緒に食べてしまった読者もいるのではないだろうか．コクゾウムシは，体長 2.3–3.5 mm の黒褐色の体に強い点刻を持つ甲虫の仲間で，日本海側を除く関東以西に生息している．ゾウのような長い鼻を持ち穀物に付くことに名の由来がある．貯蔵穀物に卵を産んで繁殖するので，縄文土器にはじめてコクゾウムシの圧痕が見つかったときにはコメの存在を意味する証拠として研究者の注目を集めた．

　しかしそれから 5 年．今から 7000 年ほど前の三内丸山遺跡の土器からも圧痕が見つかったことから，穀物が出現する前からコクゾウムシは日本列島に生息し，貯蔵堅果類に卵を産み付けて生殖していた可能性が明らかになってきた．2009 年 12 月現在，16 遺跡 37 例のコクゾウムシの圧痕が 1 万年前以降の縄文土器から見つかっていて，現生コクゾウムシしか研究対象としてこなかった昆虫学界に大きな波紋を広げるまでになっている．まさに昆虫考古学の世界である．

　したがってもし，ドメスティケーションによって生まれた縄文ダイズや縄文アズキを縄文人が栽培していたとすれば，先の定義に従う限り，日本の農耕は今から約 5000 年前の縄文中期までさかのぼることになり，対象となった作物はマメということになる．

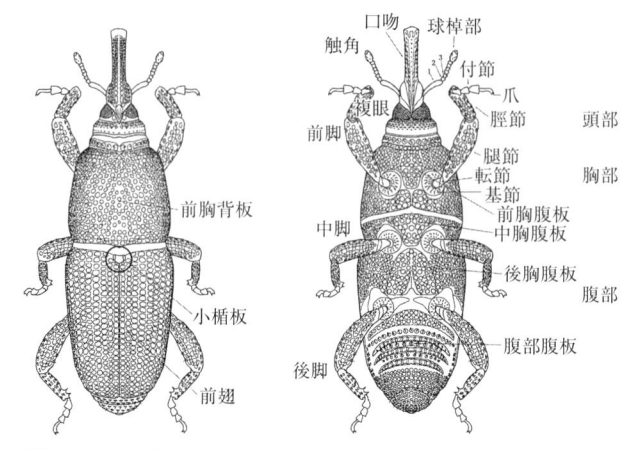

図 9–2　コクゾウムシ（小畑, 2011: 112 をもとに作図）の各部名称

農耕のはじまり——コメ

　次にイネ，アワ，キビなどの穀物を対象とした農耕に話を移そう．多くの読者がこれらの植物こそ農耕の対象となる作物に相応しいと考えていることだろう．なお，アワやキビは雑穀ではないのか？と疑問に思う読者もいるであろうが，平川南によれば「雑穀」という用語は 7 世紀の律令国家が名付けた名前で，米やムギなどに対して下位に位置付けることを意図したものである．しかし縄文・弥生時代にはこうした意識自体が存在しなかったと考えられることから，穀物として扱っている．

　現在のところ，すべての研究者が最古と考えている穀物は，前 11 世紀の土器に付いていたコメのスタンプ痕である（図 9–3）．島根県三瓶火山の裾野に広がる台地上に立地する板屋 III 遺跡で出土した，考古学者が縄文晩期末の突帯文土器と呼んでいる土器の表面に付いていた．

　この考古学的な事実は，前 11 世紀の島根にコメが存在したということだけしか物語らず，コメの由来，すなわち縄文人が作っていたのか，それとも当時水田稲作がはじまっていた朝鮮半島南部や中国からもたらされたものなのかを決めることはできない．もし縄文人が作っていたとしたら日本初のコメ

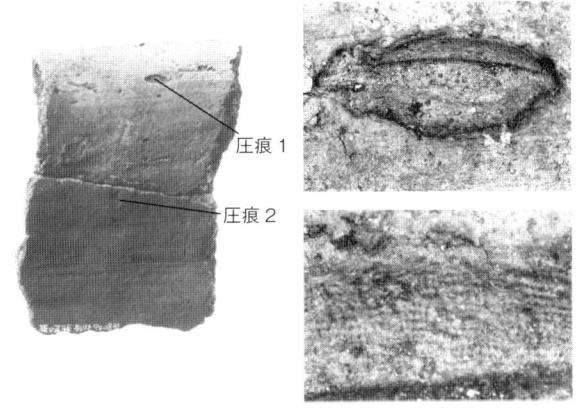

第 9 章　日本における農耕の起源　　　　　　　　　　149

図 9–3　日本最古のコメのスタンプ痕（島根県教委編，1998 より引用）

作りということになるのだが，この遺跡からは朝鮮半島南部由来の遺物が他にも見つかっているから，それらとともに持ち込まれた可能性もある．

　当時，朝鮮半島で使われていた「孔列文」という文様を持つ土器が多数見つかっているし，そこにもコメのスタンプ痕が付いていたのである．また前 11 世紀の北九州市内でも朝鮮半島系の遺物が見つかっている．北九州市貫川(ぬきがわ)遺跡で出土した穂摘具である石庖丁(ほうちょう)の特徴は，当時の朝鮮半島で使われていた形そのものであった．

　このように前 11 世紀の西日本では，朝鮮半島南部で水田稲作を行っていた人々が使っていた道具が単発でパラパラと見つかっているものの，弥生時代のように水田稲作で用いた道具がセットで見つかることはない．以上のことから同じ朝鮮半島南部に系譜を持つとしても，前 11 世紀と前 10 世紀における文化の伝わり方には何らかの違いがあったと考えられる．

　今のところ前 11 世紀までさかのぼる穀物の存在を示す証拠は，板屋 III 遺跡の籾痕土器 1 例しかなく，縄文人が穀物を作っていたのかどうかを判断する証拠に乏しいというのが現状である．

灌漑式水田稲作のはじまり

水田稲作民の登場

　紀元前10世紀後半になると，それまで在来の人々が住んでいなかった平野の下流域に水田稲作民が水田を拓き，稲作をはじめるようになる．福岡平野の下流域には，縄文早期の轟(とどろき)式土器段階以降，約9000年にわたって人々が住んでいなかった土地が広がっていたが，じつは水田稲作民にとっては水田を拓くのに魅力的な場所だったのである．

　水田稲作がはじまった当時，河川の中下流域には在来の採集狩猟民が住んでいた．彼らは森や山，河川などが交じわった多様な食料資源に恵まれた複数の生態系が交錯するところに暮らしていたのである．

　下流域にある水田稲作民の代表的な遺跡が福岡市板付遺跡である．竪穴住居からなる居住域を深さ5–6 mの壕(ほり)で囲む環壕(かんごう)集落と呼ばれている村で，居住域と墓域が完全に分かれている点に縄文人の村との違いがある．

　板付遺跡で見つかった水田は1枚が500 m²もある大区画水田で，給排水施設を備えていたことから灌漑式水田稲作を行っていたことがわかる．当時の水田稲作を行ううえで必要な農民用の土器，木製農具，大量の矢板や杭を作るのに必要な石の斧の類はすべてそろっていて，前11世紀に見られた断片的なあり方とは明らかに異なっている．

有力者の登場

　水田稲作がはじまってから100年ぐらい経つと，当時朝鮮半島で流行していた磨製石剣を副葬された人の墓が下流域に現れることから，すでに有力者が登場していたことがわかる．福岡市雑餉隈(ざっしょのくま)遺跡では慶尚南道の遺跡とほとんど同じ磨製石剣を副葬された有力者が見つかっていることから，水田稲作がはじまってから100年あまりで有力者が登場したことがわかる．

畑

　徳島大学構内にある庄(しょう)・蔵本遺跡では，水田跡の他に紀元前6世紀の畑のあとが見つかっている（図9–4）．畑からはコメ，ムギ，キビなどが出土した

図 9-4　徳島市庄・蔵本遺跡で見つかった畑の畝 (中村編, 2010 より引用)

(藤尾ほか, 2010).

　畑こそ見つかっていないが，畑作を行っていた可能性があると見られているもっとも古い例の1つが前8世紀の長野県飯田市矢崎遺跡である．この地域での水田稲作は前3世紀頃にはじまると考えられているので，もし畑作が行われていたとしたら水田稲作がはじまる500年も前にキビやアワなどの穀物を作っていたことになる．

　遺跡から見つかった土器の表面にキビの圧痕が大量に付いていたが，当地で作られていた根拠と考えられている．しかし道具と言えば縄文時代からある打製土掘具や穂摘具と考えられている横刃形石器であり，道具の構成に変化がない．畑作が存在していたかどうかは，まだ判断できない．しかし存在していたとしたら，水田稲作開始前にキビやアワを栽培する段階が明らかになっているのが，中部高地だけであるという点は重要である．

　もともと縄文農耕論者たちは，九州北部で水田稲作がはじまる前段階として縄文後・晩期のキビ・アワ栽培を想定していたが，あくまでも縄文時代の農耕であるという理解であった．それは食料獲得手段の1つにすぎず，むしろ採集狩猟がまだメインの段階と考えられていたからである．

　矢崎遺跡でキビ・アワが栽培されていたとしても生業全体の一部しかなく，キビ・アワ栽培で食料をまかなっていたと言える段階ではないであろう．考

古学者はまさにこうした段階を網羅的生業段階にあると考え，縄文農耕の定義としてきた研究史がある．その意味で矢崎はいまだ縄文農耕の段階にあると言えよう．ただ，キビ圧痕土器に伴う氷Ⅰ式と呼ばれる土器型式は弥生土器と考えられているため問題を複雑にしている．

　東京大学の設楽博己(したらひろみ)は，土器組成に占める壺の割合が1割を超えたり，大量の穀物が出土するような場合は，網羅的生業段階にあっても弥生文化の農耕と理解すべきという考え方を示している (設楽，2013)．これは先述した縄文農耕の定義を根本的にひっくり返す考え方なので，今後，議論を呼ぶことになろう．

社会の質的転換——戦いのはじまり

　前9世紀，水田稲作がはじまってから100年ほどすると，日本最古の戦いの犠牲者，いわゆる戦死者が見つかる．福岡県糸島市新町(しんまち)遺跡には，朝鮮半島南部の墓の形式である支石墓に，男性が屈葬されて葬られていた．弥生特有の墓に，縄文特有の屈葬が認められたのである．しかもこの男性の大腿骨には長さが16 cmもある朝鮮系磨製石鏃が射込まれていたのである．検視の結果，この男性はこの傷がもとで亡くなったことがわかっている．

　戦いは，水田を拓くのに必要な土地とコメを作るのに不可欠な水をめぐって諍(いさか)いが起き，話し合いでは解決しなかったときに，それを政治的に解決するための手段として朝鮮半島から水田稲作とともに持ち込まれたと考えられる．戦いが水田稲作がはじまったときと同時ではなく，100年ぐらい遅れてはじまることは，ある程度人口が増え，土地不足や水不足が顕在化したときに起きることを物語っている．このように戦いは社会が農耕社会として質的変化を起こしたことを示す証拠の1つなのである．

　こうした戦いの犠牲者と思われる遺体の分布を地図に落としてみると，当初，玄界灘沿岸部に多く見られた犠牲者が，次第に佐賀県吉野ヶ里(よしのがり)遺跡のある内陸部へと広がっていくことがわかる．これは水田稲作の範囲が海岸部から内陸部へと拡大していく動きとよく似ているので，水田稲作がはじまってから100年ぐらい経ったところでは，九州北部の各所で戦いがはじまっていたことを意味していると考えられる．

おわりに

　最後に日本列島における農耕のはじまりについてまとめておこう．約1万年前からの縄文人と植物との関係を見てきた．農耕を栽培型植物の栽培と規定している以上，もっとも古い栽培型植物であるヒョウタンやエゴマなどの蔬菜類を栽培する段階まで農耕がさかのぼることになる．しかし蔬菜類は主食とはなりえないので，一般的に農耕というイメージとは結びつかない．やはりキビ・アワ・ムギ・コメなど穀物の栽培がはじまる必要がある．

　5000年ほど前になると，野生種ではない縄文ダイズや縄文アズキが存在する可能性が高まってきた．しかしいくら畑の牛肉と言われるほどタンパク質が豊富なダイズなどのマメと言えども，マメを主食とは言いがたい側面があることも事実である．

　ここで重要なのはマメ栽培が農耕に当たるのかという点ではなく，縄文人が野生のマメであるツルマメやヤブツルアズキとの関わりの中で，意識的か無意識的かはわからないものの，結果的にドメスティケーションを行った可能性である．野生種よりも明らかに大型化している縄文ダイズや縄文アズキは，栽培種としての特徴を備えているし，縄文後・晩期の九州で見つかるこれらのマメは，もはや縄文人が栽培したものと言っても過言ではないだろう．

　しかし縄文ダイズが栽培されていたとしても，社会の質的変化は起きていない．やはりそれが起こるのは前10世紀後半にはじまる灌漑式水田稲作まで待たなければならないので，農耕のはじまりは前10世紀後半と考えておいた方がよい．

　コメが現れるのは今のところ，紀元前11世紀の中国山地がもっとも古い例である．ただ，当時の縄文人が作っていたのか，水田稲作がすでにはじまっていた朝鮮半島南部から持ち込まれたものなのかはまだはっきりしていない．やはり本格的にコメが作られはじめるのは，前10世紀後半になってからである．

　水田稲作がはじまってから100年ほどで社会が質的な変化を起こしたと考えられる環壕集落が出現して，戦いもはじまる．社会を大きく動かす原動力となる灌漑式水田稲作をはじめることで，西日本の弥生人たちは，古代国家

成立への道のりの第一歩を記したのである．

筆者のオススメ

藤尾慎一郎『縄文論争』講談社選書メチエ，2002 年．
　　縄文人はどこから来たか，土偶は何に使われたのかなど，百家争鳴の縄文像を検証し，最新の知見で読む縄文のすべて．
藤尾慎一郎『新弥生時代』吉川弘文館歴史文化ライブラリー，2011 年．
　　水田稲作のはじまりが 500 年さかのぼることは何を意味するのか．新しい弥生時代観の構築をめざした著書．

参考文献

小畑弘己『東北アジア古民族植物学と縄文農耕』同成社，2011 年．
設楽博己「縄文時代から弥生時代へ」『岩波講座日本歴史　第 1 巻　原始・古代』岩波書店，2013 年，63-99 頁．
島根県教育委員会編『板屋 III 遺跡』1998 年．
中尾佐助「半栽培という段階について」『季刊どるめん』**13**: 6-14，1977 年．
中村豊編『国立大学法人徳島大学埋蔵文化財調査室　年報』**2**，2010 年．
中山誠二『植物考古学と日本の農耕の起源』同成社，2010 年．
藤尾慎一郎『縄文論争』講談社選書メチエ，2002 年．
藤尾慎一郎・坂本稔・住田雅和「徳島市庄・蔵本遺跡群出土炭化物の年代学的調査」『国立大学法人徳島大学埋蔵文化財調査室 年報』**2**: 53-60，2010 年．

第IV部
「はじまり」を考えるために

第10章
複雑性と科学
考え方・進め方

佐藤哲也

増えつづける社会の複雑性

　人間の社会は文明の進化とともに，その営みがどんどん複雑になっていく．文明の発展とともに，社会を構成する基本であるヒトの数が増え，それだけヒトの絡み合う度合いが増えていく．さらに，このヒトの数の増加に伴って

●佐藤哲也（さとう・てつや）　総合研究大学院大学名誉教授，核融合科学研究所名誉教授，兵庫県立大学名誉教授，日本学術会議連携会員．
1963年京都大学工学部電子工学科卒業．1967年京都大学大学院工学研究科電子工学専攻博士課程中退，京都大学理学部物理教室助手，東京大学理学部地球物理研究施設助教授を経て，1980年広島大学核融合理論研究センター教授．1989年核融合科学研究所教授，理論・シミュレーション研究センター長，副所長．2001年地球シミュレータセンター長．地球シミュレータ計画の終了に伴い，2008年兵庫県立大学に移り，2011年シミュレーション学研究科を創設，研究科長を務め，2013年退職．研究分野は，宇宙空間科学，プラズマ・核融合科学，シミュレーション科学，社会シミュレーション学．

★佐藤先生のおもな著作
『物理学最前線31　自己組織化するプラズマ』（共立出版，1993年）
『未来を予測する技術』（ソフトバンク新書，2007年）
『先端巨大科学で探る地球』（共著，東京大学出版会，2008年）
Magnetospheric Plasma Physics, ed. by A. Nishida, Center for Academic Pub. Japan and D. Reidel, 1982.
Space Plasma Physics（共著），Springer-Verlag, 1989.

社会の仕組み（システム）も多様になり，仕組み同士の絡み合いも増えていく．ヒトの絡み方や社会のシステムの絡み方は，それらのコミュニケーション手段，たとえば，輸送手段，通信手段の発達とともにうなぎ登りに増加していく．これらの絡み合いは，個人・家庭・組織・地域・国・地球規模と異なった階層内での絡み合いから，階層間をまたがって重層的に絡み合う大局的な絡み合いまでが密接に結び付き，切り離すことができない複雑な関係性を作り上げていく．

　日本を中心とする先進国の戦後の急速な経済発展は，大量生産・大量消費・大量廃棄の流れを加速していった．これに伴って，ヒトの生活空間の様相は人間の手であられもなく変えられていった．この大量生産・大量消費・大量廃棄の流れは，現在では，生活の土俵である地形の変形にとどまらず，生活の活動空間でもあり，生命維持の根源でもある大気の成分をも実質的に変えていくだけの量に達した．この事実は，自然環境を普遍の環境条件と考え，その環境条件の中での活動だけを考えていればよかった社会から，ヒトの活動と自然の変化との相互作用を連立して考えなければならない状況にまで複雑化したことを意味する．大量生産・大量消費・大量廃棄の社会が進展し，社会のシステムが複雑化し，公害問題が顕在化し，個人および国家間の貧富の差が増大していった．戦後のイデオロギーによる国際的な危険な不安定要因は，ソビエト連邦の崩壊（1991 年）によってほぼ消滅したが，あらたに，人間社会の未来に対する生きがいに関する不安が急速に増長してきた．この未来の生き方がいかにあるべきかという人類の大きな命題を解決しようとするのが，複雑性の科学の「はじまり」である．

　その前に，自然（物質）界について少し考察してみよう．自然（物質）界は無数の粒子から構成されている．しかも，電気を帯びた電子やイオン，電気的に中性な酸素分子や水素分子，磁気を帯びた磁性体，様々な化合物など異なった相互作用力を持った物質が存在する．それぞれの振舞いは，基本法則という普遍的な法則に支配されているとは言え，それらの集合体はとても解析的（理論的）には解明することが不可能なほど複雑である．言うなれば，本質的に自然現象も物理現象も複雑で，非線形である．

　このような複雑な現象を扱う非線形研究を振り返ると，戦後 20 年を経過し

た頃には，開発しようとする機械が安全で安定に動作するのか，あるいはすぐに壊れてしまう不安定な状態にあるのかを判定するための解析的な線形理論の時代から，不安定となって成長したモードの非線形発展が新しい安定なシステムを作り上げていくプロセスを明らかにしてくれる準線形理論が確立した．その後，電子計算機と呼ばれる計算機械の性能が急速に発達し，スーパーコンピュータと呼ばれるベクトル型のコンピュータが誕生するまでになった (1976 年，CRAY1)．このコンピュータは，解析的には解くことのできない複雑な非線形現象の発展を解いてくれるという特質を持っている．このコンピュータの出現により，これまで自然の法則の発見と自然のシステムの静的な性質の解明を中心に発展してきた自然科学が，自然（モノ）の発展の因果関係の解明にとどまらず，未来の発展をも予想するダイナミックな科学へと進化していった．この自然科学のジャンルをシミュレーション科学と呼んでいる．

複雑な系の取り扱い

人間の営みも自然の営みもともに恐ろしく複雑である．しかしながら，その複雑度は人間界と自然界では本質的に異なっている．したがって，その振舞いの解明に同じ手法は通じない．ここでは自然の営みを扱うものを複雑系の科学，人間の営みを扱うものを複雑性の科学と呼び，区別することにする．

自然界・物質界の振舞いにおいては，基本的には粒子のマクロな振舞いを支配するニュートンの運動方程式や電磁場の振舞いを支配するマックスウエル方程式，あるいは，量子的な超ミクロな振舞いを規定するシュレーディンガー方程式等が存在する．その中から，解明したい対象の振舞いを支配している基本方程式系をいかに選ぶか，その方程式系をコンピュータが解いてくれるアルゴリズムにどう展開するか，そのアルゴリズムをコンピュータ言語にいかに最適化した形でプログラムし，それをいかに精度よく，いかに速く解かせるかが研究の主題となる．

コンピュータは基本的には閉じた完全系でなければ解いてくれない．したがって，解明したい現象やシステムを限定し，閉じさせなければならない．

その際に，必然的に，多かれ少なかれ，本来発生している現象やシステムに関与している可能性のある原因やプロセスを捨てることにならざるを得ない．この捨て去る部分をどれだけ最小にとどめるか，すなわち，対象とするシステムの範囲（空間および時間の最小・最大スケール）をどこまで広げることができるかが研究の核心となり，成果の信頼性につながる．

　この空間時間スケールの限定によって，研究に用いる基本法則（方程式）系の選定と対象とするシステムの大きさや形状等，いわゆる最適な境界条件が決められる．この限定に伴って，初期条件としてどのようなものを採用するかも決まる．その際，精度や計算時間の短縮，アルゴリズムやプログラム手法等の技術的課題は副次的なものである．前節の終わりで述べたように，このような自然科学系の複雑な問題を取り扱う研究をシミュレーション科学という．あるいは，漠然と複雑系の科学と呼ぶ人たちもいる．

　複雑（非線形）系は自然科学の現象を取り扱うことから，複雑系に現れる明示的な不思議な非線形の振舞いに大きな興味がそそられるのは当然であろう．体系化することに学問の価値を見出す西洋科学においては，必然的に自然現象の持つ普遍的な個別非線形特性を見出そうとする研究分野が生み出される．それを推進した典型が「カオス」と呼ばれる現象である．

　カオスという言葉は無秩序を指す一般の言葉であるが，複雑系の科学で言う「カオス」は，現実の非線形現象のプロセスをできる限り忠実に解明しようとするシミュレーション科学の流れとは逆に，現実を忘れ，非線形方程式の数理的特性に注目し，方程式を単純化・理想化し，1つの非線形モデル方程式に帰着させたときに純粋に数理科学的な解として得られたものである．カオスの他にも，フラクタル，ストレンジアトラクターなどの特定の非線形モデル方程式の示す現象がいくつも見つかっている．これらの研究から数式的な非線形性の示す奇妙な振舞いの普遍的性質を持つシステムを解明することを（狭義の）複雑系の科学と呼ぶこともある．

　この後者の考え方は，非線形系の持つ特性を知るうえでは役に立つ．しかし，複雑系の科学のもう1つの大きな目的は，人間の生活に大きな危害を及ぼす気象現象や地震などの予測に役立てることである．その意味からは，現実問題に即した広義の複雑系の科学も重要な分野である．この章では，複雑

系についてはこれ以上触れず，複雑性の科学について考察する．

複雑性の科学とは

5000年の人類文明の変遷を見ると，原始社会から農耕社会が誕生し，自然の恵みの狩猟・採集による受け身の生活から，河川の氾濫という自然現象が，命を奪うという恐怖と裏腹に，自然の肥沃な土壌を周期的に運んでくれることを知り，穀物栽培という恵みを獲得する革新的な手段を見出し，人類は自然に能動的に対応できるという新しい智慧を学び取った．この食糧の自給手段を見出したことにより，安定な生活が保障され，地球上のヒトの数が増大し，それとともに，ヒトの欲望という本能も多様化していくことになる．同時に，競争本能も増大し，ヒトがヒトを支配する封建制度へと進む．やがて，その行きすぎを反省し，ヒトの感性（人間性）を尊重するルネッサンスへと変化を遂げていき，17世紀に入ると，ヒトの知性を花開かせる近代西洋科学文明へと進んでいく．さらに現在では，その科学的思考の延長として，ヒトの様々な欲望を満たす技術革命が進展し，技術がヒトの生活を支える新たな社会へと変貌していくことになる．

それぞれの時代には，人類が存続するための生き方や考え方，すなわち，その時代時代を支えてきたパラダイムが存在している．

ここでは，現代社会を支えているパラダイムについて考えてみることにする．一口で言うならば，それは西洋合理主義である．この合理主義が近代西洋科学を誕生させ，民主主義を生み出し，資本主義を生み出したと言える．この合理主義は，西洋科学の発展に見られるように，必然的に人間性よりも物質に注目する．そこには人間性にはなじまない競争原理が跋扈する．この競争原理は国家間の争いを加速し，人々の貧富の拡大を必然的にもたらす危険をはらんでいる．

その発展期においては，技術革新による生活水準の利便性・快適性は，豊かさの拡散により当然底辺の底上げにもつながり，大半の人たちが西洋文明の恩恵を享受することになる．終戦直後からバブル崩壊（1992年）までの日本はまさにこのような状態であったと言えよう．

西洋合理主義・競争原理は，自然に委ねる受け身的な比較的シンプルな生活リズムから，技術による人工物を基盤とする複雑きわまりない異次元の世界へとヒトを誘っていった．人馬から蒸気機関，ジェットエンジン，さらには光通信へと，技術革新が進むにつれ，ヒトの活動空間は村から国，国から全地球へと広がり，それに伴って，生活のリズム感覚もコンマ何秒を争う世界となった．このことは，地球という空間が一点に集約され，ヒトの活動の選択肢が無限大になったことを意味している．言い換えると，ヒトの生活様式の複雑度が無限大に増大したと言っても過言ではない．

　このような状態は，本章の冒頭で述べたように，社会の動きが，個人，家庭，組織，地域，国家，世界，さらには自然界の変貌と切り離して取り扱うことができないほど複雑に相互作用していることを示している．この事実は，どのような社会システムをとっても，その未来のあり方を予想することがきわめて難しいことを意味している．しかも，モノを対象とする自然科学と異なり，その構成要素であるヒトは電子や粒子と違って普遍的な法則に支配されていない．社会は，ヒトという，普遍法則を持たない，しかも，その動きが時間の経過とともに変化していく要素が構成要素の基本である．

　この複雑きわまりない人間社会の営みの様相を複雑性と呼んでいる．その社会が，どのような姿であるべきなのかを追究しようとするのが複雑性の科学である．自然界・物質界の複雑系の科学とは根本的に違うことが理解していただけるであろう．

西洋パラダイム

　第2次世界大戦は，世界がそれまで築き上げてきた近代システムを大きく破壊した．中でも，日本がその典型であるが，築き上げてきたシステムのほとんどすべてが破壊され，人口も減少した．その極度に疲弊した社会は，そのまま沈没してしまうか，あるいは，ゼロからの出発として新しい秩序を築き上げるかの大きな岐路に立たされた．すべてが無に帰したという事実は，逆に言うならば，未来に発展する可能性が無限に広がっていることと等価でもある．

日本においては，アメリカの占領軍の支配の下，アメリカ型合理主義・競争原理の浸透によって，力のある者が無限に広がる未来に向かって新しく生きていく術を開拓していった．その結果として日本は，Japan as No. 1 と言われるような未曽有の発展を成し遂げることができた．三種の神器（洗濯機，掃除機，冷蔵庫）に代表される生活の利便性が極端に改善され，鉄鋼・自動車・エネルギー産業などの基幹産業が大きく飛躍し，それによる雇用と人口の増加が加速し，国の経済と人口増は二重らせん的に大量生産・大量消費・大量廃棄のサイクルを続けていった．終戦直後の日本社会と比べると，日本は西洋合理主義社会の優等生と賞賛できるほどの変貌である．

　ところで，地球というヒトが住む器は有限である．そこに住むヒトの数もまた有限である．さらに，ヒトのモノを欲する欲望も有限である．

　「器は空っぽであれば，いくらでもモノを受け入れることができる．しかしながら，満たされてくれば，もはや入れることはできなくなる．さらにモノを入れ続ければ器はいずれは壊れることになる」

　この器の比喩は，明らかに，「1 つのパラダイムの下にできあがった社会システムは，発展し続ければいつかは飽和し，ついには，崩壊する運命にある」ことを警告している．

　1992 年の日本におけるバブル崩壊は，大量生産・大量消費経済の継続によって日常生活物資が供給過剰状態に達し，増大した富の蓄積は実体経済よりも，日常生活には直接つながらない投資へ向けられるというバーチャルなお金中心の経済へと変貌した結果と言える．

　世界，とくにアメリカはいち早く，このモノ生産とモノ消費の経済システムの飽和を認識し，モノ（実体）から情報を売買する情報（バーチャル）社会へと移行することによってモノ余り状態からの脱却を図った．これはモノ社会のシステム飽和を認識し，新しい「空」のシステム（器）を創り出し，社会の活性化を図った見事な対応と言える．しかし，この新しい器の仕組みも従来の西洋合理主義・競争原理のパラダイムの下の仕組みである．情報産業では物流産業と違い，その輸送手段は車や電車や飛行機とは質的に違う「光」

である．その輸送の速さはヒトの感知能力をはるかに超えている．物欲だけではなく，知りたいという知識欲も有限であることから，この情報システムという新しい器も瞬く間に飽和することになる．その過飽和の典型的な証（あかし）が，2008年9月15日にアメリカで勃発したリーマンショックである．

このショックは西洋パラダイムの充満した地球という器が過飽和に達し，崩壊しはじめた兆しである．その後5年を経過した現在でも，その後遺症は顕在している．回復するどころか，南ヨーロッパのギリシャ，スペイン，イタリアなどの国家的財政破綻の危機へと発展した．これは，まだ西洋パラダイムの空っぽの受け皿と考えていた中国とインドという巨大な国が急速に目を覚まし，自らが西洋パラダイムを踏襲し，台頭してきたことにより，先進国の出口が封鎖されるにとどまらず，逆流現象が起きはじめたことの結果とも言える．先進国（中国・インドも含め）はこのリーマン危機からの脱出策として，まだ器が空に近い，アフリカを中心とする開発途上国へと急速に逃げ道を求めている．しかしながら，そもそも地球そのものが有限であり，光の速さで変化する現代では，この進出は一時しのぎのカンフル剤にすぎず，いずれ近いうちに地球全体が飽和に達することは火を見るより明らかである．

あらたなパラダイムへの渇望

「器」の原理が教えるように，いかに素晴らしいパラダイムの下でできあがった社会システムと言えども，社会が発展し，成長し，成熟していくにつれ，その複雑性は計り知れず増大し，それによって引き起こされる事象の因果関係を解きほぐし，修復することが不可能な飽和社会に到達する．同じパラダイムを踏襲する限り，その社会はいずれ崩壊を免れない．もちろん，既存のシステムを改良し，あるいは，まだ開拓されていない部分システムを作り出すことによって延命治療を施すことは可能である．しかしながら，同じパラダイムの下で対症療法を続ける限り，じり貧状態からの究極的な脱出は考えられない．

高齢化・少子化・貧富差拡大は，高度な経済発展を遂げて，飽和・成熟状態にある西洋的合理化・競争社会の必然の帰結と言える．先進国における高

齢化・少子化の問題，地球環境破壊の問題，原発事故のような修復不能な高度技術の問題，中東を中心とする貧富の差の拡大によるテロ戦争の拡大の問題等々，合理主義・競争原理では根本的解決は望めない問題が山積している．

西洋パラダイムに代わる新たなパラダイムの「はじまり」なくして新しく躍進する世界は生まれえない．そのためにはどのようなパラダイムが望ましいだろうか．

西洋合理主義・競争原理からはヒトの「こころ」の機微というものは排除される．合理化・効率化・スピード化が目標となり，物事が合理的・機械的に決定され，直線的に道を突っ走る．その結果もたらされた修復不可能な事象を今私たちは十分認識している．この合理主義や競争原理を究極まで進めれば，「こころ」をもつヒトは不要となり，すべてがロボット化したロボット社会にならざるを得ない．

ときどきは立ち止まり，進めている課題に関係する諸々の問題の中期的・長期的影響を見渡し，課題の進む時間軸に支配されることなく，ときには後戻りし，進む方向を変えることも辞さないモノの見方・考え方を認めるパラダイムの導入が望まれる．

これは，西洋的に個々の「木」の成長にのみ目を向けるのではなく，「森」全体を同時に見渡し，東洋的に森全体の育成を見ていくモノの見方に通じる．言わば，昔の日本の根本精神である「和」のパラダイムである．

個人レベルでは，若い人たちの個人農業への試みや，地産地消運動による疲弊町村の活性化の運動が最近あちこちで報告されるようになってきている．この兆しはまさに，西洋パラダイムからの若者の本能的・自発的脱出の試みと解してよいであろう．これらの個の運動とも連動しうる体系的なパラダイムシフトの進め方の仕組みを今生み出すことが必要ではないだろうか．

新しいパラダイムの「はじまり」

合理主義や競争原理が新しい発展のためには必要であることは論を待たない．大切なことは，それらを第一義（パラダイム）としないことである．個々の課題を進めていく中で，関係する人間，あるいは組織が，他の課題・他の

組織をかえりみず，その課題の目標にがむしゃらに最短距離で到達することを善とするのではなく，急がば回れ的なこころの余裕を持ち，大局的なモノの見方をつねに前面に据え，他をも引き上げていくことを忘れず，全体的なレベルアップを大きな目標として進めていくことを第一義とするパラダイムである．

では，400年以上にわたって広く深く浸透し，絶大な成功を収めている西洋パラダイムをどうすれば大転換することが可能だろうか．政治に託すことはまず難しいであろう．政治は連続性を保つことが基本である．長い目で見ると，義務教育の理念を変えることができれば，パラダイムシフトは実現できるであろう．しかし，教育は政治に委ねられている．ヒトの「こころ」の中に無意識に根深く浸透しているパラダイムを，政治的にトップダウン的に変えていくことは不可能であろう．

草の根的に，現在のパラダイム社会の中で見捨てられた，あるいは弊害が出ているシステムを取り上げ，身近なところから1つ1つ新しい大局的パラダイムに立ったシステムを提案し，ボトムアップ的にその壊れたシステムの不利益を被っている人々，あるいは地方行政と密接に根気よく話し合い，新しいシステムが機能することを実証していくことが急がば回れの方策であろう．その可能な1つの取り組みとして，大学，あるいは大学院レベルに徐々にその仕組みを築いていく方法を筆者は提案したい．

大学や大学院をベースに考える根拠は，1つは，社会全体のパラダイムシフトという壮大な長期的な挑戦は，これから社会を作り上げていく若い人たちがその必要性を認識し，自ら行っていくことが絶対条件だからである．2つ目は，戦後のバブル期という西洋合理主義の恩恵を大きく受けてきた年代と違い，それほど西洋合理主義の恩恵に浴せず，むしろ，その弊害としての閉塞した社会の中で成長した若い人たちこそ新しいパラダイムに期待感を持ってくれると考えられるからである．3つ目は，そこから提案される具体的なあらたなシステムが社会一般から受け入れられていくためには，学術的な信頼性の証（あかし）が不可欠だからである．大学というアカデミズムに裏付けされた提案であることによって，地域の人たちは提案されるシステムに対して少しは信頼感と安心感を持ち，その提案されたシステムに向け，若者たちと協力し

てくれる可能性があるからである．

"Socio-Simulationics" の提案

これまでの話からわかるように，社会は普遍法則を持たないヒトから構成されている．自然界のようなよって立つ普遍法則がまったくない．自然科学と違って唯一解は存在しないし，厳密解もない．基本はヒトの「こころ」のあり方である．そのこころのあり方を大きく左右するのが時代時代に存在するパラダイムである．このパラダイムは自然の法則のような量的なきちっとした合理的な枠組みではない．しかしながら，パラダイムはヒトのこころの奥に住み着いて，ヒトのこころのあり方，行動の進め方の判断に大きく影響する．その意味で，ヒトの意志・行動を決める基本法則と考えることができる．もちろん，それは，自然法則のような，普遍的で，定量的で，厳密な法則ではないが，ヒトが関係する社会システムを考えるうえで，漠としてはいるが，第一原理と見なすことができる．

したがって，複雑性を科学するには，

（1）まず，**どのようなパラダイムを前提とするかを決める必要がある**．たとえば，生き甲斐を持って生涯続けることができる仕事があり，その土地（システム）で楽しく暮らしていける環境が存在する社会を目指すパラダイムを定める．

（2）次に，**現代社会の中で再生すべき具体的挑戦課題を見出す**．たとえば，現代のパラダイムに基づく発展の結果，見捨てられ，崩壊した過疎化に代表される衰退した地方，少子化・高齢化により発生している社会構造の矛盾，蓄積された自然破壊による様々な人間生活への悪影響などの課題が考えられる．

（3）挑戦課題を解決してくれる**新しい社会システムの営みを客観的に拘束するグローバル条件**（たとえば，国の憲法，関連する法律，慣習等）や**ローカル条件**（たとえば，歴史的・地理的環境条件等）を列挙する――**境界条件の決定**．

（4）この新しい社会システムの実現に主体的役割を担うのはヒトである．したがって，**新しいシステム構築に主体的に携わってくれる人材の情報が不可欠である**――**システム変数の決定**．（3）の客観的な境界条件の他に，挑戦課題を

決定付ける不確定な要素（変数）がいくつも存在する．とくに，人的資源が最大の変数となる．強い関心を持ってくれるヒト，ある程度関心を持つ可能性のあるヒト，中立的なヒト，無関心なヒトの存在である．

（5） 挑戦システムの実現に向け，システム構築に参加してくれるヒトをどのように勧誘していくか，参加してくれるヒトがどのように役割分担していくのがよいかのシナリオ（プロセス）を考察する――モデリングの決定．

（6） （1）〜（5）で開発したモデルを様々な条件の下でシミュレーションし，そのシナリオと得られるシステムを関与するヒトや組織に提示し，協力して具体的なシステムを作り上げていく．

この（1）〜（6）の手順によってあらたなパラダイムに基づく社会システムを構築する進め方を "Socio-Simulationics" と筆者は名付けている．

具体的試行実験例

兵庫県立大学大学院に 2011 年度に新設されたシミュレーション学研究科の第 1 期修士学生 22 名を対象に，上に述べた（1）〜（6）のプロセスに沿って，自ら課題を見つけて，試行実験してもらった結果，期待以上の素晴らしい研究成果が生み出された．この試みの結果は，新しいパラダイムの流布に大学院程度の教育研究が大いに効果的があることを示していると言える．詳細は彼らの修士論文を参照していただくことにして，ここでは，そのいくつかの課題と取り組みを数行で紹介するにとどめる．

例1　淡路島の活性化に向け，各家庭に太陽光発電機の設置を促し，スマートメーターによって各家庭の毎時の日照時間等による発電量と使用見込み電力を算出し，それらの情報を一括管理するシステムを構築し，電力会社との電力売買を実行する島民というシナリオが十分経済的な効果をもたらすことが示された．（A. ヴィチック）

例2　神戸市では，中学校，高校，大学，社会へと進む段階でスポーツ人口がステップ的に減少する．そこでスポーツによる町おこしの一策として，各段階で減少していく人口を引き留める手立てをすることによってスポーツ人口を実質的に増やすことができることが示された．（川田真也）

例3 奈良県大和郡山市の町並みは大きく様変わりし，伝統的な家屋は点在する形でしか残っていない．放置すればここ数十年のうちに完全に消滅する可能性大である．そこで，建て替え時に周囲の近代化傾向に追従する場合と住民が伝統を残すことに一定の運動をした場合を比較し，20年後には大きな開きが出ることを見出した．（本多健一）

おわりに

地球という有限の空間，有限の人口，有限の欲望からなる人間社会は，1つのパラダイムの下では，いずれ飽和し，崩壊していく．現代の西洋パラダイム（合理主義・競争原理）は社会・経済システムの未曽有の発展をもたらしたが，日本のバブル崩壊や米国のリーマンショックが明示的に示すようにその栄華はすでに崩壊しつつある．

これに代わるパラダイムを見出し，新しい社会の構築を目指すことが人類の維持には必須である．そのパラダイムとして，日本古来の「和」のパラダイムが最善であると考える．

最後に，西欧パラダイムが生み出した諸々の弊害から脱却するための1つの有効な進め方として，大学院等の教育研究の場において，身近な手の届くところから段階的に1つ1つボトムアップ的に，新しいパラダイムを満たすシステムを見出し，関連する人々とともにそのシステムを体系的に実現していくことを提唱したい．

著者のオススメ

エドガール・モラン／吉田幸男・中村典子訳『複雑性とはなにか』国文社，1990年．
　自然科学の複雑現象をスーパーコンピュータで解明することに25年間没頭していた筆者の研究の大きな変曲点になった本．複雑性の本質が自然現象にあるのではなく，現代社会にあることを痛切に知らされた．

エリッヒ・ヤンツ／芹沢高志・内田美恵訳『自己組織化する宇宙』工作舎，1986年．
　宇宙の本質は，そのダイナミックに変化するプロセスにこそあり，できあがった構造にあるのではないということが明快に書かれている．

引用文献

『兵庫県立大学大学院シミュレーション学研究科第 1 期生 (2013 年度) 修士論文集』.

第11章
人間-自然相互作用の「はじまり」を考える

佐藤洋一郎

はじめに

　「はじまり」とは何だろうか．「はじまり」の前には何もなかったのだろうか．筆者が専門とする農耕のはじまりを例にして，ここから論をはじめてみよう．

　図11-1は，アフロユーラシア地域を中心として，いくつかの穀類の農耕がどこではじまったかを示したものである．これによると，まず，ジャポニカ・イネの農耕は長江の中・下流域で，エンマーコムギを中心とするムギ農耕は西アジアの一帯で，アジアの雑穀であるキビ，アワ，ヒエなどの農耕は北東アジアで，そしてパールミレット（トウジンビエ）やシコクビエ，ソルガムなどのいわゆるアフリカ雑穀の農耕はアフリカ大陸のサバンナ地帯の南縁ではじまったことがわかる．また，地図にはないが，世界の穀類で最大生産量を誇るトウモロコシの農耕は，今のメキシコ付近ではじまったとされてい

●佐藤洋一郎（さとう・よういちろう）　京都産業大学教授・総合地球環境学研究所名誉教授
京都大学大学院農学研究科修了，農学博士．専門は植物遺伝学．作物としてのイネの起源，穀類の起源と伝播，穀類とタンパク源の生産と消費の同所性などを研究している．

★佐藤先生のおもな著作
『稲の日本史』（角川選書，2002年）
『コシヒカリより美味い米』（朝日新聞出版，2010年）
『食と農の未来』（昭和堂，2012年）
『食を考える』（福音館書店，2012年）
ほか多数．

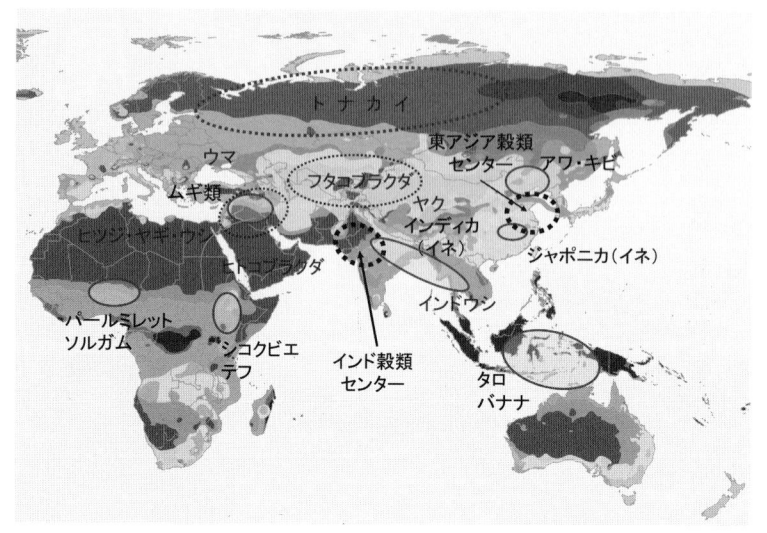

図 11–1 農耕のおこり
(Peel *et al.*, 2007, Fig. 10 を改変．Creative Commons BY-NC-SA 2.5)

る．素直に考えれば，穀物農耕は，世界の異なる場所で別々にはじまったということになるだろう．

ここで考えられることが，少なくとも 2 つある．1 つは，上述したように，これらの穀物農耕がそれぞれ異なる場所ではじまった可能性，そしてもう 1 つが，どこかに真のはじまりがあり，それが他の地域に連鎖的に伝わっていった可能性である．これら 2 つの仮説のどちらがより真に近いだろうか．この問いに答えを出すには世界地図を細かなメッシュに切り各メッシュにおける農耕の開始時期を特定すればよいが，それはそれほど簡単ではない．その理由を以下に述べる．

農耕のはじまりを事例に

表 11–1 は，農耕のはじまりについての 1 つの考え方を示したものである．なお，ここでいう農耕には遊牧を含めて考えるが，紙面の都合からここでは主に作物の農耕について書く．表のベースは，佐藤 (2008) や Fuller (2007) などである．

第 11 章　人間-自然相互作用の「はじまり」を考える

表 11-1　農耕の発達段階

農耕段階	「はじまり」を迎えたことがら
プレ穀類農耕の時代	○**農耕のはじまり** 　作物・家畜の登場＝**品種改良のはじまり**
雑穀農業の時代 （農業のはじまり）	○**文明のはじまり** 　食料生産をしない人の登場 ○**雑穀農業のはじまり** 　穀類文化圏の登場・遊牧勢力の確立
3 大穀類の時代	○トウモロコシ，イネ，コムギが 3 大穀類に 　「新大陸」の発見 　「地球」という**認識のはじまり** ○ 3 大穀類の生産量の和が 70％に
石油農業時代	○農業の工業化・グローバル化 ○ローマクラブの報告（1972） 　「地球資源は有限」という**認識のはじまり**

　表では，農耕のステージを 4 つに分けた．第 1 のステージは「はじめに」でも書いたように，それぞれの地域における小規模で限定的な農耕のはじまりである．ただし，先にも書いたように，はじまりの前に何があったか，詳しくは不明である．この段階での特徴の 1 つが，この時期に栽培植物（作物と呼んでもよい）がはじめて登場した点である．つまり栽培植物のはじまりである．栽培植物のはじまりが具体的に何を意味するかは次節に書くことにして，話を先に進めよう．

　この時期，社会は狩猟と採集を中心とする経済で成り立っていた．そこでどういう事情で農耕がはじまったのか，詳しいことはもちろんわからないが，おそらくは社会の中に，ある特定の動物の仔を捕まえて餌を与えたり，特定の植物の生えた場所を囲い込むなどした人々が登場したのだろう．これが，飼育，あるいは栽培のはじまりと思われる．この行為の結果として，家畜や作物が生まれた．

　この時期の農耕のもう 1 つの特徴は，生産者と消費者の区別がなかったことである．おそらく，──社会内の分業を別として──すべての人が自分の食料の生産に従事していた．しかも，──詳細は別の機会に述べるが──農耕はそれだけで人々のいのちを支えることはできなかった．筆者は，縄文時代の日本列島にも農耕があったと考える立場をとるが，縄文農耕はこのステー

ジの農耕であったものと考えられる．

　やがて，都市が登場し文明がはじまると，食料生産を他者に依存する人々が生まれた．都市で仕事をする人々には，自分の食を自ら生産する術がなかったからである．これが農業のはじまりであり，同時に農耕の第 2 ステージのはじまりである．ここから先，食料生産は，規模の拡大，効率の向上を自己目的化し，世界規模で膨らんでゆく．他者のための食材は，その他者が住む都市へ運ばれなければならない．植物性の食材では，その運搬性と保存性のよさから，種子植物，とくにイネ科植物の種子である穀類が急速にその地位を高めるようになった．穀類農耕のはじまりである．人間にとってエネルギーとなるデンプンに富むうえ，進化が速く，作物としての適性をいち早く獲得したからである．文明は，交易によって，他地域で生まれた穀類を持ち込むようになった．それらは，社会の実力者たちの庇護を受け，在来の穀類と競合しながら生産性を高め，やがてあらたな文化を作り上げた．そして，世界のいくつかの地域で「穀類文化圏」が生まれた．灌漑農業がはじまったのもこの時期である．

　第 3 ステージは大航海時代とともにはじまった．旧大陸と新大陸が，相互に相手の存在に気づくとともに，人類が世界の範囲をはじめて知ったときでもある．トウモロコシをはじめとする新大陸生まれの穀類が旧大陸に伝わり，反対に旧大陸生まれのコムギ，イネなどが新大陸に伝わった．その後ほどなくして，トウモロコシ，イネ，コムギが，「世界 3 大穀類」となった．そして，今では，この 3 者は世界の人々が摂取するエネルギーの 70% を支えるまでになっている．

　第 4 ステージのはじまりは，化学肥料など，農業の近代化によってもたらされた．第 3 ステージまで，農業は太陽エネルギーと水を原資に営まれてきたが，このステージに入ってからは，多量の石油エネルギーが投入されるようになった．また，このステージは品種改良が国の事業となり，新たに育成された品種が国境を越えて広まりはじめた時期でもある．このステージに入ると，先進国では，世界各地で作られた農産物が，地球の裏側からも運ばれるようになった．さらに，植物性の食材だけでなく，動物性の資源もまた，地球全体を流通するようになった．むろんその裏には，石油化学工業を基礎

第 11 章　人間-自然相互作用の「はじまり」を考える

表 11-2　栽培化の要素

形　質	野生植物	→	作　物
穂と種子			
種子の脱粒（脱落）	脱粒・脱落		非脱粒・非脱落
休眠性	強		弱または無
種子の色	圧倒的に黒		黄＞黒
種子のサイズ	小さく細い		多様
種子の毒性	時として有		無
茎と葉			
株の性状	匍匐性（散開）		直立性
つるの性質	多くは無限伸育		しばしば有限伸育
多様性			
形態や色の形質		＜	
中立遺伝子		＞	

に置く冷蔵・冷凍技術，包装技術の革新があったことは言うまでもない．

　農耕のはじまりの裏には，作物や家畜のはじまりが必須であった．それらの野生種の一部が，栽培や飼育という人間の行為により進化してきた生きものたちである．進化によってどのような変化が起きたのだろうか．穀類の場合の進化のようすを表 11-2 にまとめてみた．

　ここで重要なことは，表 11-2 にある形質の 1 個 1 個の進化に要する時間が 1000 年単位の長さに及ぶことがあることである．図 11-2 は，中国江蘇省の龍虬荘(りゅうきゅうそう)遺跡におけるイネの生産性と野生植物のそれ（ヒシとハス）の時代変化を示したものである（龍虬荘遺跡考古隊編，1999）．これによるとこの地域では，稲作の開始から定着までに 1800 年もの時間がかかったことがわかる．ムギでも同様のことが言える（Tanno & Willcox, 2006）．栽培化を示す形質は少数の遺伝子におきた突然変異で生じる．突然変異は瞬時に起きたものと思われるが，突然変異を起こした遺伝子が集団内に広まるのには数千年という時間を要することもあったのである．同様のことはイネにも起きた（Fuller, 2007）．だから，コムギでもイネでも，栽培化の浸透には 1000 年の単位の時間が必要であった．家畜化の浸透の場合も同様であったと思われるが，家畜化に要する時間はそれほど長くはなかったという見解もまた同時に存在する（平田，2012）．

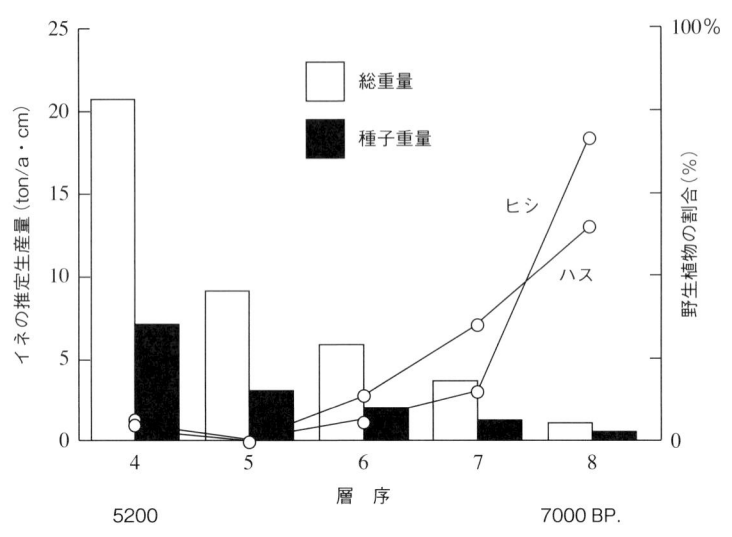

図 11-2 イネの栽培化の進行（BP は 1950 年から遡った年数）

　こうなると，栽培化のはじまりの時期を特定するのは，それ自体きわめて困難ということになる．

農耕はなぜはじまったのか

　ところで，人類はなぜ，農耕などという面倒なことをはじめたのだろうか．これについて，1980 年代頃から「環境決定論」と言われる議論がさかんに行われてきた．環境決定論とは，簡単に言えば，地球規模での気候の変化などの現象を原因として，人間社会の構造や人間活動に様々な変化が起きたとする仮説である（宇野，2010）．環境決定論は論理的にわかりやすく，また 80 年代以降，過去の気候の変化を推定する方法が急激に発達したこともあって，広く受け入れられるようになりつつある．

　だが一方，「気候の変化」が，たとえば現代に当てはめて言えばどの程度の変化だったのか，また火山噴火のような瞬間的な現象が問題なのか，長いスパンでの変化が問題なのかといった問題の整理がまだ不十分であるように思

われる．今後より大切なことは，環境決定論それ自体の妥当性を検討することよりも，むしろ気候の変化という現象と，社会の変化というもう1つの現象の間に介在する様々な現象の因果関係——因果の連鎖——の全容を明らかにすることではないかと思われる．

なお，「農耕はなぜはじまったか」という問いに対する過去の仮説としては，この環境決定論の他にも，人の集団の移動や人口増加による食料の不足，あるいは社会構造の複雑化や宗教等の精神活動の活発化など，人間社会に内在する現象に原因を求める説などが乱立しており，定説を見るに至っていない．私見ではあるが，おそらくは，これらの仮説のすべてはそれなりに真実をついているのではないかと思う．「人口増加」「社会構造の変化」「人類集団の移動」などの諸現象は，すべてこの因果の連鎖に組み込まれ，それぞれが原因でも結果でもあるという複雑な関係下に置かれている．

ところで，いったんはじまった農耕は一直線に社会に広まったのだろうか．前節で述べたように，農耕が「はじまり」，それが展開するには，数百年から1000年を超える時間が必要であった．この長い時間をかけて，農耕は社会に浸透したが，この間の農耕の進展は線形の展開を遂げたのだろうか．広まっては縮小し，縮小してはまた拡大するということを繰り返した可能性（非線形モデル）もありうる．どちらのモデルが正しいかを言うには，分析の精度がまだ不足している．もし非線形モデルが正しいとするなら，どの時点をもって農耕のはじまりと言ってよいのかが，ますますわかりにくくなってくる．

はじまりとは何かという最初の問いには，それ自体あまり意味がないとも言えるであろう．

栽培植物と家畜のはじまりは単一科学では解けない

農耕とは，特定の動植物を栽培・飼育する人間の行為やその人間行為に伴う自然のリアクションを含むきわめて複雑な現象である．農耕がはじまったことで，土地利用やそのシステム，生態系，食料などの「もの」だけではなく，社会の制度や習慣，文化や思想にも変化が及んだ．人間の文化や社会などに関心を持つ分野では，農耕のはじまりとは，人間の行為としての農耕，

つまり栽培や灌漑などの技術的な側面の変化やそれに伴ってはじまった景観の変化などを意味する．工学の分野では，農耕の道具，農耕地の形態や社会システムなどが関心の対象である．一方，生物学の関連分野では作物や家畜などのはじまりを意味する．なお，野生動植物の作物や家畜への遺伝的な変化を「栽培化（および家畜化，あるいは英語をそのまま使いドメスティケーションと言うこともある）」と言う．

このようなわけだから，農耕のはじまりは，多分野の専門家が集まって議論する方法をとらなければ解くことができない問題である．それは，作物や家畜など人間が作った生きもののはじまりについても言える．もちろんこれらの変化は単独で起きたものではなく，それぞれが互いに影響し合って起きたものである．農耕のはじまりの研究とは，こうした複合事象のはじまりの研究である．

それでは，農耕を構成する個々の事象，たとえば作物や家畜のはじまりは生物学や遺伝学という個別科学で明らかにできるだろうか．答えは，ノーである．遺伝学の方法は，多数の系統や種の多数の遺伝子や形質を調査し，そのデータを統計的に処理して，系統や種の遺伝的な距離を計算し，「距離の大きさが分岐時間の古さに比例する」と考えて系統関係を推定するというものである．得られたデータは，最近では「樹形図」という図にまとめられることが多いが，いかなるプログラムを使おうとも，縁の遠さを分岐の古さと読み替えていることに変わりはない．しかし，縁の遠さはいつでも分岐の古さと言えるのだろうか．

いま，A, BおよびCという3つの系統（種）があるケースについて考えてみる．AとBの間の距離を1.0としたとき，AとCのそれが1.0，BとCの距離が2.0であるというデータが得られたとしよう．このデータから考えられる3者の系統関係の1つは，「BとCがAに由来する」という仮説である．しかし同時に，「Aは，BとCの交配で生まれた」という仮説もまた，このデータを矛盾なく説明する（図11-3）．2つの仮説のどちらがより真に近いかは，他の情報，たとえば歴史研究の結果AがBやCより明らかに古いことが知られているなどがない限りわからない．もし他の情報が何もなければ，2つの仮説の真偽の検証はできない．このように，生物学的な事象とも言える

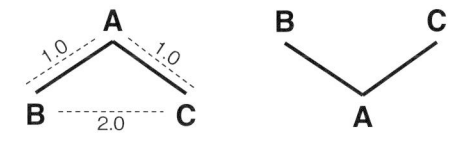

図11–3　遺伝的距離の解析では進化は解けない

進化のプロセスについてさえ，生物学という1つの分野でのアプローチには限界がある．

もちろん，研究対象が，科をまたぐような遠縁の種である場合のように，系統間での交配を想定しなくてよい場合は，結果はほぼ一義的に定まる．ただ，作物や家畜のように，相互間での交配が当たり前に起きるような場合は，その限りではない．こうした場合は，他の学問分野の協力が不可欠である，ということである．

この例からもわかるように，種のはじまりには，大きく言って2つのモデルがある．もとになった1つの種から，いくつもの突然変異が蓄積することで生まれると考えるモデル（「分化モデル」と名付けよう）と，異なる2つの種の間に，通常なら起こらない交配（または遺伝子の交換）が起きたことで生まれると考えるモデル（「交配モデル」としよう）である．前者は，確率論的に処理が可能だが，後者は，――交配という事象は偶然の結果によることが多いので――確率論的な処理ができない．交配モデルの研究が大きく立ち遅れてきた理由の1つはここにあると考えられる．なお，交配モデルに立つと，種のはじまりの時期は比較的容易に指摘できるが，分化モデルでは，種のはじまりの時期を言うのは困難である．

環境問題に見る因果の連鎖——塞翁が馬

先ほど環境決定論について書いたところで，筆者は「因果の連鎖」という語を用いた．いくつもの現象が，文字通り互いに他を原因とし，またその結果となる複雑な連鎖反応を考えなければならないという意味である．そしてこれらの現象には，自然現象だけでなく，社会現象もが含まれる．因果の連鎖を解くには，1つの複雑系としての，文系だけでもなければ理系だけでも

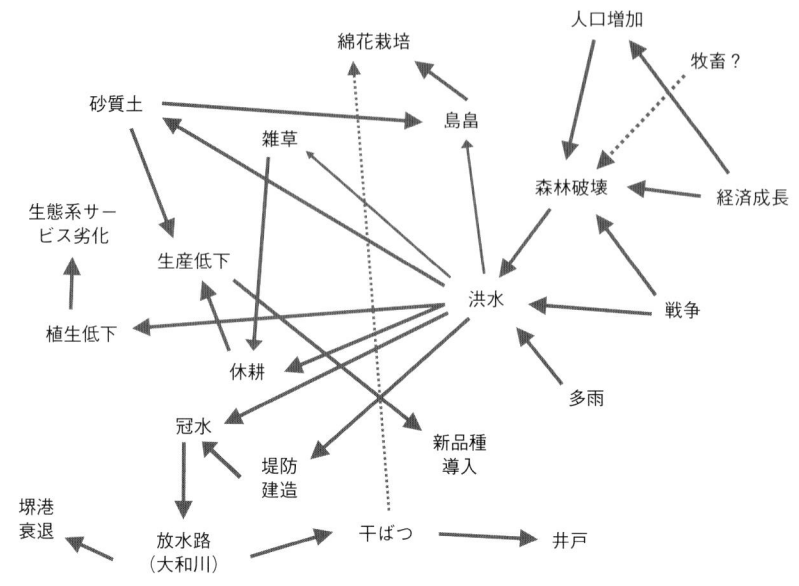

図 11–4　池島福万寺遺跡にみる現象の因果

ない，あらたな方法の体系が必要である．こうした考えは今にはじまったものではなく，1960年代のシステムダイナミクスがそのはじまりではないかと思われる．

　もう1つ大事なことがある．それは因果の連鎖には，はじまりも終わりもないことである．ここに，そのような事例を1つ示そう．図11–4は，大阪府の池島福万寺遺跡で調査した，頻発する洪水とそれに対する人間社会の対応に関わる複雑な現象の連鎖を図化したものである（佐藤，2012）．この地域は，近世初頭（1704年）までは，大阪平野を北西に流れていた旧大和川の氾濫による洪水が頻発してきた．とくに中世末以降の洪水は深刻で，16世紀後半の50年間に33回の洪水が記録されている．

　環境学の分野では，洪水と言うと，多雨など気候変動にその原因を求める言説が今までは多かった．「ノアの箱舟」伝説などについても，メソポタミアの気候変動を詳細に調査して多雨期を探るといった研究が多い．たしかに，降水量の増加が洪水のリスクを高め，また洪水が頻発すれば農業生産が停滞したり，それによる社会不安の増大や飢饉のリスクが高まることはおおいに

ありうるだろう．だが，「多雨」と「飢饉」の間には，いくつもの現象が複雑に絡んでいる．

　大阪の事例では，土地の農民は頻発する洪水への対処として「島畠」という特殊な畑を発明した．これは，洪水により堆積した土砂を1カ所に積み上げて作った畑で，砂質の土壌のために乾きやすく，人びとはここで，乾燥に強いワタの栽培をはじめた．大阪（大坂）は近世以降，綿製品の一大産地となったが，そのはじまりは頻発する洪水だったということである．まさに「塞翁が馬」といったところだろうか．

　洪水の被害を大きくしたのは，皮肉にも，堤防の建造であった．中世まで，社会は洪水に対してどこか寛容であった．ところが人口密度が高まり，また土地の所有制度が確立されると，社会は洪水を許容しなくなる．堤防を強固にして洪水を防ごうとするが，それは川を天井川にしてしまう．築堤と天井川化はイタチごっこを繰り返し，川底はどんどん高くなっていった．旧大和川の場合，川底は50年で3mの割合で上がったとも言われる．こういう状況で堤防が切れると，被害は甚大なものとなる．しかも堤防が巡らされているので，いったんたまった水はなかなか引かない．いきおい，被害は拡大した．

　中世末には，戦乱やその復興活動が洪水を招いた側面がある．畠山義就が敵方の城を水攻めにするのに堤防を切り，それによって洪水が起きた話は有名だが，他にも大坂の陣前後には，徳川方，豊臣側とも随所に出城などを建造した様子が見える．そのため両軍は大量の木材を必要とし，木は乱伐された．また冬の陣後，豊臣方は10万とも言われる兵力を城内に置いたといわれるが，彼らの食料を賄うためには，その分の燃料を必要とし，一時的にではあれそれまで以上の速さで山の木を切らなければならなかった．さらに，徳川による統一後は大坂の復興に膨大な木材資源を必要とした．こうした，戦乱とその復興に伴う森林破壊は当然川への土砂流入量を増加させ，そのことは天井川化をいっそう促進し，洪水リスクを高めたことだろう．

　洪水の頻発に耐えかねた河内の農民は，幕府に対する直訴を重ね，ついに1704年に，現在の大和川である放水路の建造を勝ち取る．これにより，旧大和川は廃絶し河内平野は乾燥化した．その結果，少し標高のあるところでは

人々は井戸を掘らなければならなくなった．また，放水路は，多量の土砂を堺市付近で大阪湾に流した．このこともあって，天然の良港であった堺港は土砂で埋まり衰退していった．

　こうした現象の連鎖をあらためて眺めてみると，これらの何をはじまりと言うかがはっきりしないのではないかとも思えてくる．先の例になぞらえれば，「洪水」は，「島畠増加」やその結果としての「綿花産業の興隆」さらには「人口増加」の原因であるとともに，人口増は乱開発の原因でもあって，そしてそれが洪水を増悪させているとも言える．つまり，「因果はめぐる」のである．はじめは終わりであり，終わりははじまりにつながる．

　では，「因果はめぐる」なら，すべてのことがらは必然の結果として受け入れなければならないのだろうか．仏教の世界では，因果はときとして「因果応報」の意味で，つまりある行いの結果としての「報い」があるという意味で使われてきた．だからこの世でよいことをして徳を積めというのである．善行の必然の帰結として報いがある，というわけだ．では善行は必ず報いとなって現れるか．おそらく，そうではない．このことを以下の簡単な思考実験で明らかにしたいと思う．

　今，ここにAからEまでの5つの現象があり，Aの結果がB，Bの結果がCというふうにEまでつながっているとする．そして，Aの結果Bが起きる確率を$P_{A \to B}$のように書くとしよう．すると，Aを発端としB, C, Dを経てEが起きる確率$P_{A \to E}$は，単純に考えると$P_{A \to B} \cdot P_{B \to C} \cdot P_{C \to D} \cdot P_{D \to E}$という4つの値の積となる．そのとき，もしそれぞれの値が90%という高い値をとったとしても，Aが起きたことでEが起きる確率は0.9の4乗，つまり65.61%という値になる．こうなると，AとEの間には，もはや「因果関係」と呼べるほどの強い関係はないと言うべきであろう．

　さらに実際には，因果関係は図11–5のようにさらに複雑な様相を呈する．フィードバックが利いたりバイパスの系が働いたりして，$P_{A \to E}$はさらに小さくなることもありうる．一般的に言えば，関与する現象が多くなればなるほど必然性は問いがたくなる．このように考えてみても，因果の連鎖は1対1の関係を生むような絶対的なものではなく，人間の意志をはじめ様々な要因によっていくらでも変わりうるものと言えるだろう．

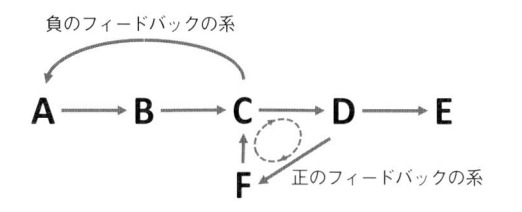

```
 負のフィードバックの系
    ┌──────────────┐
    ↓              │
    A ──→ B ──→ C ──→ D ──→ E
                ↑ ⌒
                F  正のフィードバックの系      図 11-5　複雑化する因果関係
```

人の行いと自然との相互作用にあっては，はじまりはどこにもない．はじまりを突き止めたつもりでも，その前にはきっと何か別な事象がある．「はじまりの前」あるいは「はじまりのはじまり」を予感する瞬間である．

「はじまり」のはじまり

ところで，人と自然の相互作用を考えたとき，ある 1 つの現象のはじまりが他の現象の結果として生じたと捉えることの重要さは先に強調した．言うまでもないことだが，はじまりは，時間の概念を含んだ概念である．ものごとのはじまり，のその前を問うことは異質なものごとのはじまりを問うことでもあり，たいていそれは時間とは何かという問いと同じものである．だから，はじまりを問うとき，人間の知的好奇心の結果として，「はじまり」の前に何があったかが問われることになる．文明のはじまりを問えば社会のはじまりが気にかかり，それを問えば今度は人類のはじまりが問題になる．人類のはじまりの前には哺乳類のはじまりがあり，さらに疑問は生命のはじまり，宇宙のはじまり，そして問いはやがては物質のはじまりにまでゆきつくだろう．「はじまりの前」の追求は，このように，とどまるところを知らない．

はじまりの前を問うてゆくと，答えは 2 つの流れに収斂していくように思われる．1 つは，世界が永遠の過去から永遠の未来へと移ろってゆくという非循環的世界観，そして他方が世界は循環していて，ときが経てばやがてはもとの姿に戻るのだという循環的世界観である．

私が興味をひかれるのは，ヒンドゥー教や仏教など，ユーラシアの東に成立した宗教が循環的世界観を持っていることである．むろん，1 回のサイク

ルを経るに要する時間は，現代天文学が想定する宇宙のはじまりから今に至る時間に匹敵するほど途方もなく長い．これだけの長さの時間は，人間の認識から言えば無限に等しく，だからこそ直線的世界観が生まれたのであろうが，直線的世界観と循環的世界観の大きく違うところは，後者には「はじまりの前」を問う発想がないことではないかと思われる．なぜなら，循環的世界観では「はじまり」の前は前の世界の「終わり」だからである．どちらの世界観をとるにせよ，はじまりの前にあったものは「無」であったり前の世界であったりと，要するに一種の思考停止の状態になっているところが興味深い．

同じことが，空間の限界を論ずる「はて」についても言える．「はて」とは，知的想像の及ぶもっとも遠いところを言うが，これについても仏教世界の「はて」がとてつもなく遠いところにあることが興味深い．はてのむこうがどうなっているかは，古来，人々の関心事の1つであったが，丸い地球，丸い宇宙の概念が登場して，「はて」の向こうが「ここ」であることが知れた．世界は無限であるとも言えるし，また閉じた有限な空間であるとも言える．

おわりに代えて

「幽霊の正体見たり枯れ尾花」

このユーモラスな一文の本当の意味はともかく，そこには人間の認識の何たるかが余すところなく示されている．幽霊という実体のないおどろおどろしいものと見えたものが，落ち着いてよく観察してみるとじつは枯れたススキの穂にすぎなかった，ということだが，眼球に入った情報が脳に伝えられた電気信号は枯れたススキの穂をそれとしてちゃんと捉えていたのに，脳がその信号を基にいろいろな情報を統合したときに幽霊になってしまったのである．これを錯覚と片付けるのは簡単だが，あらゆる事象は，この錯覚の幽霊と似たところがある．

はじまりという一見明快で単純そうに見える事象も，このように考えればじつに奥深い．これまで科学は，ともすれば事象を要素に分解し，単純化し，

その事象を知ろうとしてきたが，分解され単純化された個々の事象は，もはやトータルであるがままの元の事象の一部ではない．分解しただけでは正体は見えないのである．インタクトな事象とは，たとえば幽霊を言うのであり，その正体であった「枯れ尾花」のようなものをいくら並べてもそれは幽霊にはならない．

「はじまり」についても同じことが言える．幽霊のはじまりが枯れすすきのはじまりでないことを考えればわかるように，分解や統合はあくまで脳の産物である．このことを忘れてしまったところに現代科学の陥穽がある．はじまりを問うという知的作業自体もまたこの分解と統合の一部だということを忘れてはならない．

筆者のオススメ
大森荘蔵『知の構築とその呪縛』ちくま学芸文庫，1994年．
フリッチョフ・カプラ／吉福伸逸・田中三彦・島田裕巳・中山直子訳『タオ自然学――現代物理学の先端から「東洋の世紀」がはじまる』工作舎，1979年．

引用文献
宇野隆夫「環境決定論」，総合地球環境学研究所編『地球環境学事典』弘文堂，2010年．
佐藤洋一郎『イネの歴史』京都大学学術出版会，2008年．
佐藤洋一郎『食と農の未来』昭和堂，2012年．
平田昌弘『ユーラシア乳文化論』岩波書店，2012年．
龍虬荘遺跡考古隊編『龍虬荘――江蘇東部新石器時代遺跡発掘報告』科学出版社，1999年．
Fuller, D.Q., "Contrasting patterns in crop domestication and domestication rates: Recent archaeobotanical insights from the Old World". *Annals of Botany*, 100(5): 903-924, 2007.
Peel, M.C. *et al*., "Updated world map of the Köppen-Geiger climate classification". *Hydrology and Earth System Sciences*, 11: 1633-1644, 2007.
Tanno, K. and G. Willcox, "How fast was wild wheat domesticated?" *Science*, 311: 1886, 2006.

第12章
「言語と感情のはじまり」における コミュニケーションの役割

岡ノ谷一夫

はじめに

　現代の人間社会の繁栄は，言語が持つ知識蓄積機能と感情が持つ社会調整機能とにより支えられている．言語は世界を制御する技術的知識の蓄積を可能にし，感情はその知識の円滑な運用を可能にした．言語も感情も，生物の中で人間のみが得た高度な適応技術だが，どちらも人間以外の動物のコミュニケーション行動を基盤として進化したと考えられる．本章では，言語と感情の起源には情動を基盤としたコミュニケーションがあること，言語と感情は相互に支え合って進化したことを説明しよう．そして最後に電子コミュニケーションの進展による文明の危機についても考察しておこう．

●岡ノ谷一夫（おかのや・かずお）　東京大学大学院総合文化研究科教授．理化学研究所脳科学総合研究センター非常勤チームリーダーおよび科学技術振興機構 ERATO 岡ノ谷情動情報プロジェクト総括を兼任．慶應義塾大学文学部心理学専攻卒業，米国メリーランド大学心理学研究科博士課程修了．専攻は神経生態学・言語起源論．千葉大学文学部助教授，理化学研究所チームリーダーを経て 2010 年より現職．

★岡ノ谷先生のおもな著作
『ハダカデバネズミ』（共著，岩波科学ライブラリー，2008 年）
『さえずり言語起源論』（岩波科学ライブラリー，2010 年）
『言葉はなぜ生まれたのか』（共著，文藝春秋，2010 年）
『「・つながり」の進化生物学』（朝日出版社，2013 年）
『言葉の誕生を科学する』（共著，河出文庫，2013 年）

もちろんここで語ることはほとんどが仮説であることに注意してほしい．仮説ではあるが，現在得られている研究成果と矛盾するものではない．このような話題について，何も語らないよりは仮説を語る方が研究を推進すると私は考える．まず，このような複雑な問題を扱うために必要な概念として，前適応について説明しておく．

前適応

前適応とは，「生物のある特性は，現在その特性によりその生物が適応している問題の解決として進化したのではなく，他の問題のために進化したものが流用されたものである」という考え方である．たとえば，喉頭はそもそも食物が気道に入り込まないようにするための仕分け弁のようなものとして進化したが，その後発声をすることにも流用されたものである．また，鳥の羽毛は飛翔のために進化したのではなく，保温のために進化したものがのちに飛翔に流用されたものである．これらの事象について，「喉頭は発声への前適応として，羽毛は飛翔への前適応として，それぞれ進化した」という言い方をする．

ゆるやかな定義

これから扱う事柄はたいへん複雑なものである．厳密な定義を与えてしまうと身動きがとれなくなる．とはいえ，定義なしに進めることも議論が発散して危ない．ゆるやかな定義を与えておくこととする．

言語とは，概念を指示対象とする有限の記号を様々に組み合わせることで，無限の想念を表現できる体系のことである (Hockett, 1960)．情動とは，合理的な判断には時間がかかりすぎるが，反射や固定的行動パターンで処理できるほど単純でない事態に対する，大ざっぱではあるがおおむねうまくいく適応システムである (Oatley & Johnson-Laird, 1987)．そして感情について，これは私自身の定義であるが，情動状態の主観的認知過程，すなわち自己の情動を意識し言語化する過程である．情動と感情については言語とは異なり形式

的な定義を与えることが難しいので，機能的な定義に限定しておく．

言語への前適応

　ここで説明する筋書きは，情動から歌へ，歌から言語へ，言語から感情へと向かう（図12-1）．言語の創発が，筋書きの要となっている．だから，言語への前適応をまず考えよう．どのような機能が言語への前適応として考察されるべきであろうか．ここでは，言語の定義から導出される筆者の直観に基づき，発声可塑性，音列分節化，状況分節化の3つの機能について考察することにする（Okanoya & Merker, 2007）．

　発声可塑性とは，発声信号を意図的に変調できる能力のことで，この機能が感覚運動協応の能力と相まって発声の学習を可能にし，文化的な伝達が可能な音の組み合わせが成立したと考えられる．音列分節化とは，発声信号の流れを切り分け，また，細かな発声要素を組み合わせる能力のことで，この機能が音素から単語，単語から文章の階層的な構造を可能にし，文法を支えていると考えられる．状況分節化とは，自らの置かれた状況をそれまでに経験したいくつかの要素的状況の組み合わせとして認知できる能力のことであり，意味の細分化を可能にした機能である．このように，3つの機能から言語の創発を導き出すわけだが，これらすべてにおぼろげに関わるものとして，まずは情動発声について検討しておこう．

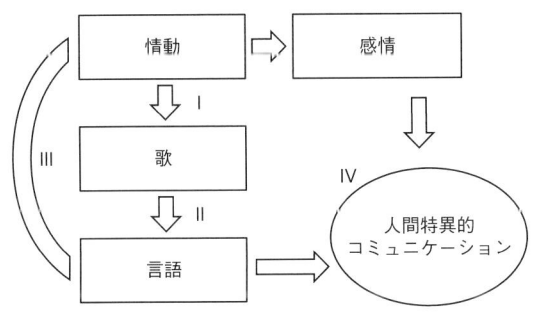

図12-1　本章で扱う仮説
情動が歌を作り，歌が言語を作った．言語は情動に働きかけ，感情を作った．言語と感情が2つの柱として人間のコミュニケーションを支えている．

情動発声 (図12-1のI)

　まずは人間性の要である言語と感情の双方の基盤となる情動発声について考えてみる．情動とは動物行動を駆動する適応システムである．行動の基盤として，事物への接近と回避がある．餌や異性には接近し，敵や危険からは遠ざかろうとする傾向は，動物の生き残り確率を高める．そのような行動のための生理状態を統合するのに，快や不快という内的状態を作り出しておくことは便利なことであろう．多くの脊椎動物では，この内的状態に対応して様々な発声がなされる．

　人間は怒ると低い声を，甘えると高い声を出す．E. モートンは鳥類と哺乳類において威嚇する際には低く帯域の広い音，恐怖を感じると甲高く震えた音，親和性が高い場合には倍音が多い音が使われることに気付いた．モートンはこれを整理して，情動音響規則と呼んだ (Morton, 1977)．モートンの図では，横軸に攻撃性が，縦軸に恐怖が打たれている (図12-2)．攻撃性が強くなると音程が低く帯域が広くなり，恐怖が強くなると音程が高く帯域が狭くなることが概念図として示してある．攻撃性が強くかつ恐怖が高くなると，一部高い音程でかつ帯域の広い音になる．このことで，音程に震えが生じる．これは人間で言うと緊張した状況であり，たしかに人間は緊張すると震えた声を出すことが多い．

　なぜこのように，情動状態と音響構造に対応関係が生ずるのかについては，モートンは深くは指摘していないので，筆者自身が考察してみることにする．陸生の脊椎動物は，呼吸の副産物として発声を進化させてきた．呼吸の制御は自律神経系によって行われる．発声は中脳水道灰白質にある運動プログラムが，大脳辺縁系からの情動的な入力を受けて変調する (Deacon, 1998)．発声と呼吸はどちらも延髄の後擬核を経て制御されるので，情動状態は呼吸に反映し結果として声の構造が変化することが考えられる．また，ほとんどの脊椎動物において声の高い個体ほど体が小さく，声の低い個体ほど体は大きい．これは発声のための振動システムの大きさに依存して最適周波数が異なるためである．威嚇する際に声を低くするのは体の大きさを誇張する効果が，宥和(ゆうわ)する際に声を高くするのは体が小さいことを示して攻撃を避ける効果が

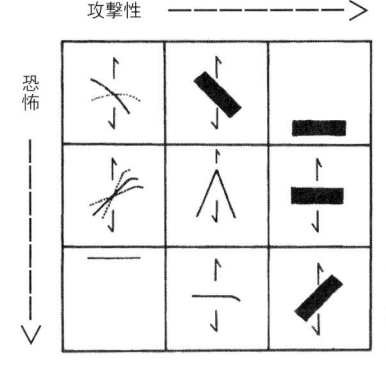

図 12-2 モートンによる情動音響規則（Morton, 1977）
攻撃性が増すと音は低く広帯域に，恐怖が増すと音は高く狭帯域になる．

あるのかもしれない．

　このような経緯により情動が発声に反映されるとすれば，情動発声は進化生物学で言う「正直な信号」である．なぜなら，威嚇の発声は小さな個体には出しにくく，宥和の発声は大きな個体には出しにくい．つまり，信号の性質がある程度身体の大きさによって限定されてしまう．さらに，緊張や恐怖は自律神経系の自動的応答として声の震えや高さに表出され隠蔽されることなく伝達されてしまう（Frank, 1988）．

　情動音響規則を補強するデータはモートンの仮説以来いくつか出版されている．たとえば，発声パターンが種を越えて情動状態を伝えていることが，樹上性サルの近縁種を比較した実験で示された（Lemasson *et al.*, 2012）．体の大きさ，ニッチ，社会構成の異なる 3 種の樹上性サルの集団をそれぞれ 2 分割することで不安操作とし，集団を分割しない場合の発声パターンと比較した．結果，どの種においても不安操作を受けることで発声の基本周波数が上昇し，発声頻度が増加することがわかった．この結果は，情動音響規則の予想と一致する．このような単音節の情動的な発声と，歌と呼ばれる複数音節の規則的な発声とは何らかの関係を持つのであろうか．次に，情動的な発声から歌が生じたという仮説を説明しよう．

情動発声から歌へ（図 12-1 の I）

　ここで歌とは，複数の音要素を規則的・連続的に発する行動を言う．情動発声から歌が生じたとすれば，どのような道筋が考えられるであろうか．

　マウスの求愛歌を例として説明しよう．マウスの雄は，発情した雌に対して超音波帯域で複数の要素を連続的に発する発声を行う．発声の音響学的特徴と，それが発せられる状況とから，この発声を求愛歌という（Holy & Guo, 2005）．実際，求愛歌をうたうことで雌から拒絶されることが少なくなり，交尾の成功率が上がるという（Guo & Holy, 2007）．なぜ歌がこのような効果を持つのであろうか．生まれたばかりのマウスは，巣からこぼれ落ちて体温が下がると，隔離声という超音波発声を出す．この声を聞いた母マウスは，巣からこぼれ落ちた仔マウスを救出に行くことがわかっている（Ehret, 2005）．仔マウスの隔離声は，自律神経系で制御される情動発声であるが，通常の情動発声とは異なり連続的に発せられることが多い．成熟雄は，連続的な発声が雌の拒絶反応を和らげることを利用して，求愛歌を進化させたのかもしれない．

　同様な事情が，小鳥にも当てはまりそうである．就巣性の小鳥の雛は，卵から孵化後 2 週間程度は自力で餌をとることができない．このため，餌ねだりの声を出す．この声も情動発声であるが，連続して発せられるものである（Budden & Wright, 2001）．さらに，霊長類でも幼弱個体が連続した情動発声をする場合が知られている．タマリンやマーモセットなどの幼弱個体，および人間の乳幼児が発する喃語がそれである（Elowson et al., 1998）．幼弱個体が発する連続的な情動発声が，成熟雄によって進化的に擬態され，求愛の歌として定着したのかもしれない．筆者はこれを幼弱擬態仮説と呼ぶ．

　幼弱擬態を起源として発生した歌は，雌の拒絶応答を抑制する機能を持ち進化したが，雌はこれを利用して雄の資質を判断するようになった．すると，歌が正直な信号として進化する．歌の精緻さと複雑さが増加し，遺伝的な伝達を超える情報量が必要になってくると，歌を学ぶという形質が進化する．およそ 9000 種の鳥類のうち約 5000 種でこの形質が進化している（Jarvis, 2006）．同様な形質は，鯨類でも進化しているが，鯨類の隔離声や餌ねだり声は報告されていないため，その前駆体は幼弱擬態とは考えられない．人間は霊長類

の中で唯一発声学習を示し，言語の獲得に至る．次に，歌から言語の発生過程について考えてみよう．

歌から言語へ（図 12-1 の II）

言語への3つの前適応，発声可塑性による発声学習，音列分節化，状況分節化を順に検討してゆく．

発声学習

発声学習とは，それまで持っていなかった発声パターンを，外部から刺激として与えられることで，あらたに獲得することである（Jarvis, 2006）．発声学習をする動物は，鯨類，鳥類の約半数，そして霊長類では人間のみである．脊椎動物においては，多くの種が発声をするが，これらの発声のほとんどは生得的にプログラムされたもので，学習を必要とするものではない．一般に，発声は延髄の呼吸発声中枢で制御され，その部位はさらに中脳発声中枢（中脳水道灰白質）により制御される．中脳発声中枢は大脳辺縁系の変調を受け，発声信号に情動的な変調を加える．以上の解剖学的構造は，発声するすべての脊椎動物に共通である（Striedter, 2005）．

しかし，発声学習を示す動物の一部では，特異的な脳構造があることが発見されている．鳥類では，発声学習を示すキンカチョウとジュウシマツにおいて，大脳皮質運動野と延髄呼吸発声中枢を直接連結する神経線維が見つかっているが，発声学習をしないハトにおいてはこれが同定されていない（Wild, 1994）．人間ではこの線維があるが，チンパンジーやマカクサルにおいてはかすかな痕跡が見られるのみである（Kuypers, 1958）．この解剖学的構造が発声学習をする動物とそうでない動物を分ける唯一の特徴なのかどうかはわからない．しかし，この大脳皮質（運動野）から延髄への発声制御伝導路があれば，少なくとも発声信号に意図的な変調をかけることができる．これがない動物では，情動の変調が発声信号を変調することはできても，意図的な変調はかけられない．

発声に意図的な変調をかけるのみでは発声学習は成立しない．聴覚刺激と

して取り入れた外部の音声パターン（他者の発声）を，自分の発声系で再現することが必要である．自己が行う行動と，他者が行う行動との対応をとる仕組みとしてミラーニューロンが研究されている．ミラーニューロンはマカクサルの大脳で発見されたが (Dehaene, 2005)，最近，発声学習を示す鳥類であるヌマウタスズメとジュウシマツにおいても報告されている (Prather et al., 2008)．

さてそれでは，人間や鳥，鯨たちには，なぜ大脳皮質運動野と延髄呼吸発声中枢を直接つなぐ伝導路があるのだろうか．胚発生の過程では，あらゆる動物において大脳皮質と延髄とは密な接続を持っているが，それらのうち多くは生まれるまでにプログラム細胞死により刈り込まれ，機能的な接続のみ残る．発声学習を行う動物たちでは，この刈り込みが起こらなくなっており，さらに，発声伝導路が強化されているのであろうと考えられる (Deacon, 1998)．発声可塑性に先立ち，この伝導路が強化されることで適応度が上がるような事態が生じ，その後，この伝導路が発声可塑性を可能にすることに流用されたのであろう．鯨類や鳥類においては，水中や空中での呼吸を迅速に精緻に制御するため，この伝導路が強化されていったと考えられる．しかしこの説明は，人間には適用できない．人間の発声学習の起源を説明するためには，あらたな仮説が必要である．筆者らは乳児の泣き行動に注目して，その可能性を探っている．

音列分節化

人間の乳幼児は連続音声を統計的な規則に基づき分節化できることが，多くの行動実験で示されている．この能力は，周りの成人の連続発話の中から言語の階層構造を抽出し，意味との対応を作るために不可欠である．音列分節化の能力は，言語の生物学的な基盤の1つとして重要である．動物行動において，これと対応するような現象が見られるであろうか．

ジュウシマツのオスは求愛の歌を親から学習する．ジュウシマツの歌には階層構造があり，2つから5つの音要素がまとまり（チャンク）を作り，これらのチャンク間の遷移規則が有限状態文法（内部状態を有限数仮定し，それらを遷移する際に記号列を発生する文法）を成す．これを歌文法と呼ぶ．歌

文法の神経制御を探るため，歌を制御する神経核を順次損傷する実験を行った．前頭前野に相当する高次の部位の損傷では，有限状態文法が消え，固定的な配列の歌に単純化した．大脳基底核に相当する部位の損傷では，歌要素の一部の繰り返しが増え，分節構造が変化した．これらの結果から，ジュウシマツの歌列の分節化には，前頭前野と大脳基底核の相互ループ構造が必要であることが示唆された (Okanoya, 2004)．乳幼児についての知見は知覚に関するものであり，鳥について得られた知見は運動に関するものである．この違いはあるが，発声学習においては運動と知覚が密接に関わることがわかっている．

　小鳥の歌システムを対象として得られた上記の結果を人間で追認するため，人工的に作った統計的分節化の可能な音列を被験者に聞かせ，その際の事象関連電位を測定する実験を行った．刺激（音列）を聞いてしばらくすると，ほとんどの被験者の前頭部で分節の切れ目に対応する潜時（反応までの時間）400 ミリ秒前後の陰性電位が観測された．この電位の発生源を推定すると，大脳基底核と前帯状皮質にあることが示唆された．同じ刺激（音列）を用いて，分節学習が十分進んだ被験者に対し，光トポグラフィ装置によって脳の活動部位を測定する実験も行った．結果，左下前頭回に特有の活動が見られ，音列の統計的分節化が完了すると，言語音・非言語音にかかわらずブロカ野周辺が活動することが示唆された (Abla & Okanoya, 2008)．

　鳥の実験と人間の実験を総合すると，統計的な性質を持った音列は，大脳基底核と前頭前野が作るループ構造により分節化される．大脳基底核が局所的な確率を計算して短期的な予測を出し，前頭前野がより長期的な予測に基づき統計的ルールを構成するのであろう．

状況分節化

　言語はむろん形式のみでは成立しない．形式に対応した意味を処理する仕組みが必要である．音列が前頭前野と大脳基底核のループ構造で分節化されるように，状況も何らかの仕組みで分節化される必要がある．私たち人間は明らかに自分が現在置かれた状況（外部および内部環境）を分節化しており，経験の圧縮をしている．状況を分節化するための構造として考えられるのは

海馬である．

　ラットが新規空間を探索するときや特定の場所にいるときに，特定の神経細胞が発火するようになることが知られている．このような性質を持つ神経細胞を場所ニューロンという．場所ニューロンができるということは，とりもなおさず空間が分節化されるということだ．海馬に入ってくるのは，空間情報のみならず，あらゆる感覚情報，強化事態（行った行動に対する評価），状況に対応する情動情報等，様々な神経情報である．海馬はこれらを分け隔てなく分節化する仕組みを備えているのではないだろうか．だとすると，海馬が状況の万能分析器として働いている可能性がある．海馬は前頭前野と相互接続を持っているから，このループ構造が状況の分節化を可能にすると仮定してみよう．

　海馬を損傷することで空間認知に支障が出ることはよくわかっているが，状況認知にも支障が出て，その結果コミュニケーション障害を起こすことはないだろうか．この推論に基づき，筆者らは高度に社会的な齧歯類であるデグーを対象に，海馬損傷がコミュニケーションに及ぼす効果を調べた．海馬損傷を受けたデグーは，親愛の表現である毛づくろいに対して攻撃的な応答をしてしまうことがわかった．この結果のみで海馬が状況を分節化する証拠にはもちろんできないが，少なくとも海馬がコミュニケーションの文脈理解にも関わっていることが示唆される (Uekita & Okanoya, 2011)．

音列と状況の相互分節化

　状況との対応を持つようになるのが単音節の鳴き声ではなく，歌だったらどのような過程が起こるだろうか．言語に先立ち，私たちは歌詞のない歌をうたっていたと考えてみよう．歌は幼体（子供）が成体（大人）の模倣をすることで獲得され，文化的に伝達される．歌の部分部分は分節化され，様々な分節が組み合わされる．歌の複雑さは，当初は性的な信号として進化した．すなわち，複雑な歌をうたう能力は，その個体の適応度の指標とみなされ，異性による選択を受けていった．歌が複雑化すると，歌は性的な信号のみならず社会的な状況のラベルとしても用いられるようになった．この過程には，前述の情動変調による音のカテゴリー化が効いてくるであろう．

第 12 章 「言語と感情のはじまり」におけるコミュニケーションの役割

狩りの歌……まくびぺがくぎけぷへみろきけこぽ

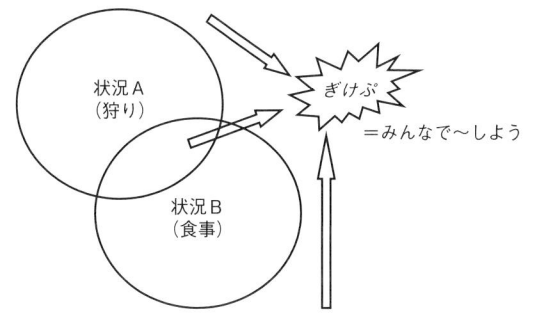

状況 A（狩り）

ぎけぷ
＝みんなで～しよう

状況 B（食事）

食事の歌……べくざぽびぎけぷがよひまくじべ

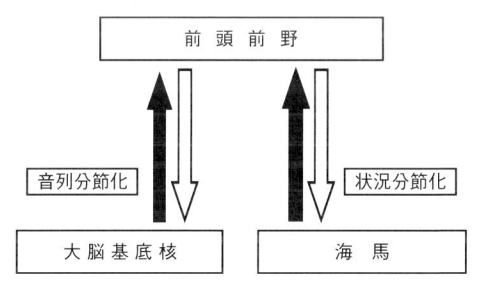

前頭前野

音列分節化   状況分節化

大脳基底核   海馬

⇨ 局所的・短期的予測
⬆ 統計的・規則的予測

図 12-3　相互分節化仮説（上）とその神経機構（下）
詳細は本文参照．

　ある状況で歌（音列）A がうたわれ，他の状況で歌 B がうたわれるとする．すると，歌 A と歌 B で共通する音列と，状況 A と状況 B で一致する下位状況とが相互に分節化され，対応を持つようになってくるだろう．たとえば状況 A が「狩りに行く」，状況 B が「食事に行く」で，歌 A と B はそれぞれの状況でうたわれるものだとしよう．歌 A と B にはたまたま共通部分があり，これが分節化されると，2 つの状況の共通部分として「みんなで～する」ことと連合が生ずる．すると，そこで育った次の世代の個体は，共通部分として分節化された歌の一部をうたうだけで「みんなで～する」という状況を伝えるようになるであろう．これを支える神経構築として，大脳基底核と前頭前野，海馬と前頭前野のループ構造が並行して機能するようになれば，相互分節化を可能にする神経系として機能しうるであろう（図 12-3）．

歌から言葉へ――まとめ

　呼吸の意図的制御と聴覚発声ミラーニューロンを前適応として発声学習が成立し，そこを基盤として，複雑な音列をコミュニケーションに使う行動が進化し，また，様々な社会的状況をラベルする必要が生じてくる．するとある時点で音列と状況の相互分節化を励起するような社会が生じ，ひとつながりの音列に階層性が生まれて，意味の階層性も作り出されるようになる．ここに至り，生物学的な準備が完了し，その後の精緻化は文化的な過程として理解できるようになる．さらに，文化的に蓄積された信号をあらたな適応ニッチとして脳を中心としたコミュニケーションシステムに変容が起き，信号と脳との共進化が起こる．言語はこのように進化してきたのであろう（岡ノ谷・石森，2010）．

言語から感情へ（図 12-1 の III）

　言語ができると，私たちは世界を分節化して見るようになる．虹の色数が言語に依存し，色名が多い言語を使う民族ほど，虹を多色で表現することはよく知られている．言語が分節化するのは色だけではない．現代の情動研究に強い影響を与えている基本感情説は，C. ダーウィンにはじまり P. エクマンによって精緻化された．これらの研究によると，人間の基本感情は，喜び，悲しみ，怒り，嫌悪，恐怖，驚きの 6 つである．これらのカテゴリーは，情動が言葉によって分節化された結果ではないだろうか．様々な情動の表情写真の異同を判断する課題で，前もって特定の感情語（悲しみ，怒りなど）を何度も言わせておくと，異同判断の精度が落ちるという．また，言語野に損傷がある場合にも判断精度が落ちることがあるという．これらの結果は，言語が情動をカテゴリー化し感情を作るという解釈と矛盾しない（Lindquist & Gendron, 2013）．

　筆者らは喜びの表情と恐れの表情を活動単位ごとに平均しながら，喜びと恐れの中間表情を作成した．同じ技法で，様々な配合比率の表情を作り，喜びから恐れまで連続的に変化する刺激を準備した．これらの刺激を被験者にランダムに提示し，快度軸と覚醒度軸でつくられる 2 次元に点で示してもらっ

た．同様に，驚きから悲しみへと連続的に変化する刺激を作成し被験者に判断してもらった．得られたプロットは，それぞれの軸上を連続的に広がるものではなく，どちらの軸上でもカテゴリーをなした．すなわち，たとえ連続刺激を提示しても，表情の知覚はカテゴリー化されるのである．

　しかしこの研究では，被験者に明示的に刺激を判断させていた結果，言語のカテゴリーに沿うような刺激の処理をしてしまった可能性がある．そこで，同一次元上の刺激で2ステップ離れたものを選んで被験者に異同を判断させる課題も行った．この場合，同一カテゴリーとされる刺激内の2つより，異なるカテゴリーをまたがる2つの方が弁別が容易であった．すなわち，この課題でも，被験者は刺激をカテゴリー化する傾向を示した．このことから，ヒトの表情判断は本来カテゴリー的なのだと考えられる (Fujimura *et al.*, 2012)．

　次に，同じ刺激を提示された被験者の脳活動を機能的 MRI で撮像した．被験者の課題は提示された顔が正立か倒立かを答える課題であったため，情動判断は明示的に指示されていない．情動処理に関連するとされる脳部位である内側前頭前野，扁桃体，島(とう)，側坐核の BOLD（血中酸素濃度差）を測定し，刺激変化に対して連続的に変化するかカテゴリー的に変化するかを検討した．結果，これらの脳部位では快度軸，覚醒度軸ともに連続的に BOLD が変化することがわかった．すなわち，情動に関連する脳部位では表情の知覚は連続的なのである (Matsuda *et al.*, 2013)．

　以上のことから，私たちが認知的な判断をする場合には情動表出はカテゴリー化されるが，情動に関わるとされる脳部位の活動は連続的な変化しか示していないことがわかる．私たちの認知的な判断は，情動情報処理に関わる脳部位からの入力に基づくと考えられるが，これをカテゴリー化させるのは言語やメタ認知に関わる領域なのかもしれない．

おわりに——情動から言語へ，言語から感情へ （図 12-1 の IV）

　情動の表現がコミュニケーション信号として用いられることで，歌がはじまった．歌は状況と結び付き，歌と歌との共通状況が歌と歌との共通部分と相互に分節化し合い，言語が生まれた．言語は情動を分節化し，感情が生ま

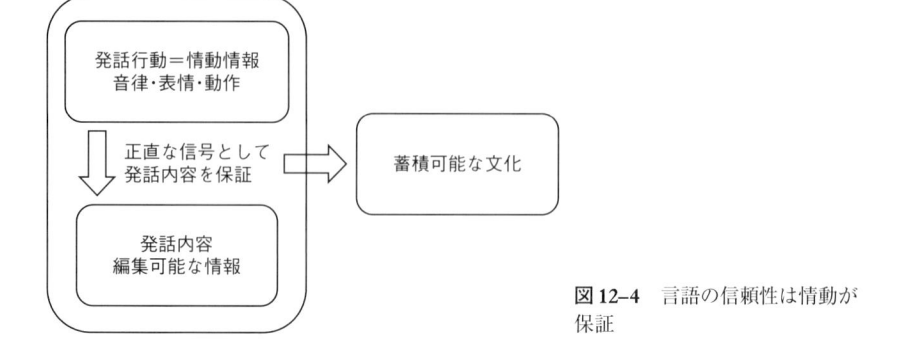

図 12-4 言語の信頼性は情動が保証

れた．感情は言語とともに人間のコミュニケーションを複雑にしていった．

電子技術の発達により，人間と人間が対面でコミュニケーションする機会が少なくなっている．仕事の多くは，電子機器を媒体として進んでゆくし，個人的な交友関係も電子機器が媒介するようになってきた．人間の歴史の中で，言葉はつねに情動とともにあった．言葉が情動と切り離されると何が起こるだろうか．

そもそも，言葉にはあらたな想念を作り出すという機能がある．言葉によって作り出されたあらたな想念は，必ずしも現実と対応しない．言葉を使うことは現実をカテゴリー化することだから，言葉を使うことで現実は単純化される．言葉の強みは現実と接地されないことで自由な想念を発展できることである．だから言葉の内容にはしばしば嘘が入り込むし，意図的な嘘を入れ込むことも簡単にできてしまう．

言葉のこの特徴は，これまでの動物のコミュニケーション信号とは異なる．動物の信号は，正直な信号でなければならない．正直でない信号は淘汰される．だから，言葉が進化してきたことはとても不思議なことなのだ．言葉が進化できたのは，言葉はつねに情動とともに発せられたからではないだろうか．発話行動は，音律・表情・動作などの情動表出を伴う．情動表出は，自己の内的状態を正直に反映する信号である．自律神経系の応答に基づく情動表出は，本質的に正直な信号である．言葉の内容は，それと同時に提示される情動表出が保証したのである．そして言語が持つ自由な想念を発展できるという特徴は蓄積可能な文化を生み出した（図 12-4）．

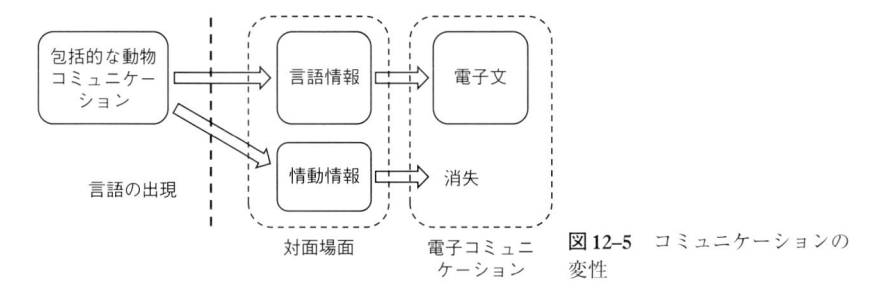

図 12–5 コミュニケーションの変性

　ところが，言葉と情動が切り離された現代の電子コミュニケーションはつねに崩壊の危機をはらんでいる（図 12–5）．言葉は情動によって正直さを保証され，情動は言葉によって感情の細かいカテゴリーとなって人間社会を緻密に結び付けた．電子コミュニケーションはこの安定性を危うくする可能性を持っている．情動を伴わないテキスト情報としての電子文は，何者もその正直さを保証しないからである．そのことを自覚したうえで，電子コミュニケーションをどう利用してゆくのか，人類全体が考えるべき時期であろう（岡ノ谷，2013）．

筆者のオススメ

池内正幸『ヒトのことばの起源と進化』開拓社，2010 年．
　　日本語で読めるほぼ唯一の言語起源論入門書．生成文法という特定の思想に基づいているという限界はあるが，まずはここに書かれていることを学んでから他の思想に触れてみるのがよいと思う．
デュラン・エヴァンズ／遠藤利彦訳『感情』岩波書店，2005 年．
　　感情・情動研究について進化的視点から短くまとめた本．感情の心理学・神経科学の本はそれこそ山のようにあるので，まずはこれを読んでから．
岡ノ谷一夫『「つながり」の進化生物学』朝日出版社，2013 年．
　　自著で恐縮であるが，言語と感情について著者自身が考え抜いた本であるのでおすすめする．高校生への講義という形式をとっているので，できるだけかみ砕いた解説を心がけた．本章が腑に落ちない場合には，ぜひこちらも読んでほしい．

引用文献

岡ノ谷一夫『「つながり」の進化生物学』朝日出版社，2013年．

岡ノ谷一夫・石森愛彦『言葉はなぜ生まれたのか』文藝春秋，2010年．

Abla, D. & K. Okanoya, "Statistical segmentation of tone sequences activates the left inferior frontal cortex: A near-infrared spectroscopy study". *Neuropsychologia*, **46**(11): 2787–2795, 2008.

Budden, A. E. & J. Wright, "Begging in nestling birds". *Current Ornithology*. Springer, 2001, pp. 83–118.

Deacon, T. W., *The symbolic species: The co-evolution of language and the brain*. W. W. Norton & Company, 1998.

Dehaene, S., *From monkey brain to human brain: A Fyssen foundation symposium*. MIT Press, 2005.

Ehret, G., "Infant rodent ultrasounds—a gate to the understanding of sound communication". *Behavior Genetics*, **35**(1): 19–29, 2005.

Elowson, A. M., C. T. Snowdon & C. Lazaro-Perea, "Infant 'babbling' in a nonhuman primate: Complex vocal sequences with repeated call types". *Behaviour*, **135**: 643–664, 1998.

Frank, R. H., *Passions within reason: The strategic role of the emotions*. W. W. Norton & Company, 1988.

Fujimura, T., Y.-T. Matsuda, K. Katahira, M. Okada & K. Okanoya, "Categorical and dimensional perceptions in decoding emotional facial expressions". *Cognition & Emotion*, **26**(4): 587–601, 2012.

Guo, Z. & T. E. Holy, "Sex Selectivity of Mouse Ultrasonic Songs". *Chemical Senses*, **32**(5): 463–473, 2007.

Hockett, C., "The Origins of Language". *Scientific American*, **203**: 88–96, 1960.

Holy, T. E. & Z. Guo, "Ultrasonic songs of male mice". *PLoS Biology*, **3**(12): e386, 2005.

Jarvis, E., "Selection for and against vocal learning in birds and mammals". *Ornithological Science*, **5**(1): 5–14, 2006.

Kuypers, H., "Corticobular connexions to the pons and lower brain-stem in man: an anatomical study". *Brain: a journal of neurology*, **81**(3): 364, 1958.

Lemasson, A., K. Remeuf, A. Rossard & E. Zimmermann, "Cross-Taxa Similarities in Affect-Induced Changes of Vocal Behavior and Voice in Arboreal Monkeys". *PloSone*, **7**(9): e45106, 2012.

Lindquist, K. A. & M. Gendron, "What's in a Word? Language Constructs Emotion Perception". *Emotion Review*, **5**(1): 66–71, 2013.

Matsuda, Y.-T., T. Fujimura, K. Katahira, M. Okada, K. Ueno, K. Cheng & K. Okanoya, "The implicit processing of categorical and dimensional strategies: an fMRI study of facial emotion perception". *Frontiers in Human Neuroscience*, **7**: 551, 2013. doi: 10.3389/fnhum.2013.00551

Morton, E. S., "On the occurrence and significance of motivation-structural rules in some bird and mammal sounds". *American Naturalist*, **111**: 855–869, 1977.

Oatley, K. & P. N. Johnson-Laird, "Towards a cognitive theory of emotions". *Cognition and emotion*, **1**(1): 29–50, 1987.

Okanoya, K., "Song syntax in Bengalese finches: proximate and ultimate analyses". *Advances *in the Study of Behaviour*, **34**: 297–346, 2004.

Okanoya, K. & B. Merker, "Neural substrates for string-context mutual segmentation: a path to human language". *Emergence of Communication and Language*, Springer, 2007, pp. 421–434.

Prather, J. F., S. Peters, S. Nowicki & R. Mooney, "Precise auditory—vocal mirroring in neurons for learned vocal communication". *Nature*, **451**(7176): 305–310, 2008.

Striedter, G. F., *Principles of brain evolution*. Sinauer Associates, 2005.

Uekita, T. & K. Okanoya, "Hippocampus lesions induced deficits in social and spatial recognition in Octodon degus". *Behavioural Brain Research*, **219**: 302–309, 2011.

Wild, J., "The auditory-vocal-respiratory axis in birds". *Brain, Behavior and Evolution*, **44**(4–5): 192–209, 1994.

終 章

「はじまり」の多様性と普遍性

池内　了

「はじまり」を問題にする理由

　ここに20年以上前に出版された『はじまりコレクション』という3巻本がある．私たちの身の周りの事物の起源について述べた本で，「遊び」「食べ物」「台所」「寝室」「化粧」「雑誌」など15項目に分類して，目につくもの気になるもの思いがけないものをピックアップし，そもそもそれがどのようにして発明されたり，人間世界に登場したりするようになったかの経緯をまとめている．眼鏡や望遠鏡，鎮痛剤や風邪薬のような，科学史的に興味ある話題があれば，結婚指輪とかそれを嵌める指，四葉のクローバーとか数字の13のような，知っているだけで楽しいという話題もある．全部で100以上の項目について，いかにはじまったかの隠れた歴史の発掘に蘊蓄を傾けた著者の

●池内　了（いけうち・さとる）　総合研究大学院大学名誉教授・名古屋大学名誉教授
兵庫県に生まれる．京都大学大学院理学研究科物理学専攻博士課程修了，理学博士．北海道大学理学部助教授，国立天文台教授，大阪大学大学院理学研究科教授，名古屋大学大学院理学研究科教授，早稲田大学国際教養学部特任教授，総合研究大学院大学教授・理事を歴任．専門は宇宙論．

★池内先生のおもな著作
『科学の考え方・学び方』（岩波ジュニア新書，1996年）
『観測的宇宙論』（東京大学出版会，1997年）
『宇宙論のすべて』（新書館，2007年）
『疑似科学入門』（岩波新書，2008年）
『現代科学の歩きかた』（河出書房新社，2013年）
『宇宙論と神』（集英社新書，2014年）
ほか多数．

熱意が感じられるし，それがベストセラーとなったところを見れば，広く読者からも歓迎されたこともわかる．

つまり，人は何事であれ，その故事来歴を知りたがる存在であり，知らなければつい疑問を口にしたがり，知ると他人に話したくなる動物なのである．伝承されてきた神話の主題が，宇宙創世，人間の由来，そして文化の起源の3つであることを考えれば，人間が二本足で立ちあがったとき以来，天と地と人に関わる事物の起源の問題は人類がずっと抱き続けた好奇心の的であったのだ．「私たちはどこから来たのか？」と考え，そして私たちを取り巻く諸々のモノやコトが「どのようにしてはじまったのか？」と問い続けてきたのである．「はじまり」を問うということは，「それ以前には無く，それ以後に有る」という状態の変化を認識したということを意味する．今それがあるのは，時間の流れのある特別な時刻において何らかの飛躍，あるいは質的変化がたしかにあったためと考えることができるだろう．そこで，学問として事物の起源を問いかけてみようというわけだ．

その際，最初に起こる疑問は「どのような契機ではじまったか？」である．契機とは哲学用語の「動的要因」，要するに「きっかけ」で，何が新しい質の生成を促す出発点となったのかという問いである．物質世界ではエネルギーやエントロピーの高低の発生のようなものが思い付くし，人間が関与する事柄の世界では人の欲求・願望・指向・好奇心・周辺の圧力・周囲との調和などがそれに当たるのではないか．それは対象に応じて異なることもあれば共通する場合もあり，内部的な要因もあれば外部的な要因もある．それを明らかにすることは，「はじまり」を理解する第一歩と言えるだろう．

引き続いて浮かんでくる疑問は「何が引き金となってそれを駆動したか？」である．契機（きっかけ）が何らかの具体的なモノの動きと結び付く必要があるからだ．それは，物質のカオティックな運動や相転移のような物性が原因である場合もあれば，好奇心や探求心のような人間の習性（あるいは特性）に起因する場合もあるだろう．不安定性の成長やフィードバック機構のように必然的に連動していくこともあれば，遺伝子の突然変異や国王の気まぐれのように偶然が引き金となって必然に引き継がれることもあるに違いない．それによって質的変化が現実的な姿をとって成長し，もはや後戻りできなくな

るのである．

　そして，最後に「それを持続・発展させた理由は何か？」と問うことになる．「はじまり」を考える事物はすべて途中で立ち消えることなく現在も持続している事物であり，その質的要素が強化され発展してきたことはたしかである．それに対して，宇宙，生物，人間のいずれにも「進化」という言葉が使われてきた．環境の変遷に応じて変化を被りつつも，本質的な部分は生き残り，質的な内容がより確固としたものとなってきたのである．であればこそ持続でき，現在も存続しているのだから．

　J. シュムペーターが生産技術の刷新や新しい経営組織の実施を指して使った「イノベーション」という言葉は，本来16世紀のイギリスにおいて新しいモノやアイデア（哲学や宗教に関わる）が社会に登場することを意味した造語であったらしい．現在ではイノベーションはもっぱら技術革新として捉えられており，根本となる科学的発見，開発による製品の試作，市場での成功という3つの時系列条件を満たさねばならないという．これはあらたな技術が世の中に出現する必要条件のようなもので，まさに「はじまり」の契機，引き金，持続の3段階とよく対応していると言えるのではないだろうか．

　以上のような観点から，「はじまり」を点検してみようというのが本書の元となったシンポジウムの企図であった．そして，事物に応じてそれぞれの側面の多様性を洗い出すとともに，「はじまり」を貫く普遍性を見出したいと考えたのである．そこにモノとコトを越えた論理構造あるいは原理のようなものがあり，それをキー概念として文理の融合を図れるのではないかと期待したからだ．むろん，このシンポジウムは「はじまり」を問う第一歩で，本書のこれまでを通覧してくだされればおわかりのようにまだ試論の段階にある．

　以下では，このシンポジウムを企画した人間として，感想じみた概説を述べておくことにする．まず「はじまり」の多様性を生み出す理由を考え，続いて「はじまり」の普遍性を導く基本過程について論じ，最後に「はじまりから持続への条件」を考えてみたい．

「はじまり」の多様性

　問題とする事物が異なれば，その数だけ「はじまり」（契機，引き金，持続の3要素）の多様性があるのは当然である．それをただ漫然と見ていても仕方がない．とりあえずは博物学的に，天・地・人に関わる事物を収集し，共通性と異質性に着目して分類する作業からはじめるのが学問の常道である．そして，共通性と異質性を区分けする基本的な要因は何かを絞り込むという手順になる．際限なく多様であるのではなく，多様性を作り出す要因は限られていることに着目するのだ．ここではその要因として，(a) 物質条件としての新たな質を生み出す材料，(b) それを取り巻く環境条件，(c)「はじまり」を生起するメカニズム，の3つを考えてみたい．以上がモノの世界の要因であるとすれば，人間が介入するコトの世界については (d) 人間の感覚の特性，という要因を考えなければならないだろう．

（a）　物質条件

　ある事物の状態に何らかの飛躍（あるいは質的変化）が起こったということは，「それ以前」に存在した物質が組み合わさり，何らかの相互転換を起こして「それ以後」の異なった秩序状態へ転化したことになる．したがって，「それ以前」に存在した物質が何であるか，それはどのように結び付き，いかなる変化をしてあらたな秩序に導いたか，が問題の急所になる．宇宙そのものなら量子論的真空が材料であり，素粒子なら質量ゼロの粒子群とヒッグス粒子，惑星なら塵とガスの集合体である星間物質，地球生命が出現する前なら様々な化学元素，生命そのものの発生ならその設計図であるゲノムDNA，光合成ならミトコンドリアというエネルギー生成工場，と言えるだろうか．

　じつは，宇宙から光合成に至る一連の過程は宇宙の時間軸に沿っており，進化とともに使える材料が豊かになり，より複雑でより微妙な自己組織化過程として，それぞれの事象の起源を考えねばならないことになる．そうすると，物質としての材料の数が増え，その結果組み合わせ数は幾何級数的に増加するから，「はじまり」の多様性は無数にあったはずで，それら多数の中からなぜその1つが選ばれたのかが問題の焦点となるだろう．

自意識と知性を持つヒトが出現して文化を生み出して地球上に広がり，やがて農耕や動物の家畜化を開始し，神殿を建設するようになった．それらは自然との相互作用という物質世界との関係を背景にしながらも，人間という知性と理性と感性を備えた存在の独特の行為であるがために，意欲とか好奇心とか冒険心などのような精神的特性も加わって重要な役割を果たしたものと思われる．また，農耕に適した作物があったか，家畜化しやすい動物が周辺にいたのか，太陽と土地と水が豊かであったか，などの自然的条件が様々な生業の「はじまり」の可能性を決定的にしたと想像できる．そして神殿の建設が偶然にはじまったとしても，いったんはじまった建設衝動は競争心や権力欲の増大などによって必然化し，より強力なものになっていったであろう．それらの物質条件に人間精神が結び付いて「はじまり」の多様性を増幅させる要因と言えるのではないだろうか．

（b）環境条件

　物質条件が「はじまり」の契機の主体的条件とするなら，それが置かれた場がどのような環境にあったかという客観的条件も合わせて考えねばならない．主体的契機が客観条件によって強化されて引き金へと成長する必要があるからだ．たとえば，物質の場に相転移が生じる場合，外部パラメータ（環境要因）が重要である．水が固体（氷），液体（水），気体（水蒸気）と3つの相を移り変わる際には，温度という，状態を特徴付けるパラメータが指標になる．それによって新しい質のどれが選ばれるかが決まるからだ．あるいは，惑星における大気形成を考えれば，周囲にエントロピーを捨てられる条件が満たされることで，地球のような窒素が主成分の薄い大気が実現できることになる．厚い二酸化炭素の雲に閉じ込められたためにエントロピーを運び出すことができない金星では，灼熱の大気とならざるを得ない．一般に構造形成においては，周囲のエントロピーの大きさという環境条件が決定的なのだ．同じ惑星であっても金星と地球と火星の大気の状態が異なっている（多様な）のは，太陽からの距離が惑星表面の水の温度とエントロピー分布という環境を決めているためと考えられる．

　このような環境条件の多様さが「はじまり」の多様さに直結している場合

が多くある．人間の歴史においても，たとえば J. ダイアモンドが『銃・病原菌・鉄』で論じたように，動物や植物などの生態学的条件や気候・風土・大陸内の位置などの環境条件が決定的な差異を生むことになった．むろん，競合する人間集団が周辺にいて戦争のような争いがあったか，あるいは人間自身の手で環境を変えてしまって自分の首を絞めてしまったのか，などのように環境との相互作用が持続の条件に大きな影響を与えてきたことも考えられる．「はじまり」の多様性を環境との関係で整理することも大事だろう．

(c) メカニズム

物質条件と環境条件が与えられた後には，どのようなメカニズムで新しい質が形成されることになったかの問題が控えている．そこには共通して非線形の相互作用が働くと言えるのではないだろうか．線形のままでは局所的に特異な成長が起こらず，非線形の効果があってはじめて場所に依存する差異が強調されていくためだ．そして，その結果としてある種の不安定性が励起されると考えてよいだろう．不安定性とは，最初に与えた揺らぎが一方的に増幅されていく過程のことで，山頂から転げ落ちる石を想像すればよい．「はじまり」の多様性とは，どのような非線形項が効くか，それがどのような運動を引き起こし，どのような不安定を導き，結果的にどのような状態へ行き着くか，がじつに数知れなくあるということである．

一例として，散逸構造という構造形成のメカニズムを考えてみよう．この場合，物質系の集団運動における非線形項が揺らぎを増幅させ，拡散項が揺らぎを均そうとする，その拮抗の中で様々なパターン形成が生じることになる．非線形項の次数によっては安定したパターンにならずに不安定性がそのまま発散してしまう（たとえば地球の気温が暴走する）場合があるし，極端な状態間を大きく脈動して行き来する（たとえば地球が寒冷化して凍結したり，温暖化して灼熱となったりを繰り返す）場合もある．

地球温暖化問題の難しさは，同じ物質条件であってもそれが働くメカニズムがプラスにもマイナスにも作用するために明確な答えが得られないということにある．たとえば，大気中に浮かぶ雲は太陽からの光を遮ることで地球を寒冷化させるが，地球から放射される光をいったん吸収して溜め込むから

地球温暖化にも寄与する．そのいずれが勝るかは，大気の温度や組成やそれらの変動などが作用するために一律に論じることができない．それは「はじまり」の多様性にも通じることである．

また，ある事柄の結果（出力）の情報を原因（入力）に反映させるというフィードバックのメカニズムも考えることができる．この場合，フィードバックが入力を減らすようマイナス（ネガティブ）に働くと系は安定している（揺らぎを与えても消えていく）が，入力を強めるようプラス（ポジティブ）に働けば系は不安定になり（揺らぎが成長していく），新しい状態に遷移することになる．同じメカニズムでも条件次第でフィードバックがマイナスに働くかプラスに働くかが変わったりする場合もあって一律ではない．

このように，「はじまり」の引き金を強化するメカニズムを分類すると興味ある事例集となるのではないだろうか．

（d） 人間の感情の特性

以上の「はじまり」の多様性を引き起こす3つの条件やメカニズムは物質系に関係したものだが，文化や文明に関わる事物においては人間の感情によって生起することもあると考えられる．人間は，考え，想像し，理解し，納得する，という理性的な思考の回路を持っており，それに応じて論理的に「こうあるべき」として物事をはじめる場合が多い．それは原理に忠実という意味でもっとも合理的であり，多様性は少ないように見える．

しかし，現実にはむしろそのような理性に従って生じた事柄は少ないかもしれない．人間には，なんとなく反抗したい，メンツのため素直になれない，臍（へそ）を曲げて拒否する，わかっちゃいるけど止（や）められない，悪戯（いたずら）をしてみたい，など理性の命じるのとは異なる感覚に支配されることがある．すべて合理的に振舞うとは限らないのだ．そして，「瓢箪（ひょうたん）から駒」でふざけ半分でやったことなのに実現してしまい，はじめはそんな気はなかったのにそれに従わざるを得なくなってしまうこともある．そのように，偶然，たまたま，行き当たりばったり，行きがかり上，はからずも，ふと思いついて，などのように論理的つながりがなく成立し，いつの間にか必然であったと誤認されてしまったことも多くあっただろう．

また，性善説が正しいのか性悪説が正しいのか，利己的なのか利他的なのか，浪費家なのか吝嗇家（りんしょく）なのか，悲観論者なのか楽観論者なのか，積極派なのか消極派なのか，安全主義なのか冒険好きなのか，即決派なのか逡巡派なのか，残酷なのか愛情深いのか，というふうに人間は二項対立の一方に偏ることもあれば，両方を行ったり来たりすることもある．人間の感情の特性はこのように複雑であり，一筋縄ではいかないのが普通なのだ．したがって，どちらかに決めつけて結果を解釈すると間違うことにもなりかねない．

このように人間が関与すると多種多様となり，それは「はじまり」の契機や引き金や持続の多様性の一因になっていると言えよう．

「はじまり」の普遍性

上のように「はじまり」の多様性を整理してみると，多様な中にも普遍性が垣間見えるのではないだろうか．個々の事物・事象は多様な原因の下に多様な形で展開しているのだが，その本質において共通している側面が発見できるからだ．それらをまとめてみよう．

(a) 対称性の破れ

私たちは，考えるシステムに対して空間や時間や物質そのものに変換を加え，それによってシステムが変化しない場合を「対称である」と言う．実際に考えられる変換として，前後・左右の並進（空間の原点移動），軸の方向変化，時間の原点移動，実世界と鏡の中の世界（空間の反転），時間の反転（可逆・非可逆），物質と反物質の入れ換え，電荷のプラスとマイナスの入れ換えなどがある．自然はこれらの変換に対して対称であることが多い．その方がエントロピーが低く，エネルギーレベルも低くなる場合が多いからだ．言い換えると状態を変換しても変わらないのだから，その2つの状態は区別がつかないのだ．

しかし，私たちが「はじまり」を論じている事物は，他と異なっていて区別がつき，それ自身として特別の状態をとっているのだから，非対称になっていなければならない．たとえば，素粒子は（第ゼロ近似として）その質量が

異なることで区別がつくのだが，質量を決める基本法則が対称であれば素粒子の質量はすべてゼロとなってしまい，区別がつかないことになってしまう．つまり，区別がつく（質量を持つ）ようになるためには，基本法則の対称性が破れなければならないのである．自然は対称（普遍）から出発し，非対称（特殊）の現実世界へと発展していくと言えるのではないだろうか．

これは「はじまり」を論じるすべての事物について言えることで，各事物は対称性が破れて非対称という特殊性を獲得した結果として存在していることになる．その対称性の破れが自発的に（自然の過程として）起こるか，外部的要因によって強制的に破れるかのいずれかである．素粒子が質量を持つのは「自発的対称性の破れ」に因ると考えられ，生物進化が遺伝子の突然変異によって引き起こされるのは遺伝子が外部からの放射線や化学物質によって変化するというような「外部的な対称性の破れ」が原因である．事物によって基本法則は異なっていて対称性が破れるメカニズムは異なっているのだが，そのような対称性の破れ自体が事物の「はじまり」の契機となるという普遍性が認められるのではないだろうか．

(b) 非線形項による自己組織化

対称性の破れの1つのルートにすぎないのかもしれないのだが，非線形項が揺らぎを増幅して新しい状態へ自己組織化を促すという，普遍的な役割を強調したいためにあえて別項目として取り上げよう．よくお目にかかるのが，状態曲線がＳ字型で表現でき，2つの安定状態のうちのいずれかが実現するという場合である．2つの安定状態は大きく離れており，ジャンプして新しい状態へ遷移することが起こる．これを自己組織化と呼ぶ．このようなケースは多くの現象に適用でき（地球の寒冷化と温暖化，社会における貧富の階層分化，人間における躁鬱やハレとケなど），新しい状態が発現する普遍的メカニズムと考えてよいだろう．

砂を上から落としていくと砂山ができるが，ある一定限度を越すと砂山は一気に形を変えてしまう．新しい形の砂山へと自己組織化するのだが，その転移が起こるぎりぎりの状態を「自己組織化臨界状態」と呼ぶ．その状態は転移に対して中立であって2つの状態のいずれの可能性も内部に含んでいる

から，それを解析することによって相転移に普遍的な特徴を炙り出せる可能性があるかもしれない．たとえば，臨界状態では相関の長さが無限大になって，系の特徴的なサイズが消えてしまうというようなことが普遍的に起こるのだ．そのような一般的知見があれば，逆に相関の長さを調べることによって臨界状態からどれだけ離れているかを知ることができるかもしれない．

また，非線形項によって軌道がまったく不規則になってカオスが生じることが多いが，その場合でも軌道が必ず立ち寄る空間点があり，そこで形成される奇妙な誘引体（ストレンジアトラクター）が存在することがわかっている．このアトラクターには非線形項の差異に依らない共通する性質があって，流体，光学，化学反応，音響系などにおけるカオスで広く観察されている．つまり，カオスによって引き起こされた事物の普遍性を利用することによって，非線形項がもたらす豊かな世界や一般的振舞いを推測することができるかもしれないのである．

(c) 試行錯誤

どのような事物であれ，試行錯誤の結果としてある特別なモノやコトが選ばれてはじまった可能性がある．結果がわからない状態においては，小出しに様々な引き金を引いてみて反応を見，そこに合理性を発見できる，あるいはそこに意味を見出せる場合にのみ持続の条件に引き継がれたのではないかという推測である．試行錯誤という「はじまり」の普遍性と言っておこう．

生命は炭素を主体としており，DNA という絶妙の情報伝達手段を発明してきた．では，たとえばシリコンの生命体形成の可能性は試されたことはなかったのだろうか．その試行はあったとしても水との親和性や反応性が炭素より劣り，結果的に棄却されたのではないだろうか．また，生体高分子に通常はリンが使われているのにヒ素を使っているらしい細菌が発見されたことから，最初にヒ素を使う生命体が生まれたが，その毒性が原因となってリンを使う生物に変化したのではないかとも考えられる．この場合ヒ素を使う可能性は試行されていたのである．

DNA では 3 つの塩基の並び方でアミノ酸を指定する方式が選ばれているが，これも数々の可能性が試された結果，もっとも簡単で間違いが起こらな

い方式として残ったのではないだろうか．DNA が遺伝を担っていると考えはじめられた頃，研究者は遺伝情報がどのような仕組みで発現するかの幾通りもの方式を考案したことが思い出される．自然界でも同じで，並行的な試行錯誤の下で結果的に今の方式だけが生き残ったとする方が考えやすいだろう．また，ホモ・サピエンスが出現するまで，じつに多数のホモ属の人類が現れたのだが，結局ホモ・サピエンスのみが生き残って現在の繁栄となっている．これも試行錯誤という普遍的な選択則があったのかもしれない．

(d) 新規性の魅力

人間は好奇心が旺盛で，新しいものに対してとくに魅力を感じる動物である．新規な事物が始まれば，たとえそれが不合理であり，偶然に手に入れたとしても進んで受け入れ，なんとか自家薬籠中のものに仕立ててしまう習性がある．新しいというだけで飛び付いてしまうのだ．そこには「必要は発明の母」となるような必然性が最初にあったわけでなく，逆に「発明は必要の母」で新規な事物が発明されると必要であったと誤認して，さらに新しい要素を付加してのめり込んでいくのである．携帯電話がケータイになったのがその典型で，今やスマホが流行であるのも，これによって理解できるだろう．新規性の獲得というような形での「はじまり」の普遍性は認めざるを得ないのではないだろうか．

ひょっとして生物進化もその可能性があるかもしれない．生物の突然変異は，一般には害が多くて淘汰されるのだが，たまたま害にも得にもならない中立の変異が生じて生き残ることになり，他の生物もそれを真似て採用することによってより適応性が高まることがある．あるいは，新規の要素が付け加わっても最初は有利ではなかったのだが，思いがけない場面で生存に有利な条件に転化し，環境異変に対応できた可能性もある．むろん，生存に不利な新規性であれば絶滅してしまい後には残らない．

芥川龍之介の小説「蜘蛛の糸」は，盗賊であった人間がたまたま蜘蛛を助けるという利他的なことをしたために地獄から助かりそうになるのだが，自分が独り占めしようとしたために再び奈落に落ちてしまう話である．この盗賊には独り占めという利己的精神と，蜘蛛を助けるという利他的精神の両方

が混在しており，利他的精神は滅多にないことで新規なものとして採用されかかったことがわかる．結局，利己的精神に負けてしまったのだが，利他的精神が勝っておればその後の人生はずいぶん豊かになっただろうと推測される．つまり，利他的行為の起源は偶然で価値中立であっても，それが長い目で見て生存に有利な特性となっているため人間全体に広がったのかもしれないのだ．

「はじまり」への終わりのない旅

　事物にはすべて「はじまり」があり，それが「進化」とか「発展」につながると持続する．だから持続のための条件は，それがはじまったことによって何らかのプラスアルファがあり，その事物の機能を変化させながら周囲の環境とより調和的になっていくことではないだろうか．多様な「はじまり」の1つとして出発したにすぎなくても，その普遍性によって存在の地歩がしっかりと固められ，あたかもそうでなくてはならないような結果に導かれるということである．そのような形で持続しなければ，そもそも「はじまり」なんか考える対象にならないからだ．

　もっとも，どの程度の期間の持続を考えるかは問題だろう．マルクス主義に基づく社会主義国はそれなりの基盤を得て一定の期間持続したが，あえなく潰えてしまった．このような場合，「はじまり」を考えることは「終わり」を考えることに通じている．それはまた繰り返すことになるのかもしれない．「はじまり」と「終わり」には共通の要素があり，それによって循環する可能性もあるからだ．

　さらに，一時的には持続条件に反しているかのように見えても，長い時間ではむしろ持続性を補強している場合もある．たとえば，生態系においては最強の種以外には必ず天敵が存在する．天敵はその種に害悪を及ぼして持続させまいとしているようだが，天敵の存在によって，その種の生物がむやみに増えすぎて共倒れになってしまうことを防いでもいることが知られている．「はじまり」が持続するためには調節が必要であり，それはいかなる「終わり」方をもたらすかとも深く関係しているのである．

そう考えると,「はじまり」の問題は「終わり」を見届けない限り結論は得られないことになる.だから,「はじまり」を論じることは終わりのない旅に出たのも同然で,汲み尽くせない奥深さがあると言えるのではないだろうか.

筆者のオススメ

ユベール・リーヴズ／宇田川博訳『宇宙・エントロピー・組織化──宇宙に意味はあるか』国文社,1992 年.
　宇宙の起源から複雑なシステムの形成まで,リーヴズ流の幅広い知性で整理しなおしたもの.

マーチン・ゴースト／松浦俊輔訳『億万年(イーオン)を探る──時間の始まりへの旅』青土社,2003 年.
　聖書に書かれた起源論,特に時間の始まりについてのニュートン,ダーウィン,アインシュタインなどの失態・珍説を含めて解説されており楽しい.

引用文献

チャールズ・パナティ／バベル・インターナショナル訳『はじまりコレクション』(全3巻)日本実業出版社,1989 年.
ジョセフ・シュムペーター／東畑精一訳『経済発展の理論』(全 2 巻)岩波書店,1977 年.
ジャレド・ダイアモンド／倉骨彰訳『銃・病原菌・鉄』(全 2 巻)草思社,2000 年.
芥川龍之介『蜘蛛の糸・杜子春』新潮文庫,1968 年.

索引

ア行

アインシュタイン，A.　5, 14, 20
アウストラロピテクス属　90, 91, 102
芥川龍之介　217
アストロバイオロジー　59, 60
アポロ11号　51
アミノ酸　47, 48, 50–54, 56, 57, 214
　　──前駆体　52, 54, 57
　　──の非対称性　53
アリストテレス　46
アレニウス，S.　46
アングレール，F.　16
安定性問題　27
アンデス文明　127, 128
池島万福寺遺跡　180
イスラーム教　112, 115, 122–124
板付遺跡　142, 150
板屋III遺跡　148, 149
一般相対性理論　5, 10–12
遺伝子　64, 67–72, 77, 79, 80, 179, 213
　　──組換え技術　79, 80
　　──発現　64, 67, 70, 79
　　──発現の制御　70, 79
遺伝的距離　180
イノベーション　207
隕石　51–55
インフラトン場　9
インフレーション　7–9, 11–14
　　──理論　7, 8, 11–13
ウィルソン，R.　6
ヴェガ1号　51
ヴォイジャー　59
嘘　200
宇宙塵　54, 55
宇宙線　50, 52
宇宙創世　4, 5, 206
梅悼忠夫　107
エウロパ　59
エクソマーズ　59
エクマン，P.　198

エピゲノム解析　68
エピジェネティック　64, 66
塩基の並び方　214
エンケラドゥス　59
エントロピー　209, 212
円偏光紫外線　54
大型類人猿　87–89
オーゲル，L.　49
小畑弘己　146
オパーリン，A.　47
オロー，J.　48
音列分節化　189, 193–195

カ行

階層性問題　27, 28
海底熱水噴出孔　55, 56
快度軸　198, 199
カオス　160, 214
カオティック　206
化学進化の古典的シナリオ　49
拡散項　210
覚醒度軸　198, 199
カーシュヴィンク，J.　47
ガス惑星　34
火星　34, 59, 209
家畜　105–125
　　──化　105–109, 118, 123, 124, 175, 178, 209
　　──豚　111
ガニメデ　59
ガモフ，G.　6
がらくた生命　57
がらくた分子　57
カラル遺跡　131, 132
環境決定論　176, 177
環濠集落　150, 153
岩石惑星　34
ギデンズ，A.　136, 138
きぼう　55
求愛歌　192
凝縮　25

競争的知能　97
協力的知能　96, 97, 99
キリスト教　3, 46, 122
ギルバート，W.　57
金星　34, 209
空間の反転　212
クォーク　18, 22, 23
グース，A.　7
クリック，F.　47, 48
グルーオン　18
クローニン，J.　53
クロマチン構造　66, 70
系外惑星　32, 35, 38–42
ゲージ粒子　23
ゲノム　61–83, 208
　——サイン　81
ケプラー衛星　33
ケプラー惑星　39
ケレス　59
原子核　22
原始地球大気　50
原始惑星系円盤　41
光学異性体　51
光合成　208
洪水　180–181
恒星　34–41
合成生物学　76
交配モデル　179
氷のマント　52
氷惑星　34
コクゾウムシ　147
心の理論　97
コトシュ遺跡　129, 133
コトシュ宗教伝統　130
コペルニクス　29
　——革命　31, 32
コーリス，J.　56

サ行

栽培化　175, 176, 178
雑餉隈遺跡　150
佐藤勝彦　7
散逸構造　210
残骸円盤　41
3項関係の理解　100
三内丸山遺跡　142, 144, 147

シアン化水素　48
ジオット—　51
時間の原点移動　212
時間の反転　212
自己組織化　81, 82, 213
　——マップ法　81
支石墓　152
次世代シーケンサー　62
設楽博己　152
実践論　135–137, 139
自発的対称性の破れ　213
島畠　181, 182
シミュレーション科学　159, 160
舎飼　120, 124
社会脳仮説　94
シャディ，R.　132
重力波　12–14
シュムペーター，J.　207
狩猟採集生活　94
ジョイス，R.　138, 139
状況分節化　189, 193, 195–197
庄・蔵本遺跡　150
正直な信号　191
情動
　——音響規則　190, 191
　——状態　188, 191
　——発声　189–192
　——表出　199, 200
衝突エネルギー　20
縄文アズキ　145, 146, 153
縄文ダイズ　145, 146, 153
縄文農耕説　142
新生命体の創出　79
神殿　128–139, 209
　——更新　133, 135–139
　——埋葬　133
新町遺跡　152
神話　3, 4, 206
彗星　51, 54
スターダスト　51
ストレス　68, 69
ストレンジアトラクター　160, 214
スーパーアース　35
星間物質　208
生命起源の痕跡　58
赤色矮星　34, 42

前適応　188, 189, 193, 198
前頭前野　195-197
　　内側——　199
相関の長さ　214
相互分節化　196-199
創世記　3
相対性理論　5, 14
相転移　8, 206, 209, 214
側坐核　64-66, 199
素粒子の標準模型　21

タ行

ダイアモンド, J.　210
対称性の破れ　23, 24, 213, 218
タイタン　59
大統一理論　7, 9, 27, 28
大脳基底核　195
ダーウィン, C.　46, 198
たばこ　67
タンパク質ワールド説　57
たんぽぽ計画　55
チェック, T.　56
地球　34, 47, 49-51, 53-55, 58, 59, 209
　　——温暖化　210, 211, 213
地動説　29, 31
地平線問題　7
超対称性　28
超対称粒子　28
直接撮像　39-42
直立二足歩行　87, 88, 101
辻誠一郎　144
デモクリトス　15, 24
電弱統一理論　23
天動説　31
島　199
特殊相対性理論　5, 20
突然変異　206, 213
ドップラー法　35-37
ドメスティケーション　147, 153, 178
トランジット分光観測　37, 38
トランジット法　36, 37

ナ行

中尾佐助　144
中山誠二　146
ナノバイオロジー　79

喃語　192
難培養性微生物　80
南部陽一郎　23
ニュートン, I.　5
ニワトリとたまご論争　56
貫川遺跡　149
ヌクレオソーム　63-67
農耕　141-155, 171-178

ハ行

バイオマーカー　40
パウナー, M.　57
パストゥール, L.　46
パターン形成　210
発声可塑性　189, 193, 194
発声制御伝導路　193
ハッブル, E.　5, 6
ハッブルの法則　5
ハドロン　16-18
ハビタブルゾーン　34, 35, 59
ハビトゥス　136
バーン, R.　97
半栽培　144
パンスペルミア説　47
ヒストンのアセチル化　65, 66
非線形項　210, 213, 214
ヒッグス, P.　16
ヒッグス場　7, 8, 24-27
ヒッグス粒子　15, 25-28, 208
ビッグデータ　80
ビッグバンモデル　5
ビッグベルト　124
平川南　148
ビレンケン, A.　9
ピンカー, S.　101
ヒンドゥー教　4, 120-122, 124, 183
不安定性　206, 210
フィードバック　206, 211
プエルト・エスコンディード遺跡　139
複雑系の科学　160, 162
複雑性の科学　161, 162
仏教　121, 183
物質と反物質の入れ換え　212
プランクスケール　27
フリードマン, A.　6
ブルデュー, P.　136, 138

プレマック，D. 97
ブロカ野 195
フローリアクター 56
分化モデル 179
分子雲 52
分子系統樹 89
ヘア，B. 97, 101
並進 212
平坦性問題 7
ペンジャス，A. 6
扁桃体 199
ペンローズ，R. 6
ホイル，F. 47
報酬系の遺伝子 65
ホーキング，S. 6, 9
牧畜的家畜 106
ホットジュピター 38, 40
ホモ・エレクトス 92, 94
ホモ・サピエンス 87, 91, 92, 94, 102, 215
ホモ属 90, 91, 92, 94, 96, 102, 215
ホールデン，J. 47
ボールビー，J. 95
ホワイテン，A. 97

マ行

マイクロ波背景放射 6
マイクロレンズ法 37
マーチソン隕石 51
ミラー，S. 47, 48
ミラーニューロン 194
無からの宇宙創生論 9
メタゲノム解析 80–82
メチル化 67–70
モートン，E. 191, 192

ヤ行

矢崎遺跡 151
山岸明彦 55
山本真也 98
弥生長期編年 143
唯物史観 132
有限状態文法 194

遊牧 107, 108, 110–112, 114, 120, 121, 123–125
幼弱擬態仮説 192
吉野ヶ里遺跡 152
弱い力 23

ラ行・ワ行

ラセミ体 51, 53
龍虬荘遺跡 175
臨界状態 213, 214
ルミノシティ 19
レーウェンフック，A. 46
レディ，F. 46
レプリカ法 145
連続塩基組成 81
ワインバーグ，S. 23
ワインバーグ・サラム理論 7, 23
ワカロマ遺跡 133, 134, 136
ワトソン，J. 48

アルファベット

ALMA 電波望遠鏡 42
COBE 衛星 10, 11, 13
DNA 48, 57, 58, 62–81, 83, 214, 215
DNA エレクトロニクス 74, 75
DNA の伝導性 74, 75, 78
DNA の量子化学的な性質 75, 76, 78
EEA 95
IRD 42
KAGRA 12, 13
LHC 加速器 16, 17, 19, 20, 28
L 体過剰 53
MELOS 計画 59
mRNA の合成 64, 70, 71, 73
Planck 衛星 11, 14
RNA ワールド仮説 57
SEEDS 40, 41
SEIT 42
TMT 42
WMAP 衛星 11, 13
XNA 77, 78
π 電子雲 72, 78

「はじまり」を探る

2014年9月30日　初　版

［検印廃止］

編　者　池内　了

発行所　一般財団法人　東京大学出版会
　　　　代表者　渡辺　浩
　　　　153-0041 東京都目黒区駒場 4-5-29
　　　　電話 03 6407 1069　Fax 03 6407 1991
　　　　振替 00160-6-59964

印刷所　研究社印刷株式会社
製本所　誠製本株式会社

© 2014 Satoru Ikeuchi *et al.*
ISBN 978-4-13-063358-1　Printed in Japan

JCOPY〈(社)出版者著作権管理機構　委託出版物〉
本書の無断複写は著作権法上での例外を除き禁じられています。複写される場合は、そのつど事前に、(社)出版者著作権管理機構（電話 03-3513-6969, FAX 03-3513-6979, e-mail:info@jcopy.or.jp）の許諾を得てください。

日本宇宙生物科学会／奥野誠・馬場昭次・山下雅道編
生命の起源をさぐる　宇宙からよみとく生物進化　　　4/6 判・248 頁/2800 円

阪口秀・草野完也・末次大輔編
階層構造の科学　宇宙・地球・生命をつなぐ新しい視点　A5 判・236 頁/2800 円

須藤靖
UT Physics 1　ものの大きさ　自然の階層・宇宙の階層　A5 判・200 頁/2400 円

長谷川寿一・長谷川眞理子
進化と人間行動　　　　　　　　　　　　　　　　　　A5 判・304 頁/2500 円

山本紀夫
ジャガイモとインカ帝国　文明を生んだ植物　　　　　A5 判・352 頁/4200 円

金田義行・佐藤哲也・巽好幸・鳥海光弘
先端巨大科学で探る地球　　　　　　　　　　　　　　4/6 判・168 頁/2400 円

東京大学教養学部編
高校生のための東大授業ライブ　熱血編／純情編／ガクモンの宇宙
　　　　　　　　　　　　　　　　　　　　　　A5 判・240～272 頁／各 1800 円

東京大学出版会『UP』編集部編
ブックガイド　東大教師が新入生にすすめる本　　　A5 判・288 頁/1500 円

東京大学編
ACADEMIC GROOVE　東京大学アカデミックグルーヴ　A4 判・120 頁/1200 円

ここに表示された価格は本体価格です．ご購入の際には消費税が加算されますのでご了承ください．